GRASS · KRITIK — THESEN — ANALYSEN

Grass

Kritik – Thesen – Analysen

HERAUSGEGEBEN
VON MANFRED JURGENSEN

FRANCKE VERLAG BERN
UND MÜNCHEN

QUEENSLAND STUDIES
IN GERMAN LANGUAGE AND LITERATURE
BAND IV

Inhaltsverzeichnis

Vorwort des Herausgebers

Das Erscheinen eines Sammelbandes von Grass-Aufsätzen zu diesem Zeitpunkt bedarf einer Erklärung. Bereits im Jahre 1968 erschien im Luchterhand Verlag die Anthologie *Von Buch zu Buch. Günter Grass in der Kritik,* mit der sich *Gert Loschütz* als einer der ersten um die kritische Rezeption von Günter Grass verdient gemacht hat. Die eigentliche «Dokumentation» des Phänomens Grass lieferten jedoch erst *Heinz Ludwig Arnold* und *Franz Josef Görtz* im Juli 1971 mit ihrer Kollektion *Grass — Dokumente zur politischen Wirkung* (Richard Boorberg Verlag). Als Herausgeber der Zeitschrift *Text + Kritik* zeichnet *Arnold* ferner verantwortlich für das Oktober 1971 in vierter Auflage erschienene Sonderheft über Grass, das auch eine kommentierte Auswahl-Bibliographie offeriert. Zu erwähnen ist außerdem der 1968 von *Theodor Wieser* herausgegebene «Porträt und Poesie»-Reihenband *Günter Grass* (Luchterhand Verlag). *Kurt Lothar Tanks* Monographie über Grass bereitet sich gegenwärtig auf ihre fünfte Auflage vor (Colloquium Verlag). Darüber hinaus erschien eine Anzahl literaturwissenschaftlicher Studien über Grass. Auch die Germanistik befaßte sich in Forschungs- und Examensarbeiten mit dem Werk des zeitgenössischen Autors. Die übereifrige Aufmerksamkeit, die die Presse Günter Grass entgegengebracht hat, ist bekannt. Neben hunderten feuilletonistischen Besprechungen einzelner Werke wurden mindestens ebensoviele Interviews, Berichte und Eigenbetrachtungen gedruckt. Angesichts dieser Flut von Veröffentlichungen über Grass drängt sich die Frage auf, welchem Zweck eine neuerliche Auseinandersetzung mit dem Autor dienen kann. Worin unterscheidet sich der vorliegende Band von den vorangegangenen Arbeiten?

Von ihren Vorläufern setzt sich die Sammlung dadurch ab, daß sie sich nicht mit der kritischen Rezeption auseinandersetzt. Sie «dokumentiert» auch nicht die literarische oder gesellschaftspolitische Wirkung des Werkes. Schließlich versucht sie nicht, dem Gesamtphänomen Grass monographisch gerecht zu werden. Vielmehr sollte der Versuch gemacht werden, eine repräsentative Auswahl unterschiedlicher Betrachtungsweisen zu einer vielstimmigen Diskussion über Werk und Autor zusammenzuführen. Als leitender Grundgedanke galt, die Vielfältigkeit der kritischen Auseinandersetzung mit diesem Schriftsteller an einigen Beispielen zu veranschaulichen. Die hier gesammelten Aufsätze scheinen in ihren verschiedenen Ausgangspunkten und Zielsetzungen mögliche Einzelbeiträge zu einem Gesamtverständnis dieses noch immer umstrittenen Werkes.

In solcher Absicht, Ansätze, Aspekte und Teilüberlegungen zum Thema Günter Grass aufzustellen, kommen hier so unterschiedliche Stimmen wie Publizisten und Theologen, Literaturwissenschaftler und Schriftsteller, psychomythologisierende Germanisten und Wahlkampftouristen zu Wort. In Anliegen und Methodologie setzen sich diese Arbeiten also deutlich voneinander ab. Thema und Betrachtungsweise der einzelnen Beiträge charakterisieren die Absicht der Autoren. Es sollte darauf ankommen, auf beschränktem Raum unterschiedliche und doch sich ergänzende Betrachtungsarten nebeneinanderzustellen. (Eine Einladung an Literarhistoriker der DDR, sich an dieser Gemeinschaftsarbeit zu beteiligen, wurde nicht angenommen.)

Marcel Reich-Ranickis Aufsatz «Günter Grass: *Hundejahre*» erschien zuerst in M. R.-R., *Literatur der kleinen Schritte. Deutsche Schriftsteller heute*, R. Piper & Co. Verlag, München 1967. *Heinz Ludwig Arnolds* Analysen vor allem der politischen Aussage von Autor und Werk verfügen in der hier wiedergegebenen Sequenz über eine nachvollziehbare Kontinuität. «Großes Ja und kleines Nein. Fragen zur politischen Wirkung des Günter Grass» erschien in dem *Text + Kritik*-Band *Grass — Dokumente zur politischen Wirkung* (a. a. O.), *Arnolds* Beitrag über *Örtlich betäubt* erscheint in der Fassung, die erstmals in seinem Band *Brauchen wir noch die Literatur?* (Bertelsmann Universitätsverlag) abgedruckt wurde. «Zorn Ärger Wut. Anmerkungen zu den politischen Gedichten in

Ausgefragt» erschien zuerst in der Zeitschrift *Text + Kritik*. Den Verlagen und Autoren danke ich für die freundliche Genehmigung eines Wiederabdrucks.

Hans-Gernot Jungs Aufsatz «Lästerungen bei Günter Grass» wurde am 31. 5. 1970 im Süddeutschen Rundfunk gesendet. Bei allen anderen Arbeiten handelt es sich um Originalbeiträge zu diesem Band.

Im April 1973

M. J.

Karl Krolow

1 | Günter Grass in seinen Gedichten

Die Wiederentdeckung der Lyrik Hans Arps — gefördert von zwei so verschiedenartigen Temperamenten wie Walter Höllerer und Fritz Usinger — fällt in die frühen und mittleren fünfziger Jahre des Jahrhunderts. Das überbeweglich spielerische Gedicht beherrschte eine Zeitlang die Nachkriegsentwicklung des deutschen Gedichts. Jedenfalls war Arps Einfluß auf einige jüngere Lyriker bei uns unverkennbar. Man kann ihn ebenso in den Gedichten von «Yamins Stationen» (1955) Peter Härtlings wie bei den «Kasper»-Gedichten Höllerers («Gaspard») und bei manchen Arbeiten von Günter Bruno Fuchs («Brevier eines Degenschluckers», 1960) aufspüren. Und — wenn auch verdeckt — wahrnehmbar war er in einigen der spielerischen Imitationen Peter Rühmkorfs aus «Irdisches Vergnügen in g» (1959), weniger vielleicht in Christoph Meckels ersten Büchern («Tarnkappe», 1956, «Hotel für Schlafwandler», 1958) oder bei Elisabeth Borchers und Christa Reinig. Noch bei einem Lyriker wie Horst Bingel («Kleiner Napoleon», 1956, «Auf der Ankerwinde zu Gast», 1960) ist eine leichte Verbindung zum «Modell» Arp feststellbar. Eine ganz bestimmte Sprechlage hält sich als Strömung im Gedicht für wenigstens ein Jahrzehnt: Schelmenweisen, Verschmitztes, versteckt Aufsässiges, Akrobatisches, Gnomenhaftes, Skurriles, lyrische Kabarett-Nummern, sanfte Hinterlist, gezielt «Verkorkstes», entsprechend beabsichtigte Einfalts- und Unschuldstöne, Kinderspielzeug, in Zeilen untergebracht und über sie verstreut, zauberladenhafte Divertimenti, luftige poetische Scharaden.

In solcher Umgebung muß man auch Günter Grass mit seinen ersten Gedichten sehen. Die «Vorzüge der Windhühner» erschienen 1956. Er hat sich von solcher möglichen Influenz bald wieder entfernt, wie überhaupt die Fluchten aus dem spielerischen Gedicht bei allen genannten Autoren eingetreten sind. Es war — wenn hier das Wort Flucht überhaupt statthaft ist — eine Flucht in kritische Distanz, die das Leichte, Spielerische durchkreuzt, Flucht in die «Zumutungen» der Zeit, des Zeitaugenblicks, Hinwendung zu den gesellschaftlichen Gegebenheiten dieser Zeit, Hinwendung zu Unwillen und Widerstand. Das widerborstige Spiel wurde bei diesen Autoren zum rückhaltlos kritischen Prozess gewandelt. Sieht man in solcher Situation, in derartigem Zusammenhang die frühen Gedichte von Günter Grass, so ist manches erklärlich, das in den späteren Arbeiten gründlich verschwand. In den «Vorzügen der Windhühner» war dieses spielerische Milieu evident. Es trat unverkennbar und zugleich sonderbar auf. Das Sonderbare lag bei Grass in jenem «Verdacht» versteckt, der immer mit «im Spiel» und der dabei ist, ein Verdacht, der Spiel nicht geradezu verhindert, aber es doch heikel macht, der es verzögert, verschleppt, der das sorglose Hin-Spielen (das es ohnehin bei Grass nicht — wie bei Arp, bei Härtling, bei Fuchs — in vergleichbarer Weise gab) unversehens verschlimmert, der aus dem schönen das schlimme Spielgeschehen macht. Freilich wurde das in diesem lyrischen Erstling noch mit allerlei Skurrilität eingekleidet.

Das Jahr 1956 — das Erscheinungsjahr der «Vorzüge der Windhühner» — war zugleich das frühe Kulminationsjahr des spielerischen Gedichttypus. Grass selber sprach nicht vom spielerischen Gedicht, wohl aber vom «Gelegenheitsgedicht». Jahre später — 1961 — hat er dieses Gedicht wie folgt aufgefaßt: «Am Anfang steht immer ein Erlebnis. Es muß kein großes sein. So ging ich zum Schneider, um mir für einen Anzug Maß nehmen zu lassen. Der Schneider nahm Maß und fragte mich: ‚Tragen Sie links oder rechts?' Ich log und sagte: links. Kaum hatte ich das Schneideratelier verlassen, war froh, daß mich der Schneidermeister nicht erwischt hatte, da roch ich es und gestand mir ein: es liegt ein Gedicht, und wenn mich nicht alles täuscht, ein Vierzeiler in der Luft. So ziemlich vier Wochen brauchte es, bis die Wolke sich entlud und der Vierzeiler niederkam.» — Die ironisch-schabernackähnliche, jedenfalls die listige Befassung mit dem Vorzug des Gedichtemachens ist kennzeichnend für den luftigen, bewußt beiläufigen, lässigen und lässig verqueren, verspielten Charakter der frühen Grass-Gedichte.

Vorher schon – 1958 – hatte Grass zu seinen Gedichten, wie er sie damals in seinen Anfängen schrieb, festgestellt: «In meinen Gedichten versuche ich, durch überscharfen Realismus faßbare Gegenstände von aller Ideologie zu befreien, sie auseinander zu nehmen, wieder zusammen zu setzen und in Situationen zu bringen, in denen es schwerfällt, das Gedicht zu bewahren, in denen das Feierliche lachen muß, weil die Leichenträger zu ernste Miene machen, als daß man glauben könnte, sie nehmen Anteil... Die Aufgabe des Versemachens scheint mir darin zu bestehen, klarzustellen und nicht zu verdunkeln: doch muß man manchmal das Licht ausknipsen, um eine Glühbirne deutlich machen zu können.»

Solche Zeilen ergänzten das Bild des einzelnen Gedichts in den «Vorzügen der Windhühner». Das Groteske entsteht generell durch Überschärfe und durch Auslassen gewisser Einzelheiten zugunsten anderer, hervorzuhebender. Unterbelichtung wird neben Überbelichtung gesetzt. Was zustande kommt, ist die spezifische Reizung, die Groteske hervorlockt — Lachreiz oder «Brechreiz» (mit Grass zu sprechen). Das Auseinandernehmen von Sinn- und Satz-Zusammenhang, Bedeutungszusammenhang, letzten Endes Umwelt- und Weltzusammenhang, und das Wiederzusammensetzen, bei Beobachtung bestimmter Veränderungen: dieser Vorgang macht die «groteske» Verschiebung von Sinn und Bedeutung erst möglich. Es ist ein Hantierungsprozeß, und die verbale Hantel unterstreicht sozusagen — indem sie benutzt und in der Benutzung absichtsvoll «vorgeführt» wird — das Phänomen: veränderte, gleichsam verwackelte Ding-Festigkeit und Hand-Festigkeit. Der herbeigeführte neue Zustand erlaubt danach den veränderten Umgangston: das Scherzen, die ironische Behandlung, die spielerische Überlegenheit, Kalauern, nunmehr «befugtes» Unfugtreiben. Die Überschärfe, die Grass meint, und die bei ihm beharrlich gegenüber «Gegenständen» Anwendung findet (etwa in dem programmatisch zu verstehenden Gedicht «Diana — oder die Gegenstände»), treibt die veränderte Nutzung von Bedeutung zwangsläufig hervor. Eine gewisse Automatik wird hier spürbar. Aber sie wird nicht penetrant wie die metaphorischen Automatismen der surrealen Bild-Behandlung. Das «Abschnurren» des Spiels, der Groteske, des Unfugs ist aber jedenfalls Ausdruck einer derartigen Automatenhaftigkeit.

Die Bedeutungsverdünnung, wie sie im dadaistischen Gedicht bei Arp, Tzara, Raoul Hausmann und anderen von jeher zu beobachten gewesen war, trifft nur im begrenzten Umfang für das gegenstands-interessierte Gedicht von Günter Grass zu. Heinrich Vormweg hat darum mit Recht, anläßlich seines Vorworts zu den «Gesammelten Gedichten» über den Gedichteschreiber Grass sagen können, daß es diesem darum gehe, «das Faktische nicht zu verdrängen, sondern bewußt zu machen». Die Feststellung ist in bezug auf eine Forderung von Grass getroffen: «Das Ungenaue genau treffen.» Gewiß konnte das Vormweg 1971 schon retrospektiv formulieren. — Das Gedicht ist inzwischen bei Günter Grass in den eineinhalb Jahrzehnten nach seinem lyrischen Debüt mehr und mehr in den Hintergrund geraten. Ihm ist damit — so scheint mir — eine wichtige Kraftquelle seiner literarischen Produktion geschmälert worden. Gewiß hat sich in diesen eineinhalb Jahrzehnten Wesen und Struktur des Grass-Gedichtes verändert.

Das Hahnebüchene, Mutwillige, Verschmitzte, Indirekte ist Schritt um Schritt an die politisch-gesellschaftlichen Realitäten der sechziger Jahre bei uns herangeführt worden. Das Gedicht hat — als politisches Gedicht — in zunehmendem Maße vom Gelegenheitsgedicht zum Einwirkungsgedicht sich fortentwickelt. Es hat die schönen und leichten Verbal-Gefechte des Anfangs fast rigoros verdrängt, ohne sich doch untreu zu werden: seinem Bedürfnis nach Hantieren, um schließlich bei diesem Bedürfnis die Lacher auf seiner Seite zu haben. Es richtet weiter aus, was es sich anfangs vornahm: «klarzustellen und nicht zu verdunkeln». Das artistische Spielbedürfnis in den «Vorzügen der Windhühner», das ihm Kritiker wie Johannes Bobrowski damals als kunstgewerbliche Neigung vorgehalten haben, wird auch weiterhin nicht gänzlich aus dem Spiel gelassen.

Im Gegensatz zu seinen «Windhühnern», die «kaum Platz einnehmen auf ihrer Stange aus Zugluft», nehmen die späteren Gedichte dann mehr und mehr solchen Platz ein. Sie werden nicht lediglich äußerlich geräumiger, sondern haben auch deutlich mehr Platzbedürfnis für Stoffe, Themen, Stellungnahmen. Das Klarheit-schaffen-Wollen hat Vormweg zusammenfassend als wichtigstes Moment in der Lyrik von Günter Grass hervorgehoben: «Günter Grass schreibt Gedichte, um den Nebel zu zerstreuen, der das Reale noch immer der Wahrheit entzieht.» — Es verschlägt nichts, daß man hinsichtlich Grass anfangs keineswegs so klar argumentieren konnte, weil der Voltigeur in ihm sich noch tummeln konnte, selbst in ersten politischen Erkundungsversuchen («Polnische Fahne»).

Das «Mißtrauen und Engagement rütteln Konkretes frei» setzt sich dennoch eher zögernd bei ihm durch. Mißtrauen war und blieb das Primäre. Das Engagement kam hinzu. — Zunächst sahen «Wandlungen» bei ihm zögernder, abgefeimt versteckter, gewissermaßen lediglich hinter der hohlen Hand verlautbart aus. Es gab so etwas wie ein unverkennbares Sich-ins-Fäustchen-Lachen. Man merkt das im folgenden Gedichttext:

> Plötzlich waren die Kirschen da,
> obwohl ich vergessen hatte,
> daß es Kirschen gibt
> und verkünden ließ: Noch nie gab es Kirschen —
> waren sie da, plötzlich und teuer.
>
> Pflaumen fielen und trafen mich.
> Doch wer da denkt,
> ich wandelte mich,
> weil etwas fiel und mich traf,
> wurde noch nie von fallenden Pflaumen getroffen.
>
> Erst als man Nüsse in meine Schuhe schüttete
> und ich laufen mußte,
> weil die Kinder die Kerne wollten,
> schrie ich nach Kirschen, wollt' ich von Pflaumen
> getroffen werden — und wandelte mich ein wenig.
>
> («Gleisdreieck»)

In dem zweiten, 1960 erschienenen Gedichtband «Gleisdreieck» erinnert dieses Beispiel noch ein wenig an die Rumpelstilzchen-Situation («O wie gut, daß niemand weiß . . .») in seiner überaus individualistischen Einstellung, die auch noch nicht im weniger bösen als bissigen Bild vom Dichter aufgegeben wurde, das man im selben Band findet. «Der Dichter» und seine Beziehung zu einer kindlichen Umwelt. Man fragt sich, wer hinters Licht geführt werden soll:

> Böse,
> wie nur eine Sütterlinsschrift böse sein kann,
> verbreitet er sich auf liniertem Papier.
> Alle Kinder können ihn lesen
> und laufen davon

und erzählen es den Kaninchen,
und die Kaninchen sterben, sterben aus —
für wen noch Tinte, wenn es keine Kaninchen
    mehr gibt.

Solche «böse» Kinderidylle hat etwas vom Vexierbild. Heinrich Vormweg interpretiert den Text so, daß solche Bosheit nur begreiflich «als Stimmung, als Gemütszustand, als ein Herausgefordertsein» zu verstehen sei. Ein Modellgedicht für das Böse, Gefährdete, ja, Mörderische der Kinder- und Idyllenwelt als der nur scheinbar «kleinen» Welt (die in Wirklichkeit der «großen» in nichts nachsteht, was Desillusion, Verdacht, Verrat, Verderben angeht), ist einer der bekanntesten Texte des Lyrikers Günter Grass, sein tristes «Kinderlied»:

Wer lacht hier, hat gelacht?
Hier hat sich's ausgelacht.
Wer hier lacht, macht Verdacht,
daß er aus Gründen lacht.

Wer weint hier, hat geweint?
Hier wird nicht mehr geweint.
Wer hier weint, der auch meint,
daß er aus Gründen weint.

Wer spricht hier, spricht und schweigt?
Wer schweigt, wird angezeigt.
Wer hier spricht, hat verschwiegen,
wo seine Gründe liegen.

Wer spielt hier, spielt im Sand?
Wer spielt muß an die Wand,
hat sich beim Spiel die Hand
gründlich verspielt, verbrannt.

Wer stirbt hier, ist gestorben?
Wer stirbt, ist abgeworben.
Wer hier stirbt, unverdorben,
ist ohne Grund verstorben.

Das abzählreim-ähnliche Gedicht führt in seiner abgefeimten Schlichtheit vor einen Abgrund von Spiel: die Verderbnis von Zusammenleben, als Kinderspiel getarnt! Das sich

gegen sich selber kehrende Spiel spielt sich auf diese Weise
gründlich aus. Es ist das Ende vom Spiel, wie das Ende vom
Kinderlied, das hier imitiert wird.

In seinem dritten Gedichtband «Ausgefragt» (1967) entfernte sich dann Grass von seinen Anfängen am gründlichsten,
nachdem er schon im «Gleisdreieck» immer realistischer, kom-
pakter, handfester geworden war. Am Schluß des Gedichts
«Schreiben» steht die Zeile: «nicht schmücken — schreiben».
Dieser Grass des «Ausgefragt»-Bandes kann derb und immer
noch lustig, aber gewiß ohne jede «schmückende» Dekoration
sein. Was nun entstanden ist, sind Sprech-Gedichte, Gedichte
des Stellung-Nehmens. «Alles Schöne ist schief», heißt es einmal, und «nicht mehr das Laub, den Verdacht höre ich fallen». In den immer unkomplizierter anmutenden späteren Arbeiten, in denen man (im Gedicht «Ja») die Zeilen findet:
«Mein grosses Ja bildet Sätze mit kleinem Nein», trifft man
unter anderem auf einen ständig wachen Argwohn gegenüber
der literarischen, besonders gegenüber der artistisch-poeti-
schen Ambition, also genau gegenüber demjenigen, dem Grass
in den «Vorzügen der Windhühner» angehangen hatte.

Eine vorzügliche Darstellung des Weges, den die Grass'-
sche Lyrik seit dem ersten Band genommen hatte, gab Theodor Wieser in seiner Einleitung zu dem Grass gewidmeten
Band «Porträt und Poesie»: «Im Erstling die wuchernde Fülle
der Bilder, zahllos aufgefädelte Einfälle, eine überbordende
Kollektion von Material, im zweiten Band die sparsame Auswahl und Zurückdrängung üppiger Assoziationen ... verspielte
Stimmungsbilder werden zu ernsten, knappen Vorgängen, an
die Stelle des Lyrischen tritt die Erzählung, die Ballade von
den Dingen, den Menschen und den Tieren. Im dritten Band
‚Ausgefragt' kommt der politische Zeitgenosse zu Wort. Bild
und Ballade räumen dem politischen Vokabular Platz ein. Ab-
strakta, Termini des öffentlichen Lebens, Schlagwörter des Tages ... dringen ein ... Anstelle des Dinggedichts treten zudem
Reisebilder aus Deutschland und Amerika.»

Grass wurde schließlich im Gedicht überall ein Mann der
Realien, der das Übertriebene scheut und notfalls die «Schweinekopfsülze» und den Gemüsetest den «höheren» Gegenständen vorzieht. Manchmal gerät er dabei ins Schwadronnieren,
ins Poltern, aber dann zieht er sich wieder listig und wortge-
wandt aus der Klemme, einfalls-froh, nach Art jener «Gele-
genheitslyriker», wie er sie verstanden wissen will. Hier bleibt
Grass von unnachahmlichem Witz, von hinreißender Findig-

keit der Sprache. Wo das Räsonnement aufgegeben ist oder doch stark zurücktritt, durchweg in kürzeren Gedichttexten, ist Grass von einer keineswegs kraftlosen Leichtigkeit des Gelingens, von bemerkenswerter Einfalt des Feststellens und Mitteilens. Die Lyrik ist bei ihm nunmehr eine Lyrik kritischer, Kritik übender poetischer Gesundheit. In dem Gedicht «Irgendwas machen» liest man an einer Stelle:

> Sind Gedichte Atemübungen?
> Wenn sie diesen Zweck erfüllen — und ich frage,
> prosaisch wie mein Großvater, nach dem Zweck —,
> dann ist Lyrik Therapie.

Im Hinblick auf Enzensberger und Günter Grass hat Peter Rühmkorf in seinem Aufsatz über nachkriegsdeutsche Lyrik («Bestandsaufnahme», 1962) gesagt: «Diese Lyrik spielte sich nicht mehr im luft- und leuteleeren Raume ab, sondern bezog sich auf, verhielt sich zu, brach sich an: Gegenstand und Gegenwart.» Wiesers Feststellung, daß Grass in seiner Lyrik «nicht mit großem formalen Ehrgeiz» auftrete («die Verschwendung im Roman hat ihn davon befreit»), trifft sicherlich für «Gleisdreieck» und «Ausgefragt» weitgehend zu. Es ist aber nicht so, daß Grass hier ehrgeizlos gewesen wäre. Das Formale ist nie so außer acht gelassen, daß es zu Nachlässigkeit kommt oder zu bewußter Vertreibung aus dem Gedichttext. Die möglicherweise oft unwillkürliche, angeborene formale Leichtigkeit und artifizielle Fähigkeit, die in den «Windhühnern» so evident ist, spricht jedenfalls gegen die Wieser'-sche These, wenn sie auf die gesamte Grass-Lyrik ausgedehnt wird. Das spielerische Gedicht kommt ohne einen deutlichen «formalen Ehrgeiz» nicht aus. Das gilt auch für die Arbeiten von Grass, solange er spielerisch-grotesk-mutwillig bleibt.

Aber wie im Kinderlied «Abzählreime und Kinderspiel in Exekution an der Mauer verkehrt» werden (Wieser), so ist es bei Grass zunehmend gekommen, daß Lachen im Halse stekken bleibt, Mutwille versteinert und formale Equilibristik einem härteren, undifferenzierten, eindeutigen Ton von Frage und kritischer Forderung weicht. — Die «schiefe Schönheit» bleibt und meldet sich noch einmal in einem seiner neuesten Gedichte zu Wort («Falsche Schönheit»), in einer Art verbissener Heiterkeit, die ohne jede Schwebe-Möglichkeit ist, und die einer bissigen Freude Platz gemacht hat, die Bescheid weiß, worauf es ankommt:

Diese Stille,
>   also der abseits in sich verbissene Verkehr,
>   gefällt mir,
und dieses Hammelkotelett,
>   wenn es auch kalt mittlerweile und talgig,
>   schmeckt mir,
das Leben,
>   ich meine die Spanne seit gestern bis Montag früh,
>   macht wieder Spaß;
ich lache über Teltower Rübchen,
unser Meerschweinchen erinnert mich rosa,
Heiterkeit will meinen Tisch überschwemmen,
und ein Gedanke,
>   immerhin ein Gedanke,
>   geht ohne Hefe auf,
>   und ich freue mich,
>   weil er falsch ist und schön.

In einem solchen Text steckt auch etwas von dem, was Peter Härtling in Hinblick auf «Ausgefragt» auffällig findet: «Neigung zur Wohnküche, zum Bürgerlichen». Härtling formuliert: «Zwischen Kochtopf und Großvater werden Zeilen gespannt.» Gewiß ist die von Grass dargestellte Alltagswelt, die oft biedere Alltäglichkeit unleugbar, aber in ihr etabliert sich ebenso gewiß nicht genießerisches Einverständnis, wie Härtling unterstellt, vielmehr kritischer Blick, der bis zum Degout geht, ohne daß doch von den «Gegenständen», den dingfesten Dingen, den allzu handfesten Banalitäten abgesehen wird. Zu schweigen von Grass' kritischem politischem Realismus, der sich an den Realien und ihren Mängeln entzündet und freilich keinerlei Bedürfnis nach politischer Utopie oder gar Anarchie entwickelt: hier anders angelegt und entwickelt als das politische Engagement vieler Gleichaltriger, vor allem jüngerer Autoren seit Enzensberger, die in den sechziger Jahren bei uns hervortreten und bekannt werden. Politisch ist Grass durchaus noch in der banalen Faktizität mancher seiner späteren Gedichte, in denen nichts mehr vom spielerischen Zuschnitt des frühen Grass der fünfziger Jahre übrig geblieben scheint.

Die «Gesammelten Gedichte» des Jahres 1971 haben spätestens Umfang und Konsequenz der Begabung des Lyrikers Grass deutlich gemacht. In ihnen trafen alle verschiedenen Merkmale dieser Begabung nochmals aufeinander und — vertrugen sich miteinander. Es gibt hierbei keine Zerreißproben, keine Spannungen innerhalb der Entwicklung. Das nächste Gedicht scheint vom vorhergehenden vorbereitet, ermöglicht zu sein. Das Spiel von einst ist längst in Fakten ernst geworden — und wenn man will — so nachträglich noch glaubwürdig. Der Ruhm ist damals durch die Prosa gekommen. Aber diese Prosa war in mancher Hinsicht durch Verse vorbereitet worden, die alle Möglichkeiten des Romanschreibers auf engem Raum durchspielten und dieses Spiel nicht verloren haben.

(1973)

Marcel Reich-Ranicki

2 | Günter Grass: „Hundejahre"

Natürlich weiß ein so exakt arbeitender Schriftsteller, ein so sorgfältig kalkulierender Artist wie Günter Grass, welch außerordentliche Bedeutung gerade dem Einstieg zukommt — den ersten Zeilen eines Romans oder einer Erzählung.

«Zugegeben: ich bin Insasse einer Heil- und Pflegeanstalt, mein Pfleger beobachtet mich, läßt mich kaum aus dem Auge...», beginnt *«Die Blechtrommel»*. Die Novelle *«Katz und Maus»* wiederum setzt mit den Worten an: «... und einmal, als Mahlke schon schwimmen konnte, lagen wir neben dem Schlagballfeld im Gras.» Zwei verschiedene Eröffnungen, die sich aber beide — wenn auch in einem raffiniert beiläufigen Tonfall — bemühen, die Aufmerksamkeit des Lesers sogleich auf den Kern des jeweiligen Werks zu lenken: Hier erfahren wir, daß sich der Erzähler außerhalb der Gesellschaft befindet und überwacht wird; da verweist die zweifache Bedeutung des Verbums «schwimmen» auf den doppelten Sinn der Geschichte vom Schüler Mahlke, der so gut tauchen konnte und doch untergegangen ist.

Es fällt auf, daß sich Grass im Roman *«Hundejahre»* für einen Einstieg ganz anderer Art entschieden hat: «Erzähl Du. Nein, erzählen Sie! Oder Du erzählst. Soll etwa der Schauspieler anfangen?» Die ersten Worte zielen also nicht mehr — wie in der *«Blechtrommel»* und in *«Katz und Maus»* — auf ein wesentliches Motiv hin, sondern eher auf ein Problem des schriftstellerischen Handwerks. Und dies trifft auf die einleitenden Sätze des zweiten Buches der *«Hundejahre»* ebenfalls zu: «Liebe Cousine Tulla, man rät mir, Dich und Deinen Rufnamen an den Anfang zu setzen, Dich... formlos anzusprechen, als beginne ein Brief. Dabei erzähle ich mir, nur und unheilbar mir; oder erzähle ich etwa Dir, daß ich mir erzähle?» Erst der dritte und letzte Teil der «Hundejahre» geht, so scheint es wenigstens, von einem Element der eigentlichen Handlung aus: Den Auftakt bildet hier die knappe Behauptung «Der Hund steht zentral». Aber im Grunde ist auch damit eine vornehmlich handwerkliche Frage gemeint — die angestrebte Position des Hundemotivs innerhalb des Romans.

Vielleicht spiegelt sich in dieser so offensichtlichen und konsequenten Veränderung der Einstiege und Ausgangspunkte der Verlust jener Unbefangenheit und Direktheit, die für «Die Blechtrommel» charakteristisch waren. Es mag auch sein, daß in den «Hundejahren» der jeweilige Ansatz — zunächst gibt sich Grass zögernd und ein wenig kokett, und beim dritten Mal beginnt er lapidar und ostentativ — etwas mit der Taktik des Autors im Umgang mit seinen Lesern und Rezensenten zu tun hat. Denn Grass, der sich in der Regel nicht nur der starken Seiten seiner Arbeiten bewußt ist, sondern auch mancher ihrer Mängel, liebt die Flucht nach vorn: Diese drei Eröffnungen treffen allesamt die Schwächen des Buches. Indem die Anfangssätze auf die erzählerische Perspektive, auf die formalen Schwierigkeiten und auf die Funktion des wichtigsten Motivs anspielen, lassen sie zugleich erkennen, woran der Roman «Hundejahre» gescheitert ist.

Wer erzählt diesmal? Grass hatte offenbar keine Zweifel, daß nur Oskar Matzerath selber mit den Begebenheiten aus seinem Leben aufwarten dürfte. Niemand wird den berichtenden Helden der «Blechtrommel» mit dem Verfasser des Buches verwechseln wollen. Doch ebenso unzulässig wäre es, zu übersehen, daß Autor und Figur weit mehr miteinander gemein haben als nur die Welt ihrer Herkunft und viele Stationen ihrer Biographien: Grass erzählt aus der Sicht von Oskar, und Oskar erzählt in der Sprache von Grass. Was auch dem Roman «Die Blechtrommel» vorzuwerfen ist, die Einheit von Perspektive und Diktion bleibt in ihm stets gewahrt.

Stoff und Aufbau der «Hundejahre» verraten, daß dieses Buch als Seitenstück zum erfolgreichen Erstling konzipiert war: Wieder erweist sich Danzig-Langfuhr als — wie es jetzt in den «Hundejahren» heißt — «so groß und so klein, daß alles, was sich auf dieser Welt ereignet oder ereignen könnte, sich auch in Langfuhr ereignete oder hätte ereignen können». Noch einmal dasselbe (vorwiegend kleinbürgerliche) Milieu und ge-

nau derselbe Zeitraum — von den zwanziger bis zu den fünfziger Jahren. Und auch hier ist das Ganze in drei Teile geglie-
dert, von denen zwei abermals jener Danziger Welt gewidmet
sind und der dritte die Nachkriegszeit unter westdeutschen
Vorzeichen behandelt, wiederum vor allem am Rhein und an
der Spree.

Da es jedoch Grass diesmal nicht gelingt, eine Figur zu
finden, der er — wie einst dem kleinen Oskar in der *«Blechtrommel»* oder Pilenz in *«Katz und Maus»* — die Funktion des
Erzählers anvertrauen könnte, entscheidet er sich für ein
Autoren-Kollektiv. Zu seinen Sachwaltern macht er drei ehemalige Danziger: Den ersten Teil erzählt der Vogelscheuchen-
produzent und frühere Ballettmeister Eduard Amsel, den zweiten der Kinderfunk-Redakteur Harry Liebenau, und den letzten der einstige Schauspieler Walter Matern. Das ganze schrift-
stellerische Vorhaben soll Amsel leiten.

Indes war Grass nicht bereit, seine volle epische Macht
auf die Mitglieder dieses Kollektivs zu übertragen: Er selber
mischt sich ebenfalls ein, ohne daß die Notwendigkeit solcher
Interventionen erkennbar wäre. Mehr noch: Es bleibt sogar
offen, wozu Grass überhaupt drei verschiedene Ich-Erzähler
gebraucht hat. Sein Monograph Kurt Lothar Tank erklärte, daß
der Autor der *«Hundejahre»* sich «gleichsam in drei selbster-
fundene Ghostwriter aufspaltet, ohne seine Originalität, seine
großartig-schrullige Erfindungskraft und seinen Sprachrhyth-
mus an irgendeiner Stelle zu verleugnen». Dies aber ist nichts
anderes als die denkbar freundlichste Bezeichnung eines eher
fragwürdigen Sachverhalts: Stil, Blickwinkel und Betrachtungsweise der drei Chronisten unterscheiden sich voneinander überhaupt nicht oder bloß unerheblich, die Erzählerstafette
ergibt nichts.

Was sich dahinter verbirgt, hat Walter Jens durchschaut:
«Ich habe den Verdacht, daß die Drei- (oder, nimmt man den
Autor hinzu, Vier-) Sprecher-Verteilung erst spät hinzugekom-
men ist; daß ursprünglich planer erzählt werden sollte ... und
daß der Einfall mit dem Kollektiv erst vom Ende her in den
ersten Teil eingefügt worden ist. Warum, muß man doch fragen, gibt es ... im zweiten Teil so wenig Hinweise auf die Arbeit der Schriftsteller-Kooperation, und weshalb fehlen diese
Hinweise im Schlußteil fast ganz?»

Doch geht es nicht nur darum, daß der Perspektivenwech-
sel illusorisch ist und wir in Wirklichkeit alles aus einer einzigen Sicht sehen — aus derjenigen von Günter Grass —, nicht

nur darum, daß die Fiktion des allwissenden Romanciers von gestern ersetzt wird durch die Fiktion eines Autoren-Kollektivs. Vielmehr gibt diese oberflächliche und lediglich mechanische und nicht einmal konsequente Aufteilung der erzählerischen Perspektive den *«Hundejahren»*, zumal dem Rahmen und der Komposition, den Anstrich einer recht fatal wirkenden Künstlichkeit, die übrigens niemand besser zu spüren scheint als der Verfasser selber — nur daß er sie nicht verhindern kann.

Diese Künstlichkeit fällt besonders in dem zweiten Teil des Romans auf, weil die einzelnen Abschnitte einen Adressaten haben sollen: Harry Liebenau berichtet in Briefen, die angeblich an seine Cousine Tulla Pokriefke gerichtet sind. Allerdings ist es schwer, daran zu glauben: Häufig teilt er ihr mit, worüber sie längst informiert sein müßte, manches erzählt er, was sie nicht interessieren könnte, und manches, was sie, ein ungebildetes und simples Wesen, nicht zu begreifen imstande wäre. Und es sind auch überhaupt keine Briefe. In der Tat verzichtet Liebenau schließlich auf die Briefanrede und leitet die letzten Kapitel des zweiten Teils nur noch mit der stereotypen Wendung «Es war einmal...» ein.

Womit Grass die Fragwürdigkeit, ja Peinlichkeit dieser Lösung mildern möchte, macht die Sache bestimmt nicht besser. Er läßt Liebenau mit der Feststellung beginnen, er wende sich an die Adressatin nur deshalb, weil ihm diese Form empfohlen wurde. Und wenige Zeilen weiter: «Ich erzähle Dir, Du hörst nicht zu. Und die Anrede — als schriebe ich Dir einen und hundert Briefe — wird der formale Spazierstock bleiben, den ich jetzt schon wegwerfen möchte...»

Indes wird ein Übel nicht schon dadurch kleiner, daß man es benennt, und das Geständnis des Autors, daß er die formalen Spazierstöcke am liebsten wegwerfen möchte, hilft uns wenig, wenn er sich doch immer wieder solcher Spazierstöcke oder, richtiger gesagt, Krücken und Prothesen bedient. Grass war auf sie schon in der *«Blechtrommel»* angewiesen und ist es um so mehr in den *«Hundejahren»*. Die Ursache hängt letztlich mit der Eigenart seines Talents zusammen.

Denn er, der seinen Weltruhm — und dies mit Recht — einem Roman verdankt, ist im Grunde nicht Romancier, sondern Geschichtenerzähler und weit höherem Maße Lyriker als Epiker. In allem, was er geschrieben hat, ist der lyrische Untergrund ebenso spürbar wie der erzählerische Impuls. Während sich die besten Abschnitte seiner Romane als poetische

Bilder oder Szenen erweisen, verbergen sich in seinen schönsten Versen Geschichten. Die Höhepunkte seines Dramas *«Die Plebejer proben den Aufstand»* sind zwei Gedichte. Andererseits gehen seine Reden und auch manche Artikel — so etwa die 1967 in Israel gehaltene *Rede von der Gewöhnung* — unbekümmert in Erzählungen über.

Aber so außerordentlich stark dieser erzählerische Impuls auch ist, so kann er sich in der Regel nur in begrenzten Episoden wirksam entfalten. Daher reiht Grass in seinen Romanen einzelne, meist in sich geschlossene Abschnitte oder Szenen aneinander: Sie ergeben Bilderbogen.

In der *«Blechtrommel»* wurden diese Bestandteile durch die Figur Oskar Matzeraths zusammengehalten: Das Ganze hatte eine Achse. Die *«Hundejahre»* sollten ebenfalls eine Konstruktionsachse haben, um die sich das Material gruppieren und organisieren ließe: Die angeführte Erklärung — «Der Hund steht zentral» — deutet darauf hin. Ein verräterischer Satz ist es übrigens, dem man mehr entnehmen kann, als Grass sagen wollte. Denn wenn es in diesem Buch auch kein Zentrum gibt, so steht hier in der Tat alles. Mit anderen Worten: Weder dem Hund Prinz noch Eduard Amsel oder Walter Matern läßt sich eine zentrale Position nachsagen, von einer ordnenden Funktion ganz zu schweigen. Wohl aber haben wir es mit einem statischen Roman zu tun.

Was immer ursprünglich geplant war — das Buch *«Hundejahre»* ähnelt einer Sammlung kleiner literarischer Arbeiten von unterschiedlicher Art und Qualität. Wir finden hier Märchen, Sagen und Legenden, Anekdoten, Schelmengeschichten und Genreszenen, Parabeln, Satiren und Grotesken, Skizzen, Dialoge und Parodien. Viele dieser — bisweilen meisterhaft geschriebenen — Miniaturen hat Grass überhaupt nicht oder nur flüchtig in das Romangeschehen integriert.

Wenn er eine Rundfunk-Diskussion parodiert, einen Sexualakt im Beichtstuhl oder auf der Mülltonne beschreibt oder uns über den Inhalt eines Balletts informiert, wenn wir von der «Leichenhalle» hören, einem Luxusrestaurant, wo man an Operationstischen mit sterilem Sezierbesteck speist, oder von Wunderbrillen, die es den deutschen Kindern ermöglichen, die politische Vergangenheit ihrer Eltern zu erkennen, wenn Grass erzählt, wie in der ersten Nachkriegszeit den später in der Bundesrepublik mächtigen Publizisten, Wirtschaftlern und Politikern ihre Zukunft vorausgesagt wird, wenn er schildert, wie sein an einem «handfesten, städtischen und französisch besetzten Tripper» leidender Held «privat und ohne Lizenz durch die Lande zog, um mit gonokokkengeladener Spritze . . . den weiblichen Anhang ehemaliger Parteimittelgrößen» zu infizieren –, dann sind dies Nummern und Einlagen, die auf den Gang der Handlung meist keinen Einfluß haben: Sie bleiben isoliert und erweisen sich daher häufig auch als austauschbare Einheiten.

«Die Blechtrommel» war ebenfalls eine Art Nummernoper, nur schien dies dort eher motiviert, was vor allem mit der Figur Oskar Matzeraths zusammenhängt. Die Hauptgestalten der *«Hundejahre»* sind jedoch grundsätzlich anders konzipiert als der Held und Ich-Erzähler der *«Blechtrommel».*

Oskar hat allein über sein Schicksal entschieden. Die Schicksale von Amsel und Matern werden von den Verhältnissen und Ereignissen ihrer Zeit bestimmt. Oskar deformiert sich selber, weil er die Welt ablehnt. Amsel und Matern lehnen die Welt nicht ab, aber sie werden schließlich von ihr deformiert. Während Oskar jenseits aller ethischen Gesetze und Maßstäbe steht, sind Amsel und Matern keineswegs der moralischen Verantwortung enthoben. Oskar wird von Grass gegen die Epoche ausgespielt, Amsel und Matern zeigt er hingegen als Produkte dieser Epoche. Oskar ist eine Märchenfigur, Amsel und Matern sind, auch wenn ihnen gelegentlich Märchenhaftes zustößt, reale Gestalten.

Somit kommt es bei Oskar, dieser epischen Spottgeburt aus Dreck und Feuer, auf psychologische Stimmigkeiten nicht an – ohnehin ist er infantil und weise, primitiv und raffiniert, ein kleines Kind und ein Wesen ohne Alter zugleich. Über Amsel und Matern konnte Grass nicht mehr so frei verfügen: Sie ließen sich nicht beliebig mit allerlei Charakterzügen, Erfahrungen und Abenteuern ausstatten. Denn sollte die Geschichte ihrer am Nationalsozialismus zerbrechenden Freundschaft und ihrer Wiederbegegnung in der Bundesrepublik überzeugen, dann mußten auch die beiden Figuren nicht nur deutlich sichtbar, sondern auch wahrscheinlich sein. Sie sind es in der Tat, doch nur solange von ihrer Kindheit und Jugend erzählt wird.

Die beiden «Freunde von der Weichselmündung», der geistreiche und sensible Halbjude Amsel und der kräftige und eher simple Müllerssohn Matern, bleiben trotz mancher Spannungen und trotz des gelegentlich zwischen ihnen auftauchenden Wortes «Itzig» zunächst «unzertrennliche Blutsbrüder». Noch die Zwanzigjährigen halten trotz der politischen Verhältnisse zusammen, doch schließlich gehen ihre Wege auseinander. Indes sind die konkreten Umstände, die unmittelbar zu dem Bruch führen, zumindest wunderlich.

Amsels besondere Vorliebe gilt den Vogelscheuchen. Er baut sie – man schreibt inzwischen das Jahr 1937 – nicht etwa «gegen die ihm vertrauten Spatzen und Atzeln; gegen niemanden baute er, aus formalen Gründen. Allenfalls hatte er vor, einer gefährlich produktiven Umwelt seinerseits Produktivität zu beweisen». Als er diesen nur «aus formalen Gründen» gebauten Vogelscheuchen unbedingt nationalsozialistische Uniformen anziehen will – was mir allerdings eine recht lausbubenhafte Reaktion auf die politischen Vorgänge zu sein scheint, aber auch die erwachsenen Grass-Helden muten oft pubertär an –, ist ihm dabei Walter Matern behilflich. Er tritt der SA bei: «aus Freundschaft . . ., halb aus Jux und halb aus Neugierde, besonders aber, damit Amsel zu jenen extrem braunen Uniformstücken kam, nach denen er und die Gerüste zukünftiger Scheuchen verlangten».

Von nun an kümmerte sich Grass immer weniger um die Beweggründe, die seine Personen so und nicht anders handeln lassen. Eben war Matern zur SA aus Freundschaft zu Amsel und «nach innen mit allen Zähnen knirschend» gegangen, und schon beteiligt er sich eifrig an der Verfolgung des Halbjuden: Amsel wird der braun uniformierten Vogelscheuchen wegen von der SA mißhandelt, und auch Matern schlägt kräftig auf ihn ein. Was wir im weiteren Verlauf des Romans – und das sind noch etwa zwei Drittel – über Amsel und Matern hören, hat kaum einen Zusammenhang mit ihren Charakteristiken: Die ihnen zugeschriebenen Erfahrungen, Erlebnisse und Handlungen sind oft auswechselbar.

Zum erbitterten Gegner der Sprache und Philosophie Heideggers, die er – ziemlich leichtfertig – mit dem Geist des Dritten Reiches assoziiert und identifizert, macht Grass Walter Matern – doch könnte es ebenso auch Amsel sein – mit dem Unterschied freilich, daß die Heidegger-Kenntnisse dem gebildeten und intelligenteren Amsel weit eher zuzutrauen wären als dem derben, ehemaligen SA-Unterscharführer Matern. Andererseits ist die offenbar recht skrupellose kaufmännische Karriere des musisch veranlagten Amsel in der Bundesrepublik zumindest überraschend und wäre wohl eher dem wendigen Matern angemessen.

So erweisen sich Amsel und Matern und auch manche andere Figuren der «*Hundejahre*» letztlich nur als Marionetten. Überdies hat der Hintergrund oft etwas Kulissenhaftes. Es entsteht der Eindruck, als würde Grass zeitgeschichtliche Elemente nur dann in den Roman einbeziehen, wenn sie ihm eine Gelegenheit zu Gags geben, deren Zahl allerdings verblüfft. Weil sich Grass diesmal auf seine Motive nicht verlassen kann, weil er die Künstlichkeit des Aufbaus und die Fragwürdigkeit der Figuren spürt, versucht er, zumal im dritten Teil des Romans, den Leser mit einem Hagel von Kuriositäten zu überschütten.

Gewiß, kein deutscher Schriftsteller unserer Zeit kann mit so originellen Einfällen aufwarten. Nur will es mitunter scheinen, daß nicht der Autor die Einfälle regiert, sondern die Einfälle den Autor beherrschen. Und wenn sie auch von beneidenswerter Phantasie zeugen, so reichen sie doch nicht aus, um der Welt beizukommen, die hier gezeigt werden soll. Mehr noch: Sie tragen zu unbeabsichtigten und riskanten Verzerrungen bei.

Nichts liegt dem Autor der «Hundejahre» ferner, als die Epoche des «Dritten Reiches» zu verharmlosen. Da aber sein Zeitpanorama weniger einem Pandämonium und eher − obwohl es diesmal nicht von einem trommelnden Zwerg präsentiert wird − einem Panoptikum gleicht, scheinen manche Szenen, in denen Grass die Unmenschlichkeit jener Jahre vergegenwärtigt, bloß die Funktion von Schreckenskammern zu erfüllen. Die unaufhörliche Jagd nach Pointen, Gags und kabarettistischen Effekten entschärft und verflacht auch die im letzten Teil enthaltene und dort besonders reichlich gebotene Gesellschaftskritik: In vielen Kapiteln werden die bundesrepublikanischen Verhältnisse nicht angeklagt, sondern nur noch − ich bitte, mir dieses Verbum zu genehmigen − skurrilisiert.

Das gilt auch für die große, lange vorbereitete und daher um so mehr enttäuschende Schlußszene des Romans: Die Beschreibung der Vogelscheuchenwelt, die als groteskes Abbild unserer Gesellschaft verstanden werden soll, muß ihren künstlerischen Zweck verfehlen, da die Symbolik hier vordergründig und aufdringlich, billig und prätentiös zugleich ist. Das vollkommen statische und, wie sich gezeigt hat, unergiebige Vogelscheuchenmotiv, das immer wieder in den «Hundejahren» auftaucht, vergleicht Rudolf Hartung mit dem Trommelmotiv im ersten Grass-Roman: «Nicht zu übersehen ist allerdings der wesentliche Unterschied, daß Oskars rhythmisches Trommeln die Zeit gliedert, während die Scheuchen der «Hun-

dejahre» vorab räumliche Gebilde sind und somit für den Roman, der seinem Wesen nach gegliederte Zeit ist, auf die Dauer eine Belastung darstellen.»

Im Zusammenhang mit den Vogelscheuchen, die Amsel seit seiner Jugend so beharrlich und phantasievoll produziert, finden sich übrigens in den *«Hundejahren»* einige bezeichnende Äußerungen: Von seinen späteren Scheuchen heißt es, daß sie «bei aller Raffinesse im Detail und morbiden Eleganz in der äußeren Linie, weniger eindringlich gelangen». Und: «Amsel war der erste, der diesen Substanzschwund bemerkte. Später wies Walter Matern ... gleichfalls auf das zwar bestürzende Können und das nicht zu übersehende Fehlen früher Amselscher Schöpferwut ·hin.» Etwas weiter lesen wir, daß Amsels «Kunst stagnierte» und daß seine «Perfektion ermüdete». Er habe dies lächelnd ertragen, «aber wir, hinterm Zaun im Gebüsch, hörten ihn seufzen».

Was damit gemeint ist, liegt auf der Hand. «Bei aller Raffinesse im Detail» sind die *«Hundejahre»* nicht gelungen, der «Substanzschwund» fällt ebenso auf wie das Fehlen früher Grass'scher «Schöpferwut»: Seine «Kunst stagnierte», seine «Perfektion ermüdete». Aber kein Zweifel auch, daß der Roman erneut das «bestürzende Können» des Erzählers Grass beweist.

Die poetischen Beschreibungen der in der Erinnerung immer breiter werdenden Weichsel, die Geschichte vom Studienrat Brunies, der so gern Süßigkeiten aß und dafür im Konzentrationslager büßen mußte, die miteinander synchronisierten Schilderungen der Überfälle auf Amsel und die Balletteuse Jenny, die Tiraden über die Flucht aus Danzig oder gar jene Parabel vom Zusammenbruch des «Dritten Reiches», der in der Jagd der Wehrmacht auf den entlaufenen Führerhund glanzvoll persifliert wird — dank dieser und anderer in sich geschlossener Abschnitte und Episoden gehören die *«Hundejahre»* trotz allem zu den wichtigsten deutschen Prosawerken der sechziger Jahre.

Zugleich ist jetzt die Rolle erkennbar, die dieses Buch in der schriftstellerischen Entwicklung von Grass gespielt hat. Nur darf man sich durch sein Erscheinungsjahr — 1963 — nicht irreführen lassen. Einen beträchtlichen Auszug aus dem Roman hatte Grass schon 1960 auf der Tagung der «Gruppe 47» gelesen, offenbar lagen schon damals große Teile vor. Die Arbeit an dem Buch, in dem von Anfang an der Wurm war, mußte er später für einige Zeit unterbrechen. Erst nach der Novelle «*Katz und Maus*» kehrte er zu dem Projekt zurück, das schon so weit gediehen war, daß er es weder verwerfen noch retten konnte.

Dennoch sollte dieser Roman zeitlich in der unmittelbaren Nachbarschaft vor allem des Erstlings gesehen werden: «*Die Blechtrommel*» und «*Hundejahre*», die beiden umfangreichen Prosabände — zunächst eine ungewöhnliche Eruption der aufgespeicherten epischen Energie und dann der fast verzweifelte Versuch, eine solche Eruption noch einmal zu erzwingen —, gehören zueinander und stammen im Grund aus derselben Periode.

Nicht der Roman «*Hundejahre*» verweist indes auf die Richtung des Weges, den Grass in den nächsten Jahren eingeschlagen hat, sondern die zwar früher erschienene, aber offenbar später konzipierte Novelle «*Katz und Maus*», ein auf jeden Fall ungleich reiferes und strengeres Werk. Die politischen Reden, das Drama «*Die Plebejer proben den Aufstand*», die Gedichte der Sammlung «*Ausgefragt*» — das sind die Stationen, die diesen Weg markieren. Sie zeigen deutlich, wohin er führen soll: zur Synthese von künstlerischer Disziplin und moralischer Verantwortung.

So dokumentiert der Roman «*Hundejahre*» einen bereits überwundenen Abschnitt in der Entwicklung des Schriftstellers Günter Grass.

(1963/67)

Georg Just

3 | Die Appellstruktur der „Blechtrommel"

1. Zur Konstitution der Rolle des Erzählers und des Lesers

Jeder Text kann sowohl als Aussage (énoncé) wie als Äußerung (énonciation) analysiert werden. Im ersten Fall untersucht man seine «Darstellungsfunktion» (Bühler), im zweiten Fall seine pragmatische Funktion (Ausdruck/Appell) [1]. Wir interessieren uns in dieser Untersuchung für den zweiten Fall. Qua Äußerung bezieht sich der Text unmittelbar auf Sprecher/Hörer. Die Analyse der Elemente, die konstitutiv für den Text qua Äußerung sind (Pronomina der 1./2. Person, deiktische Ausdrücke, Performativa, bestimmte Arten von Bewertungen, im Erzähltext auch Präsens/Perfekt) gibt also Aufschluß über das Rollenverhältnis der beiden Partner, die wir im Fall eines fiktionalen Textes als «Erzähler»/«Leser» bezeichnen. Wir beginnen zu diesem Zweck mit der Analyse des ersten Wortes der «Blechtrommel»: ‚zugegeben'.

a) «Zugegeben» ist ein performatives Verb im Sinne Austins [2]. Mit dem Aussprechen dieses Verbs vollzieht ein Sprecher eine Handlung (illocutionary act), die an einen Adressaten, einen Hörer gerichtet ist. Die beiden Partner übernehmen dabei bestimmte Handlungsrollen, gegen die sie in der Folge nicht verstoßen dürfen, soll der Sprachakt gelingen.

b) Der Adressat hegt bestimmte Erwartungen gegenüber dem Sprechenden: «zugeben» kann man z. B. eine Schuld, allgemein etwas, was man gerne verbergen möchte, aber dem prüfenden, mißtrauischen Gegenüber dann doch offenbart; außerdem erwartet sich der «Zugebende »eine für ihn ungünstige Bewertung durch das Gegenüber.

c) Dem Leser wird damit die Rolle des Beurteilenden vorgeschrieben — der das Folgende nach seinem Wertsystem als irgendwie negativ beurteilt. Dieses aufgerufene und dem Leser unterschobene Wertsystem ist das des «Normalen», der nicht in der Irrenanstalt sitzt, ist das des «gesunden Menschenverstands».

d) Von Austin wurde gefragt, welche Bedingungen ein Sprecher einhalten muß, damit sein Sprechakt glücken kann. Eine solche Bedingung ist im Falle von «zugeben», daß der Sprecher das implizierte Wertsystem als auch für sich gültig betrachtet. Gegen diese «felicity condition» verstößt jedoch der Erzähler unseres Textes. Die konzedierende Bedeutung negiert er, indem er das Schema «zugegeben ... aber» sprengt, sich damit aus der simulierten Opposition löst und in der Folge seine Welt, mit zahlreichen wertenden Attributen versehen («Mein Bett ist das endlich erreichte Ziel ...») zur allein für ihn gültigen Norm erhebt.

e) Die Folge dieses Verstoßes gegen die Regel des «Zugebens» ist, daß der Sprechakt nicht in der regelrechten, d. h. zugleich, in der vom Leser erwarteten Weise, in der Form einer Konzession, gelingt. Vielmehr wird von vornherein ein unvermittelter Gegensatz zweier Wertsysteme geschaffen — bildlich objektiviert in den Gittern des Anstaltsbettes, die der Erzähler, jeder Vermittlung abhold, noch erhöhen lassen will.

f) Der Leser muß sich aufgrund des ihm vom Erzähler zusprochenen Wertsystems alsbald als den «lästigen Besuchern»[3] gleichartig erkennen. Was der Erzähler von jenen sagt, gilt, dank des gewählten und zugesprochenen Wertsystems, auch für ihn. Explizit wird diese Gleichordnung dann vollzogen in des Erzählers Anrede: «Ihnen allen, die Sie außerhalb meiner Heil- und Pflegeanstalt ein verworfenes Leben führen müssen, Euch Freunden und allwöchentlichen Besuchern, die Ihr von meinem Papiervorrat nichts ahnt, stelle ich Oskars Großmutter mütterlicherseits vor.» (p. 12)

g) Der Erzähler errichtet also auch vor dem Leser — gemeint ist der von ihm impliziert konstruierte — jene Barriere seines Bettgitters, um auch ihn daran zu hindern, «ihm zu nahe zu treten», anders ausgedrückt: sich mit ihm zu identifizieren.

«Identifikationsverweigerung» bzw. «Wertesystemkonflikt» bezeichnet die Struktur dieses Textes, nur in dieser Hinsicht lassen sich die «Unbestimmtheiten», die «Leerstellen»[4] (sowie allgemein die Situation «Irrenanstalt») auf der Ebene des signifiant und die Kommunikationskonflikte auf der Ebene des signifié konsistent verstehen.

Beispiele:

«... und meines Pflegers Auge ist von jenem Braun, welches mich, den Blauäugigen, nicht durchschauen kann.»

Dies ist die Begründung dafür, daß Bruno ihn nicht aus den Augen läßt. Aufgrund seines logisch planen Verstehens, kann der Leser weder: 'Braunäugige können Blauäugige nicht durchschauen' noch 'weil Bruno braunäugig ist, läßt er mich nicht aus dem Auge' sinnvoll nachvollziehen. Der Leser wird dadurch gezwungen, das semantische Niveau zu bestimmen, auf dem die angegebenen Beziehungen sinnvoll werden, funktionieren.

«... damit er mich trotz des ihn hindernden Gucklochs kennenlernt.» Zwischen «Guckloch» und «Verhinderung des Kennenlernens» besteht eine Leerstelle.

«damit er mich ... kennenlernt — erzähle ich ihm Begebenheiten aus meinem Leben = lüge ihm etwas vor.»

Die Finalbeziehung wird durch die Gleichsetzung von «erzählen» und «lügen» unverständlich.

Was auf der Ebene des signifiant als Unverständlichkeit erscheint, wird auf der Ebene des signifié als Kommunikationsverweigerung bzw. -unmöglichkeit formuliert: Es handelt sich allemal um das Problem des Nichtdurchschauenkönnens. Explizit wird die besagte Korrelation und die ihr zugrundeliegende Textstruktur in dem schon ausgesprochenen Satz: «Mein Bett ist das endlich erreichte Ziel, mein Trost ist es und könnte mein Glaube werden, wenn mir die Anstaltsleitung erlaubte, einige Änderungen vorzunehmen: das Bettgitter möchte ich erhöhen lassen, damit mir niemand mehr zu nahe tritt.»

Wie das letzte Beispiel zeigt, sind die «Leerstellen» nicht nur als Informationslücken, als Lücken im diskursiv-logischen Ablauf des Textes zu verstehen. «Leerstelle» kann auch bedeuten, daß hier kein bruchloser Übergang von unseren Wertungen zu den angebotenen möglich ist; «Bett» = «Ziel», «Glaube» ... verstehen wir als Leser deshalb nicht, weil jede Seite der Gleichung eine ganz andere Stelle in unserem Wertsystem einnimmt, sich beide darin nicht berühren.

h) Der als «Identifikationsverweigerung» und «Wertsystemkonflikt» bezeichneten Distanzierung widerstrebt jedoch die Konvention des Lesers, sich spontan mit dem Erzähler, zumal dem Ich-Erzähler, zu identifizieren. Daraus ergibt sich nun eine Modifikation des bisher gezeichneten Widerspruchs, derart, daß der Leser einerseits zwar in Opposition steht zum Erzähler-Ich, andererseits aber diesem Glaubwürdigkeit, Verbindlichkeit nicht ganz absprechen kann — wodurch der Widerspruch zwischen den Wertsystemen im Ernst erst möglich wird. Würde der Leser von vornherein sein eigenes Wertsystem aufgeben und sich ganz mit dem des Erzählers identifizieren, wäre der Widerspruch aufgehoben, mit ihm aber auch die Rolle, die der Leser bei der «Konkretisation» des Romans zu spielen hat, kurz: die Struktur des Romans wäre zerstört und der Leser würde nur mit «Amüsement», mit «Genuß» reagieren. Nachdem wir den «Widerspruch der Wertsysteme» als bedeutsam für die Struktur der «Blechtrommel» erkannt haben, müßte sich die weitere Analyse darauf richten, mit Hilfe welcher Mittel dieser Widerspruch im weiteren Verlauf gestaltet und aufrechterhalten wird. Der Einsatz der meisten Kapitel in der Erzählergegenwart, zum Beispiel, dient — abgesehen einmal von der kompositorischen Funktion, die Schnitte im Erzählerfluß zu markieren — vor allem dazu, den schon im ersten Kapitel aufgebauten Gegensatz zwischen dem Erzähler, dem Insassen der Irrenanstalt, und dem «normalen» Leser präsentzuhalten.

Wir wollen uns in diesem Rahmen[5] darauf beschränken, die Struktur der «Blechtrommel» und ihre wirkungsästhetische Funktion nur noch an einem anderen Beispiel zu demonstrieren, an der Tribünenepisode.

2. Wirkungsästhetische Analyse der Tribünenepisode

Die meisten Interpretationen der «Blechtrommel» i. a. und der «Tribünenepisode» i. b. — sofern sie über das bloße Paraphrasieren hinausgelangten — sind darstellungsästhetisch orientiert, d. h. sie versuchen Antwort zu geben auf die Frage, wie im durch die Oskarperspektive verzerrten Besonderen, das Allgemeine (die geschichtliche Situation) vermittelt werde, inwiefern die bewußt (und perspektivisch konsequent) ästhetizistisch gehaltene Kritik Verbindlichkeit erreiche, inwiefern sie trotz ihrer (gewollten) Inadäquatheit hinsichtlich des objektiven, politischen Sachverhalts Wahrheit vermittle. Da bei dieser Fragestellung der Leser als Bezugspunkt und konstitutives Moment ganz außer Acht gelassen wird, muß die Antwort relativ willkürlich ausfallen, sei es, daß man dem «Protest», der «Kritik»» Oskars einen so machtvollen Bedeutungshintergrund verleiht — z. B. im Sinne jener metaphysischen Anschauung, wonach Unästhetisches zugleich auch das Unmoralische und Unwahre sei —, daß sie als unmittelbar kritisch gelten können; sei es, daß man an den «Unernst», die Inadäquatheit dieses «Protests» unvermittelt als Inkompetenz, als Kritiklosigkeit und Unreflektiertheit des Autors interpretiert.

Die meisten Kritiker wählten die erstere Möglichkeit, so z. B. H. Ide und K. L. Tank. Ide schreibt: Von Bebra und dessen echter Kunst «inspiriert, kann Oskar dann unter der Tribüne gegen die Illusion, die auf der Tribüne für die vor ihr Aufmarschierten veranstaltet wird, 'das Innere aller Dinge' trommeln, 'daß es die Volksgenossen, die zu Tausenden und Abertausenden vor der Tribüne drängelten, endlich begriffen: es ist Jimmy the Tiger, der das Volk zum Charleston aufruft'.»[6] Was ist das «Innere aller Dinge»? Ide interpretiert es metaphysisch als «dialektischen Charakter des Daseins»[7] und begräbt damit das Problem unter einem Riesenhut. Und wenn Tank — auf «jene groteske Szene» des Tribünenkapitals verweisend — meint: «Es bedarf einer Diktatur der Gegenstände, einer Tyrannis der Trommel, um eine Entdämonisierung einzuleiten»[8], so bietet er uns statt einer Interpretation Metaphern.

Die Gegenposition bezog z. B. I. Mletschina mit folgender Kritik:

> «Die Gestalt des schrulligen, ungewöhnlichen Menschen, der mit seiner Umwelt hadert, ist in der Literatur seit Jahrhunderten bekannt. Die Helden literarischer Werke waren nicht selten Sonderlinge ... Sie alle ... blieben jedoch einsam und unverstanden gerade infolge ihrer hypertrophierten Menschlichkeit, gerade weil sie in moralischer Hinsicht ihre

Nächsten um Haupteslängen überragten. Grass kehrt diese humanistische Tradition gleichsam um. Sein Held ist eine ebensolche moralische Mißgeburt, wie alle, die ihm auf seinem Weg begegnen, und er richtet die Welt nicht von höheren, moralischen Positionen aus, sondern einfach aus Bosheit: 'Alles was ich tat, wirkte sich zerstörend aus.'»[9]

Dies wird dann als Vorwurf auf den Autor selbst übertragen, dessen «Satire» notwendig chaotisch wirken müsse oder indifferent, da universell, weil ihm «ein positiver Ausgangspunkt und die Orientierung auf positive gesellschaftliche Ideale fehle. Des Rückhalts (sc. einer Utopie) beraubt, entbehrt sie auch der klaren Zielsetzung. Im Streben nach Universalität vergeudet sie sich sinnlos.»[10]

Die konsequent darstellungsästhetische Betrachtungsweise, die den Appellcharakter des Verfremdungsverfahrens notwendig verfehlt, muß im Falle eines so stark leserorientierten Romans wie der «Blechtrommel» ebenso notwendig entweder zu metaphysischer Spekulation oder zum Verdikt von der «subjektiven Verzerrung» ihre Zuflucht nehmen — sofern sie nicht auf halbem Weg stehen bleibt: bei der «Stilanalyse». Daß die Wirkung des Textes, speziell das Verhältnis Erzähler (Held)/Leser unreflektiert bleibt, hindert nicht daran, daß den Betrachtungen unter darstellungsästhetischem Aspekt dennoch ein Vorverständnis darüber zugrundeliegt und in ihnen impliziert ist, ein Vorverständnis, das (interessanterweise und vielleicht notwendigerweise) geprägt ist durch die klassische Tradition: d. h. jeder dichterische Text wird prinzipiell als Identifikationsaufforderung an den Leser verstanden. Im Falle eines Textes, dessen Struktur gerade die Identifikationsverweigerung ist, muß dieses Vorverständnis notwendig zum Mißverständnis werden.

Aus der Einsicht heraus, daß wesentlich für die Realisierung der Intention eines Textes das Bewußtsein des Lesers ist mit seinen spezifischen Einstellungen zu den zitierten historischen Ereignissen oder allgemeiner: mit einem spezifischen Wertsystem, wählen wir für unsere Betrachtung den wirkungsästhetischen Aspekt. Wir fragen uns: Wodurch schafft der Text jene «Unbestimmtheit» (Iser), die den Leser zur «Sinnkonstitution» und d. h. zugleich zur aktiven Auseinandersetzung mit dem von ihm «Konstituierten» zwingt?

Auf die erfolgreiche «Protest»trommelei Oskars folgt ein Quasi-Erzählerkommentar, der die Rolle Oskars zu reflektieren vorgibt:

> «Endlich war Ruhe im Holzlabyrinth, das etwa die Größe jenes Walfisches hatte, in welchem Jonas saß und tranig wurde. Nein, nein, Oskar war kein Prophet, Hunger verspürte er! Es war da kein Herr, der sagte: 'Mache dich auf und gehe in die große Stadt Ninive und predige wider sie!' Mir brauchte auch kein Herr einen Riziniusbaum wachsen lassen, den hinterher, auf des Herrn Geheiß, ein Wurm zu tilgen hatte. Ich jammerte weder um jenen biblischen Rizinus noch um Ninive, selbst wenn es Danzig hieß. Meine Trommel, die nicht biblisch war, steckte ich unter den Pullover, hatte genug mit mir zu tun, fand, ohne mich zu stoßen oder an Nägeln zu reißen, aus den Eingeweiden einer Tribüne für Kundgebungen aller Art, die nur zufällig die Proportionen des prophetenschlingenden Walfisches hatte.» (p. 140)

Der Leser, der von diesem «Kommentar» eine auktoriale, verläßliche Deutung der ihm selbst nicht eindeutigen Rolle Oskars in dieser Episode erhofft, muß enttäuscht sein. Hält er sich an das explizit Formulierte, dann kann er die Aktion Oskars nicht als wie immer auch «symbolischen» Protest oder Widerstand gegen das politische Geschehen zu Beginn des Dritten Reiches verstehen. Warum, muß er sich indessen fragen, bringt der Erzähler dann aber diesen durch den Handlungsfortgang gar nicht motivierten, ausführlichen Vergleich mit Jonas? Die Intention, die diesen Vergleich oder besser, diese Allusion herbeizitiert, widerspricht offenbar dem Sinn des explizit Formulierten. Die Intention des Kommentars als ganzen bleibt somit widersprüchlich, sie gibt dem Leser keine Anweisung, wie er ihn, den Kommentar, und rückwirkend den «Protest» Oskars verstehen soll. Der Kommentar in der Erzählereinleitung des anschließenden Kapitels, der sich auf die Tribünenepisode und Oskars Aktivität zurückbezieht und die Auffassung, Oskar sei ein «Widerstandskämpfer», dementiert — nur aus «privaten, dazu ästhetischen Gründen» (p. 143) habe Oskar gehandelt — bringt ebenfalls keine Eindeutigkeit im gewünschten Sinne; seiner Intention nach ist er vielmehr satirisch und richtet sich gegen die Nachkriegsmode, wonach jeder ein «Mann des Widerstandes» gewesen sein wollte.

Der Widerspruch löst sich solange nicht, solange man nach Oskars Rolle im durch den Text konstituierten Geschehniszusammenhang fragt; er löst sich sozusagen erst hinterm Rücken des Helden und Erzählers Oskar. Der Widerspruch (die «Unbestimmtheit») soll den Leser gerade veranlassen, über das von Oskar Formulierte hinauszugehen und einen Sinn selbst zu konstituieren. Der Text bietet dem Leser eine bestimmte Einstellung (ästhetizistischen Protest) zur ihm bekannten historischen Situation an, mit der er sich ebensowenig wie mit der Figur Oskars überhaupt identifizieren kann.[11] Er lehnt sie ab, weil sie ihm inadäquat erscheint. In dieser Ablehnung ist impliziert ein Verständnis von der Adäquatheit. Indessen: diese Adäquatheit positiv zu erfassen, ist der Leser nicht ohne weiteres in der Lage. Die Inadäquatheit der angebotenen Einstellungen gibt dem Leser vielmehr gerade nur den Anstoß über das, «was adäquat wäre», zu reflektieren und das Ergebnis dieser Reflexion a) mit seinem eventuellen damaligen Handeln, b) mit seiner bisherigen, eventuell unreflektierten Einstellung, c) mit dem «praktischen Effekt» des inadäquaten Handelns Oskars zu vergleichen. (Welche Rückübersetzung der Leser vornehmen muß, damit dieser «praktische Effekt» für ihn handlungsanweisend werden kann, wird im einzelnen noch zu besprechen sein.)

Beispielsweise: sollte der Leser zu dem Resultat kommen, daß ein adäquates Handeln (mit jenem Effekt) in der bestimmten Situation gar nicht möglich gewesen sei, dann muß die Ablehnung der Figur Oskars samt ihrer einzelnen Handlungen die Verwerfung der Welt, in der er lebt, nach sich ziehen; das impliziert aber die Einsicht: daß der Zustand, in dem adäquates Handeln nicht möglich war, gar nicht hätte entstehen dürfen (was er, der Leser, durch seine damalige Lebenspraxis eventuell hätte verhindern helfen müssen), bzw., daß ein solcher Zustand nie mehr eintreten dürfe (was Auswirkungen auf seine aktuelle Praxis haben muß).

Die «Inadäquatheit» der ästhetizistischen «Kritik» Oskars, durch die die Aktivität des Lesers angeregt wird, ist nur die pauschale Benennung für eine Reihe ganz verschiedener Signale, Appelle. Die Appellstruktur muß im einzelnen beschrieben werden, damit ersichtlich wird, inwiefern sie geeignet ist, die Aktivität des Lesers zu lenken — und inwiefern sie sich als intentionale von einer Inadäquatheit aus Unvermögen unterscheidet.

Die genauere Analyse des Textes zeigt, daß seine allgemeine «Inadäquatheit» durch verschiedene Grade der «Unbestimmtheit» (nach Isers Terminologie) erzeugt wird: den geringsten Grad haben die Stellen, die «realistisch» das häusliche Geschehen, die Entwicklung Matzeraths zum Parteigenossen vermitteln; der Anschluß an die eigenen Erfahrungen fällt dem Leser nicht schwer. Wäre der ganze Roman in diesem Stil geschrieben, so erschiene er dem Leser banal. Als Basis der Konsistenzbildung sind aber auch diese Stellen ästhetisch funktionalisiert.

Ein höherer Grad an Unbestimmheit eignet jenen Stellen, die als uneigentliche Rede kenntlich gemacht sind, in erster Linie also das thematische Motiv der Tribüne. Es ist Resultat eines Reduktionsprozesses, genauer: einer synekdochalen Verzerrung und funktioniert als «objektives Korrelat». Die Definition, die U. Gaier für die Funktion des «satirischen Objekts» gibt[12], scheint auf es zuzutreffen: Einschränkung der bedrohlichen, nicht faßbaren Wirklichkeit auf einen Teil ihrer selbst, da erst in dieser Limitierung das «Bedrohliche» zum Objekt eines möglichen Angriffs wird. Die Tribüne, verstanden als Reduktion, als Synekdoche des Dritten Reiches, ist zugleich ein Objekt, das für Oskar, den Ästhetizisten, «befreundete Bedeutung» hat. Die Rückübersetzung des «satirischen Objekts» in die gemeinte Wirklichkeit — was Voraussetzung für eine adäquate Realisation ist — wird durch Signale veranlaßt, die nicht anderes sind als der appellative Aspekt des Verzerrungsprozesses. Die zu diesem Zweck eingesetzten Mittel reichen von der einfachen leitmotivischen Wiederholung bis zum Erzählerkommentar, der in massiver Weise den Verweisungscharakter betont und dessen Intention das Bewußtsein Oskars natürlich bei weitem übersteigt:

«Haben Sie schon einmal eine Tribüne von hinten gesehen? Alle Menschen sollte man — nur um einen Vorschlag zu machen — mit der Hinteransicht einer Tribüne vertraut machen, bevor man sie vor Tribünen versammelt. Wer jemals eine Tribüne von hinten anschaute, recht anschaute, wird von Stund an gezeichnet und somit gegen jegliche Zauberei, die in dieser oder jener Form auf Tribünen zelebriert wird, gefeit sein. Ähnliches kann man von den Hinteransichten kirchlicher Altäre sagen: doch das steht auf einem anderen Blatt.

Oskar jedoch, der immer schon einen Zug zur Gründlichkeit hatte, ließ es mit dem Anblick des nackten, in seiner Häßlichkeit tatsächlichen Gerüstes nicht genug sein . . .» (p. 136)

Er kriecht unter die Tribüne.

Durch die Rückübersetzung erhält der Leser jenen Ansatz, von dem seine adäquate Kritik an der Situation auszugehen hätte: Solange er, «vor der Tribüne stehend», nur deren intendierte, d. h. ihr Wesen verschleiernde Erscheinung vor Augen hat, kann er zu dieser Kritik nicht kommen, sondern wird deren gleichschaltendem, «symmetrischen» Ordungsprinzip unterworfen; erst die unfreiwillige Erscheinung, die «Rückansicht der Tribüne», offenbart deren Wesen und räumt ihm die Möglichkeit der Distanz ein.

In gleicher Weise wollen vom Leser auch die «ästhetischen» Attribute der Tribüne («Symmetrie» etc.) rückübersetzt, d. h. als Zeichen der Inhumanität verstanden werden:

«Was ist das, eine Tribüne? Ganz gleich für wen und vor wem eine Tribüne errichtet wird, in jedem Falle muß sie symmetrisch sein. So war auch die Tribüne auf unserer Maiwiese neben der Sporthalle eine betont symmetrisch angeordnete Tribüne. Von oben nach unten: sechs Hakenkreuzbanner nebeneinander. Dann Fahnen, Wimpel und Standarten. Dann eine Reihe schwarzer SS mit Sturmriemen unterm Kinn. Dann zwei Reihen SA, die während der Singerei und Rederei die Hände am Koppelschloß hielten. Dann sitzend mehrere Reihen uniformierter Parteigenossen, hinter dem Rednerpult gleichfalls Pg's, Frauenschaftführerinnen mit Müttergesichtern, Vertreter des Senats in Zivil, Gäste aus dem Reich und der Polizeipräsident oder sein Stellvertreter. Den Sockel verjüngte die Hitlerjugend oder genauer gesagt, der Gebietsfanfarenzug des Jungvolkes und der Gebietsspielmannszug der HJ. Bei manchen Kundgebungen durfte auch ein links und rechts, immer wieder symmetrisch angeordneter gemischter Chor entweder Sprüche hersagen oder den so beliebten Ostwind besingen, der sich, laut Text, besser als alle anderen Winde fürs Entfalten von Fahnenstoffen eignete.» (p. 134)

Die verfremdende Schilderung, durch die die Unterordnung der Menschen unter das Ordnungsprinzip der Symmetrie vollzogen wird, ist plastischer Ausdruck der Inhumanität der Zeit. Die Verfremdungsintention ließe sich bis ins stilistische Detail nachweisen: bespielsweise die zynische Ambivalenz in «Den Sockel *verjüngte* die Hitlerjugend.»

Die Antithese zu dieser symmetrischen Inhumanität wird in analoger Weise gestaltet:

«Das Volk tanzte sich von der Maiwiese, bis die zwar arg zertreten, aber immerhin grün und leer war. Es verlor sich das Volk mit 'Jimmy the Tiger' in den weiten Anlagen des angrenzenden Steffensparkes. Dort bot sich Dschungel, den Jimmy versprochen hatte, Tiger gingen auf Sammetpfötchen, ersatzweise Urwald fürs Volk, das eben noch auf der Wiese drängte. Gesetz ging flöten und Ordnungssinn.» (p. 139)

Während der Grad der Unbestimmtheit dieser Stellen so bemessen ist, daß die Rückübersetzung und die Konstituierung des Gemeinten dadurch angeregt und gelenkt wird, erreicht sie z. B. im eingangs zitierten Erzählerkommentar einen Grad, der derlei Konsistenzbildung vereitelt. Die Funktion dieses Kommentars war es ja gerade, den Widerspruch nicht zu lösen, sondern zu intensivieren, um dem Leser einerseits die Auffassung Oskars als Widerstandskämpfers anzubieten und ihm so die Inadäquatheit dieser «Widerstandsstellung» recht zu Bewußtsein zu bringen — was die Voraussetzung für die adäquate Realisation des Textes ist —, und um andererseits dieselbe Auffassung zu negieren und so die Identifikation mit Oskar und die sie notwendig begleitende allegorische Ausdeutung zu verhindern. Ähnliches gilt auch für das phantastische Handeln Oskars: die «Unbestimmtheit» erreicht hier einen solchen Grad, d. h. ist «mit solchen Widerständen ausgestattet ..., daß eine Verrechnung mit der realen Welt (i. e. den Erfahrungen des Lesers von ihr, G. J.) nicht mehr möglich ist.»[13]

Fassen wir zusammen: Wenn der Leser die Signale, die in der indirekten Darstellung enthalten sind, und die Konstitutionsanweisungen, die von den «realistischen» Elementen ausgehen, befolgt, ergibt sich ihm eine Vorstellung vom gemeinten historischen Geschehen, von der Inhumanität der historischen Situation. Nun kommt das Entscheidende: er versucht, die Aktivitäten Oskars, seine «Protest»trommelei in gleicher Weise zurückzuübersetzen, um daraus die Anweisung möglicher Praxis in der bestimmten Situation zu erhalten — und muß einsehen, daß sich diese Inadäquatheit nicht durch direkte, allegorische Ausdeutungen auflösen läßt. Besonders die phantastischen Elemente Oskars und seines Handelns sträuben sich dagegen. Der Leser bekommt zwar eine allgemeine Handlungsrichtung — durch die Situation, die er zu konstituieren vermag, und durch das Resultat von Oskars Handeln — angeboten, *wie* sein Handeln sein müßte bzw. hätte gewesen sein müssen, erfährt er daraus nicht. Die Inadäquatheit von Oskars Handeln gibt nicht Anweisung zu allegorischer Ausdeutung — Ergebnis einer solchen könnten immer nur willkürliche Spekulationen sein — sondern zur Reflektion der eigenen Einstellung. D. h. die Handlungsanweisung, die davon ausgeht, richtet sich nicht unmittelbar auf die damalige Situation: so und so hättest du handeln sollen, sondern an die Reflexion des Lesers: überleg dir, welches Handeln der damaligen Situation adäquat gewesen wäre, wenn a) Oskars Handeln, b) das Handeln der dargestellten Zeitgenossen — wenn auch auf verschiedenen Ebenen — als inadäquat gelten muß.

U. E. liegt der Fehler der meisten Interpretationen der «Blechtrommel» im allgemeinen und Tribünenepisode im besonderen darin, daß die Konsistenzbildung, die durch die Unbestimmtheit der ersten beiden Grade ermöglicht wird, auf die Unbestimmtheit des dritten Grades ausgedehnt wurde, was nicht zulässig ist und nur zu willkürlicher Allegorese führen konnte.

(1973)

Anmerkungen

[1] Auf die Art der Veränderung der drei praktischen Funktionen im ästhetischen Werk brauchen wir hier nicht einzugehen. Ebenso wie die drei praktischen Funktionen einen Index «fiktional» tragen, ebenso auch die beiden Dialogpartner. Die Vernachlässigung dieses Indexes ist in unserem Untersuchungszusammenhang unproblematisch: Streicht man den Index auf beiden Seiten, so ändert sich nichts an der Relation zwischen beiden Seiten.

[2] Austin, John L.: How to do Things with Words, Ed. by J. O. Urmson, Cambridge, Mass. 1962

[3] Wir zitieren nach: Günter Grass, Die Blechtrommel, 13. Aufl., Neuwied und Berlin, 1968. Hier: p. 10

[4] Vgl. Iser, Wolfgang: Die Appellstruktur der Texte, Konstanz 1970

[5] In meiner Arbeit «Darstellung und Appell in der 'Blechtrommel'. Darstellungsästhetik versus Wirkungsästhetik», Frankfurt 1972, habe ich das Problem in einem weiteren Rahmen untersucht.

[6] Ide, Heinz: Dialektisches Denken im Werk von Günter Grass, In: Studium generale 21, 2/1968, pp. 608–622, p. 611 f.

[7] A. a. O., p. 610

[8] Tank, Kurt Lothar: Günter Grass, Berlin 1965, p. 59

[9] Mletschina, Irina: Tertium non datur, In: Sinn und Form, 18, 4/1966, pp. 1258–1262, p. 1259

[10] A. a. O., p. 1261

[11] Diese Unmöglichkeit der Identifikation unterscheidet sich jedoch prinzipiell von der Unannehmlichkeit einer nicht fiktionalen Einstellung. Die Einstellung, die das Verhalten der fiktionalen Person Oskars vermittelt, steht zu der unserigen in einem ganz andersartigen Oppositionsverhältnis als die direkt mitgeteilte einer realen Person. Vgl. dazu: Poulet, Georges: Phenomenology of Reading, In: New Literary History, 1/1969, pp. 53–68

[12] Gaier, Ulrich: Satire. Studien zu Neidhart, Wittenwiler, Brant und zur satirischen Schreibart, Tübingen 1967, p. 343 f.

David Roberts

4 | Aspects of Psychology and Mythology in „Die Blechtrommel"

A Study of the Symbolic Function of the „hero" Oskar

1. The hero of Günter Grass' novel *Die Blechtrommel* is a complex and puzzling figure — what are we to make of this thirty year old dwarf, who claims he was born in complete possession of his mental faculties, endowed with a gift of clairaudience, who renounces growth at the age of three in favour of a tin drum and yet boasts of his sexual activities; this eternal child who ist haunted by the Black Witch and longs to return to the womb, who declares that he is guilty of his parents' death while at the same time announcing that he is Jesus? If it is easier to understand Oskar's function as the irreverent narrator of the thirty years of German history from 1924 to 1954 it is not so easy to see any relation between his strange obsessions and the great world of politics and war in which he is inescapably caught up, the more so as German and European history is treated as the mere background for his personal recollections.

In the belief that there is a very real relation between the hero and German reality, despite Oskar's committal to an asylum and his avowal that his stories are inventions (9),[1] this article sets out to examine the connexion between Oskar's inner world and the external world. A clearer understanding of this relationship demands a closer look at certain key elements in Oskar's self-presentation which determine the overall structure of his narrative of his life. That is to say, the *inner* logic and structuring of Oskar's life story (beyond all the variety of incidents and episodes it contains) is the subject of the present investigation and it is contended that this psychological logic and mythological structuring throws light on Oskar's symbolic function *in terms of the novel as a whole*.

To anticipate the argument and to indicate the method followed: the striking and puzzling combination in the hero of the «imitation of Christ» and Tom Thumb, that is, the dual constellation of the Holy Family and the Oedipus complex, seems to indicate a point of entry into Oskar's inner, fantasy world. The search for a unifying reference leads to Jung (and Freud). Oskar's drumming is interpreted as the expression of the arrested libido which regresses to infantile rhythmic activities, related by Jung to the rites of firemaking and the cult of the Earth Mother as foodgiver, which are brought together in the opening scene of the novel. In turn this opening scene establishes fire and food as the metaphoric-symbolic complex at the heart of the novel's grotesque vision of a fallen world of the guilty appetites. At the same time, however, fire (the sun) and food (the fish) are also symbols of Christ (as opposed to Santa Claus the Gasman, «the saviour of *this* world», p. 165). The split between the pagan world of the appetites and the Christian promise of redemption is to be found in Oskar himself, whose dual aspect — the phallic and the Messianic — is reflected on both a psychological and a mythological level in his conflation of the Oedipal Family Romance and the Holy Family. This conflation can best be accounted for in terms of Jung's theory of individuation as it is expressed for him in the various myths of the hero, which are seen as offering the mythological framework to Oskar's narrative, set between the twin poles of the grandmother Anna (the Earth Mother) and the Black Witch (Jung's Terrible Mother) and embracing both the wondrous birth of the hero and the imitation of Christ. But beyond this the mythological pattern emphasises all the more clearly Oskar's failure to achieve the goal of individuation and the question of his guilt which is seen as the key to his symbolic function. That is to say, the irreconcilable split between the pagan and the Christian, the phallic and Messianic in Oskar (in Jung's terms, the undifferentiated and the differentiated functions) can be seen as pointing beyond the struggle to achieve individuation to a symbolic reflexion of the «Faustian» dissociation of the personality which Jung identifies as the root of the German catastrophe. In turning to Jung, however, the interest has not been Jung's work in its own right, equally he is not treated as an *actual* source of *Die Blechtrommel*. Although critics have recognised parallels between Oskar and the figure of the divine child, as presented in Jung and Kerenyi's study, there is no certainty that Grass either read or used Jung in the writing of his novel. The procedure is thus to assemble that material from Jung which is relevant to this study, a method, it may be objected, which is eclectic and arbitrary both in relation to the works of Jung referred to and to the novel of Grass. Nevertheless, we would argue that the recourse to Jung is justified in terms of the light it throws on the conception and symbolic function of the hero of *Die Blechtrommel,* and, moreover, that the evidence suggests that Jung is to be seen, if not as a certain, then as a highly probable influence for Grass' novel.

The approach followed here is supported indirectly by the recent article of Sosnoski who comes to a substantially similar interpretation of Grass' vision of the world as that of the cannibalistic appetites presided over by «Oskar's Hungry Witch».[2] Sosnoski bases his argument on *The Origin and History of Consciousness* by Erich Neumann, the work to which Jung specifically refers in the fourth, revised edition of *Symbole der Wandlung* of 1952 as continuing the ideas of his book, originally published in 1912 under the title *Wandlungen und Symbole der Libido. Symbole der Wandlung*[3] is the «Analysis of the Prelude to a Case of Schizophrenia», and in it Jung examines the relationship between psychological states and symbols of religion and mythology. And just as Jung's subject is a case of (incipient) schizophrenia so too could the same be said of Grass' novel, which on one level at least is the document of a schizophrenic. But before considering the larger question of Oskar's «mythological» obsessions which govern his view of himself and the world, we must first look at Grass' hero in relation to the symbols and personifications of the libido presented in Jung's study.

2. Oskar has much in common with the dwarf figures of mythology, the Tom Thumbs, dactyls and Cabiri, who all possess a phallic aspect. They are personifications of creative forces, of the *libido:* «Diese Libido ist eine Naturkraft, gut und böse zugleich, d. h. moralisch indifferent» (SW 207). Certain phallic characteristics are also to be found in the seers, artists and wonder-workers of mythology: Hephaestus, Wieland the smith and Mani have crippled feet, Melampus the seer, who is said to have introduced the cult of the phallus, is blind. Melampus, moreover, received the power of *clair-*

audience from the young serpents out of gratitude to him for having buried their mother (SW 209). Ugliness and deformity is especially characteristic of «jene geheimen chthonischen Götter, die Söhne des Hephaestus, denen mächtige Wunderkraft zugetraut wurde, die *Kabiren*. Ihr samothrakischer Kult ist innigst verschmolzen mit dem des *ithyphallischen Hermes,* . . . Ihre nahen Verwandten sind die idaeischen Daktylen (Finger) oder Däumlinge, . . . Sie waren die ersten Weisen, die Lehrer des Orpheus und erfanden die ephesischen Zauberformeln und die musikalischen Rhythmen» (SW 209). Jung associates with these dwarf figures «unsere heutigen chthonischen Infantilgötter, die Heinzelmännchen» (SW 210) on the one hand and the *divine child* on the other, whose origins Jungs traces back, via the double figure of Dionysus as child and man, to a Phoenician cult of a young and an old *Cabiri,* in which the paradox of large and small, dwarf and giant is conveyed in the relationship of father and son. We find this paradox of larger than large, smaller than small, along with identification as gnome and Tom Thumb in the following self-characterisation of Oskar:

> Kleine und große Leut, kleiner und großer Belt, kleines und großes ABC, Hänschen klein und Karl der Große, David und Goliath, Mann im Ohr und Gardemaß; ich blieb der Dreijährige, der Gnom, der Däumling, . . . Um nicht mit einer Kasse klappern zu müssen, hielt ich mich an die Trommel und wuchs seit meinem dritten Geburtstag keinen Fingerbreit mehr, blieb der Dreijährige, aber auch der Dreimalkluge, den die Erwachsenen alle überragten, . . .
>
> Dabei, und hier muß Oskar Entwicklung zugeben, wuchs etwas — und nicht immer zu meinem Besten — und gewann schließlich messianische Größe; aber welcher Erwachsene hatte zu meiner Zeit den Blick und das Ohr für den anhaltend dreijährigen Blechtrommler Oskar? (47)

Oskar, the Tom Thumb and phallic figure of «Messianic proportions», whose strange attributes — clairaudience, the wonderworking voice, above all, the possession of the musical rhythms — relate him to the Cabiri of antiquity, is clearly on one level the personification of the amoral libido. This, the folkloric and pagan side of Oskar, is symbolised primarily by

his diminutive stature and his drumming. Oskar's drumming
— at once anarchic and frenetic, monotonous and compulsive —
is the celebration of the musical rhythms, the expression of
the instinctive energies of the psyche, but it is also the substitute for the mother and the womb: «nur die in Aussicht gestellte Blechtrommel hinderte mich damals, dem Wunsch
nach Rückkehr in meine embryonale Kopflage stärkeren Ausdruck zu geben.» (37)[4] Promised him at birth, the drum is the
key which leads back to the«Realm of the Mothers», back to
his play with his umbilical cord:

> bevor mir Herberts Narben Versprechungen mach-
> ten, waren es die Trommelstöcke, die mir vom drit-
> ten Geburtstag an die Narben, Fortpflanzungsorgane
> und endlich den Ringfinger versprachen. Doch muß
> ich noch weiter zurückgreifen: schon als Embryo,
> als Oskar noch gar nicht Oskar hieß, verhieß mir das
> Spiel mit meiner Nabelschnur nacheinander die
> Trommelstöcke, Herberts Narben, die gelegentlich
> aufbrechenden Krater jüngerer und älterer Frauen,
> schließlich den Ringfinger und immer wieder, vom
> Gießkännchen des Jesusknaben an, mein eigenes
> Geschlecht, das ich unentwegt, wie das launenhafte
> Denkmal meiner Ohnmacht und begrenzten Möglich-
> keiten, bei mir trage. Heute bin ich wieder bei den
> Trommelstöcken angelangt. An Narben, Weichteile,
> an meine eigene, nur noch dann und wann stark-
> tuende Ausrüstung erinnere ich mich allenfalls über
> den Umweg, den meine Trommel vorschreibt. Drei-
> ßig muß ich werden, um meinen dritten Geburtstag
> abermals feiern zu können. Sie werden es erraten
> haben: Oskars Ziel ist die Rückkehr zur Nabel-
> schnur; (145)

The (retrospective) sequence which takes Oskar from the
womb to sexual awakening and back to the womb, the cycle
that joins three to thirty and thirty to three, reveals both the
sexual nature of his drumming and its regressive character.
As Gelley says, Oskar's drum is the symbol of a «pervasive
demonic force« which «arises out of a primitive, largely
undifferentiated, instinctive level of human experience»,
and his drumming and glass-shattering singing are «the central symbols of the impotence and destructiveness of the creative impulse».[5] Or to put it in other words: Oskar's drumm-

ing is the expression of his arrested libidinous development. Thus the effect of his drumming on his audiences is to turn them into little children. Now according to Jung the arrested or blocked libido tends to regress infantile rhythmic activities:

> Die von einem Hindernis zurückgestaute Libido regrediert nicht notwendigerweise zu früheren sexuellen Anwendungen, sondern vielmehr zu infantilen rhythmischen Tätigkeiten, welche sowohl dem Ernährungs- wie dem Sexualakte als Urmodell zugrundeliegen. (SW 253)

Jung refers in this context a) to the rites of *firemaking* and b) to the cult of the Mother Earth in which regression leads to the reactivation of the mother the *foodgiver* as the goal of desire. The rites of firemaking represent for Jung the conquest of the «brutish unconscious»; incorrect performance of these rites, however, results in regression with its attendant danger of the «splitting of the personality» and the increase in the power of the unconscious (SW 280).

Jung suggests that the discovery of the ability to make fire may even have sprung from the «regressive reawakening of rhythm», and he considers the particular case of the psychology of incendiarism resulting from the blocking of the libido.

We are now in a better position to understand Oskar's ancestry (besides noting in passing that two aspects of his drumming, fire and rhythm, relate him also to the divine child Hermes, brother and enemy of Apollo and the inventor of fire and the lyre): the danger of regression and the splitting of the personality which assume ever more threatening proportions for our infantile drummer culminating in the Black Witch are already signalled in his ancestry. Oskar's mother is conceived in the potato fields beside a smoking fire and in the rain (the double baptism of fire and water) under the four skirts of the grandmother Anna, the personification of the Earth Mother and the four seasons, by the «short but stocky» *incendiarist* Joseph Koljaiczek (in this scene a Tom Thumb figure), to the accompaniment of sighs and the «Kashubian names of all the saints».[6]

Fire and food, related by Jung to the regressive and destructive libido, are present not only in Oskar's ancestry but also in the world around him. They form the major metaphoric-symbolic complex of the novel.

Fire in all its destructive power provides the historical backdrop to the narrative, from the innumerable burnings of Danzig (history as «ewige Wiederkehr des Gleichen») to the Kristallnacht, the airraids, the burning of the training submarine and the cremation ovens of Treblinka concentration camp: all manifestations, not only of fire but of the conflagration of *this* world — «der Brand dieser Welt» (25). Even more significant is the all pervasive symbolism of *food* in the novel. Oskar in fact lives in a world of food, the petty bourgeois milieu of grocers, greengrocers and bakers: «Sie werden sagen: in welch begrenzter Welt mußte sich der junge Mensch heranbilden! Zwischen einem Kolonialwarengeschäft, einer Bäckerei und einer Gemüsehandlung mußte er sein Rüstzeug fürs spätere, mannhafte Leben zusammenlesen.» (252) Food, however, is not simply the economic source of his parents' existence but the very essence of the Matzeraths' family life. The all consuming passion of his father is cooking, he is happiest in the kitchen or serving food:

> Matzerath, der für den Schweinebraten verantwortlich war, servierte die Platte eigenhändig . . . schnitt hemdsärmlig Scheibe um Scheibe und machte ein solch zärtlich enthemmtes Gesicht über dem mürb saftigen Fleisch, daß ich wegblicken mußte. (250)

The liberating nausea (251) that overcomes Oskar after the cream cakes of Gretchen Scheffler or the meals of Matzerath is the revulsion at the (adult) world of insatiable hunger, that is to say at the very process of life itself, for which eating is both the reality and the metaphor:

> Mama und Jan Bronski ließen kein Krümelchen übrig. Die aßen alles selbst auf. Die hatten den großen Appetit, der nie aufhört, der sich selbst in den Schwanz beißt. (81)

Jan Bronski and Matzerath both feed on Agnes (89, 171), their love is the love that is expressed in Oskar's «eigenwillige Deutung» of the First Epistle to the Corinthians: «Und aus lauter Liebe nannten sie einander Radieschen, liebten Radieschen, bissen sich, ein Radieschen biß dem anderen das Radieschen aus Liebe ab.» (166) The *love* that consumes, the appetite that never ceases is reflected in the connexion between *food and sexuality* in the novel. To take just one aspect which makes this connexion clear: the equation of the sexual act and chewing: the grandmother, with Joseph under her skirts, sighs and «biß dann mit ihren weit auseinanderstehenden Schneidezähnen der Kartoffel die Hälfte ab, verfiel ganz dem Kauen und ließ die Augäpfel nach oben links rutschen» (15); Sister Agneta after her visit to the bunker with Lankes «griff . . . in unseren Fisch, führte zum Mund, aß ernsthaft, angestrengt und grüblerisch, als kaute sie mit dem Fisch etwas wieder, was sie vor dem Fisch genossen hatte» (459).

If food is the central metaphor of the novel, *fish* in turn is the central image which unites in itself lust, greed and sexuality. As Jung says in *Aion,* «in fish symbolism every conceivable form of devouring *concupiscentia* is attributed to fishes, which are said to be 'ambitious, libidinous, voracious, avaricious, lascivious' — in short, an emblem of the vanity of the world and of earthly pleasures» *(Aion,* 112).[7] The connexion between *food and death* is equally clear. Matzerath's fate, appropriately enough, is to choke to death on the «Bonbon» — the Nazi party badge — he tries to swallow in the cellar surrounded by the food he has hoarded: «Er aber wollte es loswerden und fand trotz seiner oft erprobten Phantasie als Koch . . . kein anderes Versteck als seine Mundhöhle» (327). Agnes, addicted to cream cakes and adultery, chokes to death on a piece of eel stuck in her throat. Matzerath takes the party badge with him to the grave, Agnes the eel: «Aber es kam kein Brechreiz auf. Sie behielt bei sich, nahm mit sich, hatte vor, den Aal unter die Erde zu bringen, damit endlich Ruhe war.» (132) Agnes, who could never say no, who has enough of eels and men (412), dies of fish poisoning (130), of a «surfeit of lampreys».

Behind the thematic complex of food and sex and death stands the grotesque vision of life as the eternal cycle of the flesh that feeds and is fed upon. Its most striking expression is to be found in the chapter «Karfreitagskost». The eels wriggling themselves to death in the potato sack (the better to prepare them for cooking) are but the cruel foretaste of the black horse's head with its grinning yellow teeth, the very symbol of the mocking triumph of death. The eels in the horse's mouth, as thick and as long as an arm, are not only obviously an image of sex (cf. 123), but also of corruption, of worms in the corpse (cf. 188), but above all we have here the image of the devouring mouth that is devoured, the revoltingly literal illustration of the self-consuming and self-destructive appetite «der sich selbst in den Schwanz beißt».

«Good Friday Fare» is only one, if the most extreme, of the images of the *fallen world* of the appetites and corruption in *The Tin Drum* — «. . . Karfreitagsaal, Aal aus dem Haupte des Rosses entsprungen, womöglich Aal aus ihrem Vater Joseph Koljaiczek, der unters Floß geriet und den Aalen anheimfiel, Aal von deinem Aal, denn Aal wird zu Aal . . .» (132). It is summed up in the apposition of the Lord's Prayer — «Thy kingdom come» — and the squeezing out of Korneff's boils in the cemetary. The grave, the earth, the decay of the body form the everpresent background to the pleasures of this world. Perhaps the best example is the scene in the bathing cabin in which Oskar sees Maria naked and discovers the *taste of corruption:*

> Ich aber zog immer mehr von ihr in mich hinein, kam dem Vanillegeruch auf die Spur. . . . erst als mir die Vanille Tränen in die Augen preßte, als ich schon Pfifferlinge oder sonst was Strenges, nur keine Vanille mehr schmeckte, als dieser Erdgeruch, den Maria hinter der Vanille verbarg, mir den modernden Jan Bronski auf die Stirne nagelte und mich für alle Zeiten mit dem Geschmack der Vergänglichkeit verseuchte, da ließ ich los. (220)

The sweetness of life is poisoned by the taste of corruption: everything that lives by eating ends in the grave as food for the worms. Its symbol is the decomposed body of a woman — «die . . . nur allzu natürlich wirkte» (371) — disinterred at the cemetary overlooking the smoking chimneys of the power station Fortuna.

But Oskar is also fascinated by cemetaries — «Friedhöfe haben mich immer schon verlocken können» (362) — because the grave is at the same time the return to the mother earth. Oskar's view of death as the gateway to life — «der Tod ist das Tor zum Leben» (367) — is shared by the fat and lazy, «stets am Sterben verhinderten» (417) Klepp in his bed-grave:

> und hat den Geruch einer Leiche an sich, die nicht aufhören kann, Zigaretten zu rauchen, Pfefferminz zu lutschen und Knoblauchdünste auszuscheiden. So roch er schon damals, so riecht, atmet er auch heute . . . Lebenslust und Vergänglichkeit in der Witterung mitführend, (417)

Oskar and Klepp are both agreed that all men must die, Klepp «war aber nicht sicher, ob alle Menschen geboren werden müssen, sprach von sich als von einer irrtümlichen Geburt, und Oskar fühlte sich ihm abermals verwandt» (419).

The conviction that it had been better not to be born underlies Oskar's longing to return to the womb, the wish to be buried with his mother, the retreat to the clean, disinfected milieu of hospital and mental asylum. It is the longing to escape the fallen world of the appetites and corruption, «Lebenslust und Vergänglichkeit», but it is also the flight from the destructive greed, evil and *guilt* of this world, whose prophet is Saul with his priceless sausages of faith and its saviour Santa Claus the gasman. The sausages of faith give us again the metaphor of the murderous world, the grotesque image of eating and being eaten:

> Ich weiß nicht, oh, weiß nicht, womit sie . . . die Därme füllen, wessen Gedärm nötig ist, damit es gefüllt werden kann . . . — und nie werden wir erfahren, wer still werden mußte, verstummen mußte, damit Därme gefüllt . . . werden konnten, (166, 167)

And so *fire* and *food* are combined in the state religion — «niemand ahnt, daß . . . das Unglück seinen Fraß zum Kochen bringt» (160) — in the faith in the heavenly gasman:

> Er kommt! Er kommt! Wer kam denn? Das Christkindchen, der Heiland? Oder kam der himmlische Gasmann . . .? Und er sagte: Ich bin der Heiland dieser Welt, ohne mich könnt ihr nicht kochen. (165)

3. Fire and food then are the two major metaphors of *this* world as the realm of the regressive and destructive *libido* with its faith in the heavenly gasman — «der Heiland dieser Welt». But this does not exhaust the symbolic association of fire and food, for fire (the sun) and food (the fish) are also both symbols of Christ. The symbolic dualism of the fish, the emblem of lust but also of Christ the saviour, is paralleled in the dual nature of Oskar, the phallic figure of Messianic proportions. The strange and puzzling combination of Tom Thumb and Christ in our hero, echoed in «das Weihnachtsmärchen vom Däumling», «was mich von der ersten Szene an fesselte und verständlicherweise persönlich ansprach» (87), but most strikingly evident in Oskar's fascination with

the «watering can» of the infant Jesus, is clarified by reference to Jung, who writes:

> Die psychische Lebenskraft, die Libido, symbolisiert sich durch die Sonne oder personifiziert sich in Heroengestalten mit solaren Attributen. Zugleich drückt sie sich in phallischen Symbolen aus. (SW 339)

According to Jung, the figure of the hero is the reflexion of the historical development of the personality, that is to say, the myth of the hero plays out the drama of individuation. The hero is to be understood as the projection of the individual's struggle to overcome the dangers of the splitting of the personality, the struggle to integrate the unconscious and to achieve wholeness. The idea and cult of a personal Jesus enabled the Catholic Church to meet «the universal need for a visible hero».

Against this, however, Oskar's fixation on his mother and denial of Matzerath's paternity must be seen as the psychological basis of his identification with Jesus and *his* version of the Holy Family which brings the two projections — the Oedipal and the mythical — together in what Freud has called the Family Romance.

Freud's brief article «Der Familienroman der Neurotiker» first appeared in Otto Rank's study *Der Mythus von der Geburt des Helden* (1909). In it Freud identifies a class of neurotics who have failed in the task of liberating themselves from their parents. One of the basic characteristics of neurotics is «a quite particularly marked imaginative activity», which revolving in this case around family relations, reveals itself in day-dreams. The sexual stage of these fantasies is marked by the acceptance of the mother, whose parenthood can no longer be denied, but the increased rejection of the father, or rather his transposition to a higher social position. A good example of this fantasy of the noble father is the dwarf Bebra, who names himself the descendant of Prince Eugene, «dessen Vater der vierzehnte Ludwig war und nicht irgend ein Savoyarde, wie man behauptet» (91). It is no coincidence that Oskar's identification with Jesus follows from his identification with Jan Bronski: «Gleich bei der ersten Besichtigung des offenherzigen Jesus mußte ich feststellen, in welch peinlicher Vollkommenheit der Heiland meinem Taufpaten, Onkel und mutmaßlichen Vater Jan Bronski glich» (112). The rejection of the father can go no further, for, as Freud points out, the exaltation of the father is but the obverse of his rejection.

With Oskar the fantasy of the noble father is taken to the extreme of the Godfather. And this means that Oskar is identical with the Godfather, that is to say, that he is his own father and therefore both the son and lover of his mother (SW 552, 553, 557), as is suggested in the novel by the duplication of the mother-wife in the two figures of Agnes and Maria. Jung sees the relation to the mother as the psychological basis of many cults and he refers to the study of Robertson, *Christianity and Mythology* (London, 1900):

> Das Verhältnis des Sohnes zur Mutter war die psychologische Grundlage vieler Kulte. Robertson fiel die Beziehung Christi zu der Mariens auf, und er spricht die Vermutung aus, daß diese Beziehung wahrscheinlich auf einen alten Mythos hinweise, wo ein palästinensischer Gott, vielleicht des Namens Joschua, in den wechselnden Beziehungen von Geliebter und Sohn gegenüber einer mythischen Maria auftritt — eine natürliche Fluktuation in der ältesten Theosophie und eine, die mit Abweichungen in den Mythen von Mithras, Adonis, Attis, Osiris und Dionysus vorkommt, die alle mit Muttergöttinnen und entweder einer Gemahlin oder einer weiblichen Doppelgängerin in Verbindung gebracht werden, insofern die Mutter und Gemahlin gelegentlich identifiziert werden. (SW 377—378, footnote)

In turn the Oedipal content of the Family Romance is particularly manifest in Oskar's obsessive determination to supplant the father: «Wir wollen doch einmal sehen, wer hier der Vater ist—jener Herr Matzerath oder ich, Oskar Bronski.» (247) The following passage, provoked by the occasion of Kurt's third birthday, Kurt, the brother, son and rival, takes us right into the centre of his fantasy world:

> Erst im Inneren meiner Großmutter Koljaiczek oder, wie ich es scherzhaft nannte, im großmütterlichen Butterfaß wäre es meinen damaligen Theorien nach zu einem wahren Familienleben gekommen. Selbst heute, da ich Großvater, den eingeborenen Sohn und, was noch wichtiger ist, den Geist höchstpersönlich mit einem einzigen Daumensprung erreiche und gar

überspringe, da ich der Nachfolge Christi, wie all meinen anderen Berufen, mit Unlust verpflichtet bin, male ich mir, dem nichts unerreichbarer geworden ist als der Eingang zu meiner Großmutter, die schönsten Familienszenen im Kreis meiner Vorfahren aus.

So stelle ich mir besonders an Regentagen vor: ... Maria ... nähert sich schüchtern meiner Mama, ... Und Mama ... zieht meine Geliebte an sich und sagt, ... «Abä Marjellchen, wä wird sich da ein Jewissen machen. Haben wä doch alle beide einen Matzerath jeheiratet und ainen Bronski jenährt!» (289 −290)

Deprived of the true family life in the «Butterfaß» (again the identification of the mother with food), Oskar is left with no choice but the imitation of Christ, and even though he is «greater» than the Trinity he finds comfort in the relegation of Matzerath to the role of Joseph to the two Maries. This passage shows clearly Oskar's regressive conflation of the Oedipus complex and the Holy Family, which is brought into mockingly scurrilous and blasphemous conjunction with its earthly reflexion: Jan as both the adulterous lover and Holy Ghost, Oskar the infantile dwarf and Christchild, Matzerath the complaisant husband and Joseph, Agnes the «voracious fish» and Virgin Mary.

We can better understand the nature of Oskar's Oedipal romance and the symbolic logic of the Holy Family if we relate it to Jung's interpretation of the myth of the hero.

The myth of the hero is for Jung in the first place «die Selbstdarstellung der suchenden Sehnsucht des Unbewußten, das jenes ungestillte und selten stillbare Verlangen nach dem Licht des Bewußtseins hat. Letzteres aber, stets in Gefahr, von seinem eigenen Licht verführt ... zu werden, sehnt sich nach der heilsamen Macht der Natur, ... (SW 343). It is a fitting commentary to the scene of Oskar's birth with its dialectic of the moth drumming against the light bulb and Oskar's longing to return to the womb. The most familiar version of the myth brings the sea and the sun together in the form of the night sea journey of the sun from its setting in the west to its rising in the east. (It is the hidden meaning of the «preposterous fables» (27) of Koljaiczek's sea journey to America.) Jung quotes from Frobenius, *Das Zeitalter des Sonnengottes* (1904):

Tritt nun für den blutigen Sonnenaufgang etwa die Anschauung auf, daß hier eine Geburt stattfindet, die Geburt der jungen Sonne, so schließt sich hieran unbedingt die Frage, woher denn die Vaterschaft komme, wie dieses Weib zu der Schwangerschaft gelangt sei. Und da nun dieses Weib dasselbe symbolisiert wie der Fisch, nämlich das Meer (indem wir von einer Annahme ausgehen, daß die Sonne sowohl im Meer untergeht als auch aus dem Meer emporsteigt), so ist die urmerkwürdige Antwort, daß dies Meer ja vordem die alte Sonne verschluckt habe. Es bildet sich demnach die Konsequenzmythe, da das Weib «Meer» vordem die Sonne verschluckt hat und jetzt eine neue Sonne zur Welt bringt, so ist sie offenbar schwanger geworden. (SW 352)

The underlying meaning of this cycle of myths is thus according to Jung, the longing to attain immortality (like the sun) trough the return to the mother and rebirth through her (which gives the twin aspect of the hero in Oskar: Tom Thumb and Christ figure). The wanderings of the hero are the symbol of this search for the lost mother. The city, the well, the cave, the *Church* can come to stand for this longing and baptism becomes the spritual rebirth which overcomes the regressive longing to become a child again in order to reenter the mother: «Die Ersetzung kommt davon her, daß die Regression der Libido Wege und Weisen der Kindheit und vor allem die Beziehung zur Mutter wiederbelebt.» (SW 358) The transference from the flesh to the spirit is the necessary counter to the dangers of *incest* which regression brings. Jung's interpretation of the myth offers the connecting link between Oskar's longing to return to the womb on the one hand and the imitation of Christ on the other. That these are seen as *exclusive* alternatives by Oskar (cf. 289) points to the regressive nature of his attachment to the mother, which does not allow him to transfer his longing from the mother to rebirth in the Church: «Die symbolische Wahrheit dagegen, welche Wasser an die Stelle der Mutter, Geist oder Feuer an die des Vaters setzt, bietet den in der sogenannten Inzesttendenz gebundenen Libido ein neues Gefälle an, befreit sie und leitet sie über in eine geistige Form.» (SW 382) Oskar is not prepared to renounce Satan at his baptism, that is left to his «godfather» Jan (it is in this chapter «Kein Wunder» that we learn that Oskar is a *pagan* name). This refusal or inability to renounce the attachment to the mother is a blocking of the libido whose dangers are symbolised in the hero myths by the dragon of death which the hero must vanquish.

> Der «Sohn der Mutter», insofern er bloß Mensch ist, stirbt frühe, als Gott aber kann er das Unerlaubte, Übermenschliche tun, den magischen Inzest begehen und dadurch Unsterblichkeit erlangen. In verschiedenen Mythen stirbt allerdings der Held nicht, muß aber dafür den Drachen des Todes überwinden. (SW 446)

The dragon of death is interpreted by Jung as the symbol of the anxiety aroused by the breaking of the incest taboo.

Oskar's Black Witch can be related to the dragon of death, the personification of the negative aspect of the mother as opposed to the positive, the source not of life and security but of anxiety and death:

> . . . wer sich von der Mutter trennt, sehnt sich nach ihr zurück. Diese Sehnsucht kann zur verzehrenden Leidenschaft werden, welche alles Gewonnene bedroht. In diesem Fall erscheint dann die «Mutter» einerseits als höchstes Ziel, andererseits als gefährlichste Bedrohung, als «furchtbare» Mutter. (SW 400)

The terrible mother is characterized as the «vengeful pursuer», in fairytales she appears as a murderer or cannibal (cf. *Hänsel und Gretel),* in the hero myths as the dragon or sea monster (cf. *Jonah and the Whale,* referred to in the novel, p. 99), or as the voracious fish, the personification of death (SW 425/ 426). She takes various forms in the novel: Oskar's mother becomes by symbolic transference the «voracious fish», who destroys herself and the child in her womb, which feeds on her. The destructive mother who threatens her children recurs in the ironically named Niobe, the deathless, wormless ship's figurehead, whose amber eyes are set aflame by the sun (157), who lures men to their deaths. The sexual nature of the threat of the castrating, devouring mother emerges even more clearly in the virginal and satanic temptress Luzie Rennwand at the trial of the Dusters:

> Er, Satan, bereitete ihr Lust, indem er ihr ein Wurstbrot reichte. Sie biß zu und blieb dennoch keusch. «Spring, süßer Jesus!» kaute sie und bot mir ihr unverletztes Dreieck. (319)

Again we register the central metaphor of food:

> «ein kauendes Dreieck, Puppe, Schwarze Köchin, Wurst mit den Pellen fressend, beim Fressen dünner werdend, hungriger, dreieckiger, puppiger...» (316)

Sosnoski writes in his article appropriatedly titled «Oskar's Hungry Witch»:

> Images of food and eating appear in all the crucial scenes of death and destruction. Accompanying these images of eating are images and incidents of perverse sexuality. These three factors, eating, destruction, or death and perverse sexuality, come together in the figure of the Witch and constitute her identity.[8]

In terms of the process of individuation, however, the Black Witch must also be seen as personifying the failure to integrate the unconscious, the threat to consciousness and the self of the regressive (incestuous) libido. She is the terror of the outer world and the projection of that terror, the threat posed by Oskar's shrinking from reality. The less the individual can come to terms with the world, the greater is his fear of the world. The consequence is a vicious circle of fear and retreat from reality which leads, says Jung, to infantilism and finally «into the mother». With Oskar it is the asylum of the mental hospital — «Mein weißlackiertes metallenes Anstaltsbett... ist das endlich erreichte Ziel» he tells us at the beginning of his narrative. But Oskar also writes:

> Selbst im Bett meiner Heil- und Pflegeanstalt erschrecke ich, wenn Bruno mir unbekannten Besuch meldet. Mein Entsetzen heißt dann: jetzt kommt Luzie Rennwand und fordert dich als Kinderschreck und Schwarze Köchin letztmals zum Sprung auf. (320)

It is this tension between the jump into the world and retreat from the world, between growth and infantilism, guilt and innocence which splits the mother into protective and threatening figures and gives the underlying dynamic of Oskar's «development» which takes him from the grandmother Anna «als höchstes Ziel» (cf. 289) to the Black Witch «als gefährlichste Bedrohung, als 'furchtbare Mutter'», the two poles of his narrative which determine its *structure*.

4. Within the overall framework of the mental asylum —
the substitute womb from which Oskar drums up his past —
the narrative is structured on the retreat from the world and
enforced return which mark the *rites de passage* in Oskar's
life from childhood to adolescence (the turning point between
Books I and II) and from adolescence to mandhood (the turning points between Books II and III). Each is marked by pain-
ful growth and the guilty complicity in the «murder» of his
two fathers: Jan Bronski at the outbreak of war, Matzerath at
the end. Oskar's «fall» down the cellar steps at the age of
three, which will serve to attach him permanently to his
mother and label his father as murderer (49), arrests his
growth and is followed by several weeks in hospital. The end
of Book I, however, brings the end of Oskar's childhood (cf.
167 and St. Paul's Epistle to the Corinthians, 1, 13, 11) and the
beginning of Book II Oskar's entry into the world: he speaks
for the first time «die Sprache der Erwachsenen» (193), «gab
ich mich . . . dem Geburtsschein entsprechend als fünfzehn-
jähriger Halbwüchsiger, . . . Diese Anstrengungen . . . zeitig-
ten nach einer knappen Stunde Skatspiels heftigste Glieder-
und Kopfschmerzen» (195). He is delivered to hospital with
fever and inflamed nerves but there follows the inescapable
discharge: «Schwer wollte mir der Abschied von den Kran-
kenschwestern fallen.» (205) It is the same after Oskar's
growth during the flight from Danzig which ends in hospital.
Book II concludes

> So mißt Oskar also von heute an einen Meter und
> dreiundzwanzig Zentimeter. Er wird nun berichten,
> wie es ihm nach dem Krieg erging, als man ihn . . .
> aus den Städtischen Krankenanstalten Düsseldorf
> entließ, damit ich ein — wie man bei Entlassungen
> aus Krankenanstalten immer annimmt — neues, nun-
> mehr erwachsenes Leben beginnen konnte. (357)

Each collapse or flight and retreat to hospital is followed by
Oskar's discharge and it is this fate which overshadows the
end of the novel — the concluding chapter «Dreißig» — as the
shadow of the Black Witch.

The final chapter of the novel is a narrative on two time
levels — Oskar's flight to Paris to incriminate himself at the
age of 28, and Oskar's 30th birthday. Between lies the period
in the asylum during which Oskar writes his autobiography.
The last chapter is thus the meeting point of the past and the

present and it is the moment in which the shadow of the past overtakes Oskar to become his present and future:

> Schwarz war die Köchin hinter mir immer schon. Daß sie mir nun auch entgegenkommt, schwarz.
> . . .
> Ist die schwarze Köchin da? Ja — Ja — Ja!

Oskar writes:

> Ich habe mich mein Lebtag nicht vor der Schwarzen Köchin gefürchtet. Erst auf der Flucht . . . kroch sie mir unter die Haut, verblieb dort, . . . bis zum heutigen Tage, da ich meinen dreißigsten Geburtstag feiere . . . (487)

The Black Witch thus stands behind the writing of his autobiography, its driving force as it were, but also, as she draws even closer and closer, its secret sense and the inescapable ending to which Oskar must come. His autobiographical confessions appear in this light as the compulsive but vain attempt to stave off his fate.

> Oskar befindet sich in einiger Verlegenheit. Seine Flucht geht dem Ende entgegen, und mit der Flucht endet auch sein Bericht . . . Doch da fällt mir mein heutiger dreißigster Geburtstag ein. Allen denjenigen, welchen die Schwarze Köchin keine Furcht einjagt, biete ich meinen dreißigsten Geburtstag als Schluß an. (488)

Oskar's thirtieth birthday (30, the magic number, the symbolic moment in the life of the hero and traditionally the beginning of Christ's ministry) is the crisis and the crisis is prefigured in the account of his arrest in Paris. Oskar's thoughts during his ascent from the underground on the escalator — interwoven with the motifs of fire (cigarettes) and water (rain) — are the sum and recapitulation of his life. Thus the following is Oskar's *Credo:*

> Was soll ich noch sagen: Unter Glühbirnen geboren, im Alter von drei Jahren vorsätzlich das Wachstum unterbrochen, Trommel bekommen, Glas zersungen, Vanille gerochen, in Kirchen gehustet, Luzie gefüttert, Ameisen beobachtet, zum Wachstum entschlossen, Trommel begraben, nach Westen gefahren, den

Osten verloren, Steinmetz gelernt und Modell gestan-
den, zur Trommel zurück und Beton besichtigt, Geld
verdient und den Finger gehütet, den Finger ver-
schenkt und lachend geflüchtet, aufgefahren, verhaftet, verurteilt, eingeliefert, demnächst freigesprochen,
feiere ich heute meinen dreißigsten Geburtstag und
fürchte mich noch vor der Schwarzen Köchin —
Amen. (491)

As he ascends he wishes he were surrounded by his friends
and relatives, «living and dead»,

> oben jedoch, wo der Rolltreppe die Luft ausging,
> wünschte ich mir an Stelle der Kriminalbeamten das
> Gegenteil der schrecklichen Schwarzen Köchin: mei-
> ne Großmutter Anna Koljaiczek sollte dort wie ein
> Berg ruhen und mich und mein Gefolge nach glück-
> licher Auffahrt unter die Röcke, in den Berg hinein-
> nehmen. (491)

The grandmother lies, however, in the east, the grandfather
in the west over the water in America. Oskar's journey from
the east to the west — «nach Westen gefahren, den Osten verloren» — takes him from the protective Earth Mother to the
Schwarze Köchin the devouring mother (the two joined by
the motif of food), the symbol of Oskar's failure to escape the
mother, and the consequence of his refusal to accomplish the
hero's task, to overcome the dragon of death and be reborn
from the mother, for this is the alternative he must face if he
is to escape the Terrible Mother, the alternative he debates
on his ascent from the underground. Is he to take his role as
hero seriously, go out into the world and gather disciples
around his drum? The answer he gives (in three languages)
when he reaches the top of the escalator is «I am Jesus».

Oskar's life contains then as *he* presents it two contradic-
tory and exclusive alternatives set against the pattern of the
myth of the hero:

Firstly, in relation to the *mother,* his longing to return to
the womb (the skirts of the grandmother, the cupboard, the
«Nestwärme» of Lina Greff, the coffin, the grave, the hospital,
the asylum) in its regressive form of the withdrawal from and
rejection of the world of the father. This we see in Oskar's
falls: at three to avoid growth and responsibility and conver-
sely his fall into his father's grave which initiates his belated

growth at the age of twentyone (in which his drum is «replaced» by his hump) and abortive attempt to take on the social role of family father. Oskar fails, however, in the struggle to integrate the personality. The consequence is the splitting of consciousness, which is symbolised by the Schwarze Köchin, the «devouring» power of anxiety and the «brutish unconscious», which Oskar can no longer ward off.

On the other hand, in relation to the *father,* we have the deliberate parallels Oskar draws between himself and Christ, his assumption of the attributes of the divine hero, but also its consequence, that he must go out into the world, confront the Black Witch, that is to say, he must become his own saviour:

> Oder aber, ich gebe nach, lasse mich festnageln, gehe hinaus . . . und mime ihnen den Messias, mache, gegen besseres Wissen, aus meiner Trommel mehr, als die darzustellen vermag, laß die Trommel zu Symbol werden, . . . (490)

Oskar, however, cannot escape his parents: he is confronted at the end by the metamorphosis of the protective mother into the Terrible Mother and by the unanswered challenge of the father, to go out and become Christ, to be crucified as the son.[9]

5. If these alternatives pose the real dilemma of acceptance and rejection of the world given already at Oskar's birth, where he finds himself caught between father and mother, the prospect of the grocer's shop and the tin drum, the devil of world acceptance and the deep blue sea of renunciation, they remain only an apparant contradiction in Oskar's case for there is no way into the world for him. That is to say, Oskar's life can be interpreted in terms of the process of individuation which he so obviously fails to achieve and in which the split between the lower and the higher functions, the unconscious and the conscious, is the outcome of this failure whose consequence is an anxiety which leads over to *guilt.*

We are not surprised that Oskar searches for oblivion, for a home, for the ultimate Nirvana under his grandmother's skirts, «da saß neben Oskar der liebe Gott, . . . da putzte der Teufel sein Fernrohr, da spielten Engelchen blinde Kuh . . .» (101). In the womb the opposites are reconciled but in the world Oskar is torn between Christ and the Devil, which the Church fails to exorcize at his baptism. The Church is unable to integrate the undifferentiated libido, symbolised by phallicism:

Oskar grows an eleventh finger, a third drumstick in bed with Maria: «Und ich wußte nicht mehr: bin ich das, der da trommelt? . . . Hatte der Herr da unten seinen eigenen Kopf, eigenen Willen? Zeugten Oskar, er oder ich? (229) «Er oder ich?» — that is the question. In this splitting of the personality we have the key to the (otherwise random) alternation of the first and third person in Oskar's narrative which commences with his account of his birth. It is the leit-motif of the irreconcilable split between the two sides of his nature, for if Oskar still retains something of the vitality of the medieval and Renaissance carnival tradition in his phallic and anarchic aspect as the «devil» and Hanswurst, the joyous reversal of hierarchies, values and morality of the carnival, in which the undifferentiated functions could still be socially and religiously integrated, has yielded in the modern world to the radical split between the physical and the spiritual, the Devil and Christ. Christianity (according to Jung) has split the archetype of the self into the metaphysical dualism of the kingdom of Heaven and the fallen world of the damned *(Aion,* 42). The consequences are fateful: «the progressive development and differentiation of consciousness [since the Renaissance] leads to an ever more menacing awareness of the conflict and involves nothing less than a crucifixion of the ego, the agonising suspension between irreconcilable opposites» *(Aion,* 4). This metaphysical dualism is reflected in the «two souls» (76) of Oskar, who says to himself: «Zwiespältig, sage ich. Dieser Bruch blieb, ließ sich nicht heilen und klafft heute noch, da ich weder im Sakralen noch im Profanen beheimatet bin, dafür etwas abseits in einer Heil- und Pflegeanstalt hause.» (118) It is the split to which Bebra refers when he speaks to Oskar of «das Göttliche, aber auch das ganz gewiß Teuflische Ihres Genies» (139), and which is the more familiar from Grass' parody of the Bildungsroman in terms of Oskar's twin deities Apollo and Dionysus, Goethe and Rasputin, Beethoven and Hitler (not foregetting the Professors Mahrun and Kuchen[10]).

The central symbol of dualism in *Die Blechtrommel,* however, is the *tin drum* itself. Its two colours *red* and *white* are the colours of Poland and Danzig, of whitewashed sawmills and red flames (weißrotes Brennholz, 19), but also of blood in the snow (Parsifal), blood on the letters, of the white nurse's uniform with its red cross, of white paper and the blush of the assistant in the stationer's shop, of the white flesh and red hair of the Madonna Ulla, of the bread and wine of the Mass:

> Die Hände frei, hob ich sodann die an jämmerlichem
> Bindfaden hängende Trommel hoch, anklagend hoch,
> . . . hoch, wie Hochwürden Wiehnke während der
> Messe die Hostie hob, hätte auch sagen können: das
> ist mein Fleisch und Blut, . . . (175)

Red and white[11] symbolise guilt and innocence, sin and absolution, but because the dualism is total, Oskar's drum becomes the symbol of the eternal recurrence of guilt. The pain-
ter Raskolnikov returns the drum to Oskar, when he models
for the Madonna and Child, the drum which he had thought
buried for ever in his father's grave, with the words «Nichts
ist vorbei, alles kommt wieder, Schuld, Sühne, abermals
Schuld» (392). In contrast to this scene and the end of the
novel is the drumming of the moth, «Oskar's master», at his
birth. The dialogue of the moth with the source of light im-
presses him «als wäre das Gespräch in jedem Fall des Falters
letzte Beichte und nach jener Art von Absolution, die Glüh-
birnen austeilen, keine Gelegenheit mehr für Sünde und
Schwärmerei» (36). At the end of the novel, however, the
drum can serve only to beat out — «im Schatten eines immeı
schwärzer werdenden Kinderschreckens» (492) — the insistent
rhythm of the Black Witch: «Du bist schuld und du bist schuld
und du am allermeisten.» (493)

Grass has said in a recent interview that the complex at
the heart of his Danzig trilogy is that of *guilt,* and that all his
narrators «schreiben aus Schuld»: «aus verdrängter Schuld,
aus ironisierter Schuld».[12] The key to the complex figure of
Oskar is this question of guilt and in turn it helps us to understand his symbolic function, for if the Black Witch stands for
the evil of the fallen world (as is clear from the final para-
graph of the novel) she is also just as clearly Oskar's *shadow,*
his unconscious (just as Christ is the complementary aspect
of his shadow, the redeemer on whom guilt is cast). That is to
say, despite Oskar's attempts to cut all links between himself
and the world there *is* a connexion between his inner and
outer worlds, a connexion which he himself denies and which
he has sought to repress.

6. What is Oskar's guilt, what is the shadow of the Black
Witch? The attempt to answer these questions involves the
question posed at the beginning of this article: what is the
nature of the relation between the inner world of Oskar and
the history of his time. The connexion between the two is

given in the figure of the Black Witch, whose shadow is the shadow of the fallen world. She is invoked at the fatal Good Friday promenade to the harbour mole (411, 492), at the betrayal of Störtebecker and the dusters (316), at the suicide of Greff, in the ants' trail which bypasses Matzerath's body. She is present in the cellar, the stove, the smoke, the disappearance of the sun — «Sie warf den Schatten, als des Sigismund Markus Spielzeug zusammenbrach, und die Gören auf dem Hof des Mietshauses, . . . sprachen es aus, sangen, wenn sie die Ziegelmehlsuppe kochten: «Ist die Schwarze Köchin da? . . . Immer war sie schon da, . . .» (493) «nur Oskar blieb übrig, sah Ameisen zu und wußte: das ist ihr Schatten, der sich vervielfältigt hat und der Süße nachgeht. . . .» (493) The reference is to the scene of Matzerath's death:

> Die Ameisen fanden eine veränderte Situation vor, scheuten aber den Umweg nicht, bauten ihre Heerstraße um den gekrümmten Matzerath herum; denn jener aus dem geplatzten Sack rieselnde Zucker hatte während der Besetzung der Stadt Danzig durch die Armee Marschall Rokossowskis nichts von seiner Süße verloren. (328)

The blind march of the ants in search of sugar, indifferent to world-shattering events, is the symbol of the existence that goes on whatever happens: the blind life force, the grotesque world of the appetites beneath and beyond history, the everyday world of which Oskar is the faithful reporter. But the march of the ants indifferent to the march of history is also the symbol of the very blindness of history's progression, the progression of the armies:

> während es in Irland regnete, durchbrachen sie die Weichselfront, nahmen Warschau zu spät und Königsberg zu früh und konnten dennoch nicht verhindern, daß eine Frau in Panama, die fünf Kinder hatte und einen einzigen Mann, die Milch auf dem Gasherd anbrannte. So blieb es auch nicht aus, daß der Faden des Zeitgeschehens, der vorne noch hungrig war, Schlingen schlug und Geschichte machte, hinten schon zur Historie gestrickt wurde. (319)

The novel's perspective of history is summed up in the history of Danzig itself (323, 328—330) as the image of the «conflagration of this world»:

> dann kam, wie wir erfahren haben, der Marschall
> Rokossowski. Der erinnerte sich beim Anblick der
> heilen Stadt an seine großen internationalen Vor-
> gänger, schoß erst einmal alles in Brand, damit sich
> jene, die nach ihm kamen, im Wiederaufbau aus-
> toben konnten. (330)

History is seen as the eternal cycle of destruction and recon-
struction, as «die Schlacht, die schon dagewesen, die immer
wieder kommt» (22), the battles already celebrated in Dahn's
Kampf um Rom (263).[13] Past and present — the battle for Danzig and the battle for Rome — merge into the one meaningless
pattern of eternal recurrence which is one with the eternal
recurrence of guilt (392), just as «die große und die kleine
Welt» — the blind march of the armies, the blind march of
the ants — indifferent to each other merge in the one vision
of the fallen world. Their connexion is that they have none —
for Oskar, and yet he is haunted by the accusation of guilt,
the guilt from which he flees but which forces him to write
and expose himself. *And it is this guilt which determines his
narrative perspective and reveals its dual function.*
    The perspective of the dwarf child, the perspective from
below offers Grass, as has often been noted, the means of
alienating German history of this century, above all the history of the Third Reich and the second World War, viewed,
moreover, not from the centre but from the periphery of
Danzig. Public history and private world stand in apparently
meaningless and absurd conjunction, but it is a conjunction
which reduces the great world to the dimensions of the little
world, robs it of all «higher meaning» and relegates it to the
level of an incidental disrupiton of private concerns. This alienation is the means by which the novelist can come to grips
with the incommensurable horror of National Socialism and
war. In Oskar's «historical», that is indifferent and unjudging,
narrative they become phenomena assimilated to the blind
march of history. But it is precisely this indifference, this incidental perspective which brings the Third Reich into focus in
all its banal reality as it was experienced by most Germans.
The Russian armies and the burnt milk in Panama not only
coexist, they are connected:

> Doch man kann das Unglück nicht einkellern. . . . es
> teilt sich den Gasleitungen mit, kommt allen Haus-
> haltungen zu, und niemand, der da sein Suppen-

töpfchen auf die bläulichen Flammen stellt, ahnt,
daß da das Unglück seinen Fraß zum Kochen bringt.
(160)

It is this connexion, the indivisibility of guilt, which points
to the second function of Oskar's perspective: if the Third
Reich and war are stripped of their «higher meaning» it is in
order to embed them the more firmly in the sordid greed and
squalid opportunism of the petty bourgeoisie, to demonstrate
all the more clearly the inescapable conjunction of the two
worlds, the public and the private. That is to say, the very
disjunction of the two is the dissociated perspective of the
petty bourgeoisie indifferent to responsibility and guilt and
made manifest in their spokesman Oskar.[14] The *concrete historical reality* of Oskar's shadow, the Black Witch with whom
he is finally confronted, is his own «unbewältigte Vergangenheit», personified in the figure of Viktor Weluhn, the survivor
of the siege of the Polish Post Office and witness of Oskar's
betrayal of Bronski. Oskar's attempt to destroy the drum he
found at the Post Office, the attempt «einen bestimmten, zeitlich begrenzten Teil meiner Vergangenheit auszuradieren»
(211) recalls Weluhn to mind, and his return at the end of the
novel («Alles kommt wieder»), which prefigures that of the
Black Witch, is a further instance of the desire to eradicate
the past: the execution of the death sentence passed on Viktor
Weluhn in 1939 will finally mark «Schluß mit der Vergangenheit» (480).

7. We can take the argument a stage further by turning now
to Oskar's horoscope (a parody of the beginning of *Dichtung
und Wahrheit):* its most significant element (following on
the establishment of Oskar's wavering between «faith in
miracles» and «disillusionment») is the opposition of Saturn
to Jupiter in the third house (Pisces): «Saturn war es, der im
dritten Haus in Opposition zu Jupiter mein Herkommen in
Frage stellte» (37). This may be understood in the first place
as meaning that doubt is cast on Oskar's origin as the child
of Matzerath, and this is clear enough from the foregoing, but
it has a second and wider meaning: in astrological tradition
Saturn and Jupiter are considered the two most important
planets for the destiny of the world. For the Iranian astrolo-
gers for instance Jupiter represented life and Saturn death:
the conjunction of the two signified «the union of extreme
opposites» *(Aion,* 77). Moreover in Christian astrology the
coming of the Messiah was expected when there was a con-

junction of Jupiter and Saturn in Pisces. At the same time in medieval astrology Saturn was known as the «black star» and believed to be the abode of the Devil *(Aion,* 75, 74). Thus we have the double aspect of Oskar's birth which casts doubt on his origins. Saturn coming into *opposition* not conjunction with Jupiter heralds not the coming of Christ but of the Antichrist. If we follow Jung we have here the signs of the beginning and end of the Christian «Aeon». Oskar's horoscope suggests that the conflict of opposites in him, which represents psychologically the failure to integrate the unconscious or, in other words, the ascendency of the Devil, may be seen as the personal reflexion of the coming of the Antichrist. And this brings us closer to an understanding of the full significance of Grass' hero, enables us to go beyond the apparently closed world of Oskar's delusionary fantasies to relate them and him to the historical situation, to the Germany of his time in a way that Oskar cannot himself. For Oskar the *individual* there is no meaningful connexion between the private scene and the public, between his «little world» and the «great world» of politics and war; cut off from reality he remains the «childlike, curious, complex and immoral» observer (63); and hence, one may add, the confusion of the commentators as to Grass' political and religious standpoint. And yet Oskar the *figure* is the symbol — not of the «grotesque Everyman» as has been argued[15] — but of the coming of the Antichrist, of the rise of National Socialism and of the horror of the second world war. His life is the symbol of the journey of a nation into collective schizophrenia, guilt and denied guilt, the story of the fatal pact with the Devil and the triumph of the powers of the unconscious. It is once more the theme of *Faust,* hinted at in the contract between Oskar and Bebra (463).

In his essay of 1945, «Nach der Katastrophe», Jung undertakes a psychological analysis of the fate of Germany: Hitler is diagnosed as an hysteric (Jung even refers to him as a «psychic scarecrow», cf. *Hundejahre),* and as such he is «a reflected image of the collective German hysteria» (CT 204).[16] The Germans should have learnt from the «example of Nietzsche» (CT 212), whose pathological fantasies are the prophetic response to the «schism of the Christian world» (CT 213); the «death of God» is the birth of the Superman. «If, as Burkhardt says, Faust strikes a chord in every German soul, this chord has certainly gone on ringing. We hear it echoing in Nietzsche's Superman, the amoral worshipper of instinct, whose

God is dead, and who presumes to be God himself, . . .» (CT 213) Faust, for Jung, is the archetype of the German hysteria:

> An hysterical disposition means that the opposites inherent in every psyche, and especially those affecting character are further apart than in normal people . . . the greater distance between the opposites produces inner contradictions, conflicts of conscience, disharmonies of character — in short, everything we see in Goethe's Faust. Nobody but a German could ever have devised such a figure, it is so intrinsically, so infinitely German. In Faust we see the same «hungering for the infinite» born of inner contradiction and dichotomy, the same eschatological expectation of the Great Fulfilment. In him we experience the loftiest flight of the mind and the descent into the depths of guilt and darkness . . . Faust, too, is split and sets up «evil» outside himself in the shape of Mephistopheles . . .
>
> The essence of hysteria is a systematic dissociation, a loosening of the opposites which normally are held firmly together. It may even go to the length of a splitting of the personality, a condition in which quite literally one hand no longer knows what the other is doing. (CT 207)

Faust's 20th century successors are Adrian Leverkühn — and Oskar. If Grass appears to «dissociate» the fate of his «artist hero» from the fate of Germany in contrast to the explicit parallelism of the two in *Dr. Faustus,* the individual psychology of Oskar is nevertheless expression of the national psychology. Oskar cannot and *will not* connect his world and the surrounding reality. What has been called the «Entdämonisierung des Dritten Reiches» in *Die Blechtrommel,* what Oskar praises as his broad epic breath, «der mir heute erlaubt, Fronterfolge und Betterfolge in einem Satz zu nennen» (251), is at the same time the narrator's refreshing and irreverent alienation of contemporary history and Oskar's guilt of «hysterical dissociation». His narrative is both the distorted and accusing refraction of German reality and the involuntary and compulsive revelation of his obsessive fantasies.

The basis of these fantasies is Oskar's inability to escape his parents, grow up and face the world and responsibility.

The eternal child and dwarf is the concrete expression of the crippling failure to achieve the goal of individuation. This guilt-ridden failure finds its compensation on the mythological and symbolic level — against the ever-present unredeemed and regressive libido — in the self-alienating projection of the myth of the hero, in the imitation of Christ. And this in turn in its reality as the *negation of Christ,* as the splitting of the personality, as the triumph of the Devil and the unconscious, makes Oskar the *apocalyptic* symbol of the end of the Christian Aeon, of the coming of the «Third Reich», and the *historical* symbol of the collective German hysteria which led to the pact with the Devil.

Dr. Faustus can still end with the prayer for grace, but there is no suggestion of absolution at the end of Oskar's confessions. In *Symbole der Wandlung* Jung writes that the eschatological expectations of The Apocalypse end in the mother to which he compares the conclusion of *Faust II:*

> Es soll keine Sünde, keine Verdrängung, kein Uneinssein mit sich selber mehr sein, keine Schuld, keine Todesangst und kein Schmerz der Trennung, weil durch die Hochzeit des Lammes der Sohn mit der Muttergattin vereinigt . . . ist. (SW 377)

Oskar's longing for the mother, however, ends not with the redeeming power of «das Ewig-Weibliche», «Jungfrau, Mutter, Königin», but with its scurrilous and terrifying antithesis — «die schwarze Köchin»: «Fragt Oskar nicht, wer sie ist. Er hat keine Worte mehr.»

(1972)

Notes

[1] Quotations from *Die Blechtrommel* are taken from the Fischer Bücherei edition, 1962.
[2] M. K. Sosnoski, «Oskar's Hungry Witch», *Modern Fiction Studies* XVII (1971), No. 3, 61—77.
[3] C. G. Jung, *Symbole der Wandlung. Analyse des Vorspiels zu einer Schizophrenie.* Zürich, 1952. Identified in text by SW.
[4] Cf. also Oskar's response to the death of Herbert Truczinski, Oskar «fand, wie immer wenn ihm etwas verlorenging, zu seiner Trommel zurück» (159).
[5] A. Gelley, «Art and Reality in *Die Blechtrommel*», *Forum for Modern Language Studies* III (1967), pp. 121, 123.

[6] «Autor Grass fühlt sich, wie er sagt, 'von dem heidnischen Element im Katholizismus angezogen'.»
«Grass. Zunge heraus.» *Der Spiegel*, 4. September 1963, p. 77.

[7] Jung, *Aion*, translated R. F. C. Hull, London, 1959 *(Aion. Untersuchungen zur Symbolgeschichte*, 1951).

[8] Sosnoski, p. 66.

[9] Cf. the last chapter of *Symbole der Wandlung*, «The Sacrifice»: the self-sacrifice of the hero symbolises the transformation of the ego.

[10] Mahrun: white, Goethe, Apollo, classical order, harmony, light and clarity; Kuchen (food): black, Rasputin, Dionysus, expressionist pathos, orgy, darkness.

[11] In order to understand the full scope of the novel's colour symbolism, however, we must add to red *black* – «und wenn ich trotzdem nur rot sage, will rot mich nicht, läßt seinen Mantel wenden: schwarz, die Köchin kommt, schwarz» (126) – and to white *blue,* the blue of the sky and the sea (Ave maris stella), the heavenly blue of the good mother as opposed to the Black Witch. The best example of Grass' «Farbenlehre» is the setting of Oskar's birth. At the onset of labour Agnes is busy filling sugar into blue bags (cf. also 493, and the «cobalt blue Bronski eyes» of Oskar and the infant Jesus, of which Oskar is so proud). The *floor* of the bedroom is brownish red while the *canopy* of the Matzerath's marriage bed is light blue; opposite the bed is the white cupboard, the favourite abode of Oskar (later replaced by the white hospital bed).

[12] «Gespräch mit Günter Grass», *Text und Kritik* Heft I/1 a, vierte Auflage, Oktober 1971, p. 10.

[13] For an analysis of Grass' presentation of history in his novels see Christoph Eykman, *Geschichtspessimismus in der deutschen Literatur des zwanzigsten Jahrhunderts*. Bern 1970.

[14] «Gespräch mit Günter Grass», p. 5.

[15] A. Leslie Willson, «The Grotesque Everyman in Günter Grass' *Die Blechtrommel*», *Monatshefte* LVIII (1966), 131–138.

[16] «Nach der Katastrophe» (1945). In: Jung, *Civilisation in Transition,* translated R. F. C. Hull, London, 1964. Identified in text by CT.

Hans-Gernot Jung

5 | Lästerungen bei Günter Grass

In dem Roman «Örtlich betäubt», den Günter Grass 1969 vorgelegt hat, vertraut der Studienrat Starusch seinem Zahnarzt gesprächsweise folgendes an:

> «'Ich sage Ihnen, Dokter: Sie können heute Christus auf dem Kurfürstendamm während der Hauptverkehrszeit, sagen wir mal, Ecke Joachimsthaler Straße kreuzigen und gekreuzigt aufrichten, die Leute gucken zu, machen ihr Foto, wenn sie das Dings bei sich haben, drängeln, wenn sie nichts sehen, und sind auf den besseren Plätzen zufrieden, weil sie wieder mal ergriffen sein können; aber wenn sie sehen, wie jemand einen Hund, hier in Berlin einen Hund verbrennt, da schlagen sie zu, immer wieder zu, bis nichts mehr zuckt, und auch dann noch hauen sie drauf.' (Das war meine Golgatha-Nr. . . .)» (Seite 226).

Vielleicht ist es abgeschmackt, eine Betrachtung über Günter Grass gerade mit einem solchen Zitat zu beginnen. Er hat ja auch «schöneres» geschrieben. Der Gedanke an den brennenden Hund vor der Kempinski-Terrasse in Berlin ist geschmacklos und unappetitlich. Er ist auch amoralisch. Die Kombination zwischen dem brennenden Hund und dem gekreuzigten Christus «grenzt ans Blasphemische». Was soll das! Religiöse Empfindungen sollte man schonen oder auf sich beruhen lassen. So sagt man jedenfalls.

75

Ich selbst bin da freilich anderer Meinung. Man sollte sie nicht auf sich beruhen lassen— weder die religiösen Gefühle noch die Lästerungen bei Günter Grass. Ich möchte Sie bitten, mir jetzt zu einigen lästerlichen Partien zu folgen, die sich bei Günter Grass in auffälliger Weise häufen. Mich interessiert nicht so sehr das Literarische, Ästhetische und Moralische bei Grass. Darüber ist schon viel geschrieben und gesprochen worden. Mich interessiert das Theologische in den Romanen von Günter Grass, das man bisher ziemlich genau übersehen hat. Das Theologische ist ja zweifellos vorhanden — und dürfte eigentlich gar nicht überraschen; denn wenn einer — wie Grass — immer wieder wesentliche menschliche Sachverhalte erzählt, dann kann er einem theologischen Engagement gar nicht entgehen.

Grass hält mit seinem theologischen Interesse nicht hinter dem Berge! Seine Romane bieten in Hülle und Fülle Anspielungen auf biblisches Material, auf theologische Themen und auf kirchliche Sachverhalte. — In der «Blechtrommel» bilden vier Gottesdienstbesuche des Oskar Matzerath gewissermaßen den liturgischen Rahmen der ganzen Erzählung. Kapitelüberschriften lauten: «Kein Wunder»; «Karfreitagskost»; «Glaube, Liebe, Hoffnung»; «Die Nachfolge Christi»; «Das Krippenspiel» usw. Die Passionsgeschichte wird dauernd eingeflochten. Aus der Berufung des Apostels Petrus wird die Berufung Oskars. Unter der Tribüne der Parteiversammlung meditiert Oskar die Geschichte des Propheten Jona. — Abgesehen von solchen Einzelheiten, die nicht belanglos sind, wird man mit leichter Mühe zeigen können, daß die großen Themen christlicher Theologie als Raster für die Erzählungen von Grass dienen. Die «Blechtrommel» beschäftigt sich mit der Nachfolge Christi; die Novelle «Katz und Maus» kommt als Ohrenbeichte des Erzählers zu Papier; die «Hundejahre» verhandeln in kaum verschlüsselter Form die Gott-Ebenbildlichkeit des Menschen; und in «Örtlich betäubt» kommt der brennende Hund nicht ganz zufällig neben das Kreuz Christi zu stehen. Wenn der arme Hund brennen sollte, dann werden er und derjenige, der ihn ansteckt, leiden müssen, damit die zu Kuchenessern verkümmerten Menschen auf der Kempinski-Terrasse wieder zur Menschlichkeit erweckt werden. Der Gedanke an das Lamm Gottes, das der Welt Sünde trägt, liegt hier wahrhaftig nicht fern. Er gehört in den Themenkreis «Erlösung und Heil», dem das Buch «Örtlich betäubt» durchweg gewidmet ist.

Freilich darf man an den «frommen» oder «theologischen» Grass nicht mit falschen Erwartungen herantreten. Sonst entgeht einem das Beste. Seine Theologie ist von besonderer Art. Das verraten schon die spärlichen Andeutungen, die ich eben machte. Man muß vor allem zweierlei beachten: 1.: Grass operiert nicht mit theologischen Begriffen und Definitionen, an denen der Leser abprallen müßte. Er erzählt stattdessen Geschichten, in denen Menschen vorkommen. Der Strom der Erzählung entfaltet, verschränkt und verwandelt viele und verschiedenartige Motive, Symbole und Komplexe — und reichert sich durch eine Fülle von Gedankenverbindungen an, die er beim Leser auslöst. Auch die Geschichte des Lesenden gerät in Bewegung; und was ihm einfällt, gehört zur Erzählung hinzu. Die Bibel macht es übrigens genau so; auch dort geschieht Theologie nicht in Definitionen, sondern in Erzählungen.

Eine zweite Eigenart des Theologen Grass bereitet größere Schwierigkeiten: Er entwickelt Theologisches nicht als Lobpreis, wie man es gewöhnt ist, sondern als Lästerung. Grass ist ein Meister der Blasphemie. Das erregt Anstoß und wirkt abstoßend. Er treibt negative Theologie, schwarze Theologie. Man soll da nicht weghören! Denn wo es am schwärzesten ist, trifft er meistens auch ins Schwarze! Er treibt nicht nur ein zynisches, kaltschnäuziges Spiel mit dem Bösen. Das würde gar nicht zu dem Grass passen, den inzwischen auch seine Gegner kennengelernt haben. Auf Grass trifft eher das zu, was er selbst einmal in der «Blechtrommel» über den unheimlichen Zwerg Oskar sagen läßt: es sei gerade «seine Spielart des Bösen», die ihn sympathisch mache, «sein Trommeln, das das Böse rhythmisch auflöste» (BT, S. 473). — Grass lästert aus einem Engagement für Gerechtigkeit. Er bringt «fromme» Lästerungen. Er schildert die landläufige Frömmigkeit als lasterhaft — und geht dann selbst dazu über, die lasterhafte Frömmigkeit zu lästern. Er pervertiert die Perversion, an die sich alle gewöhnt haben. Er negiert die tödliche Negation, die allgemein geworden ist. Eine ganze Strecke weit treibt er das Geschäft, das Hegel das Geschäft des Geistes nennen würde. Er hat vom Alten und Neuen Testament die Art von Theologie gelernt, die sich als Darstellung lasterhaft gewordener Frömmigkeit und als Lästerung dieser Frömmigkeit vollzieht.

Soviel zur Einleitung. Mit einem Blick, der geschärft ist für eine vergessene Dimension in den Erzählungen von Günter

Grass, lassen Sie uns nun prüfen, wie es mit der Grundlage für die bisher aufgestellten Behauptungen steht.

Wir fragen zunächst: Wie schildert Grass die lasterhafte Frömmigkeit? — Und hören als erstes Beispiel, was Oskar über die Frömmigkeit seiner Mutter, der Frau Agnes Matzerath, zu sagen weiß.

> «Der Gesang vor dem Juwelierladen, der Jan Bronski zum Dieb, meine Mama zur Besitzerin eines Rubinenkolliers machte, sollte vorläufig meine Singerei vor Schaufenstern mit begehrenswerten Auslagen beenden. Mama wurde fromm. Was machte sie fromm? Der Umgang mit Jan Bronski, das gestohlene Kollier, die süße Mühsal eines ehebrecherischen Frauenlebens machten sie fromm und lüstern nach Sakramenten. Wie gut sich die Sünde einrichten läßt....» (BT, S.109)

Die süße Mühsal eines ehebrecherischen Lebens macht fromm und lüstern nach Sakramenten . . .Das ist die Frömmigkeit, die Grass im Blick hat. Sünde macht fromm; das macht die Frömmigkeit zum Laster. Wenn Sünde anfängt, Frömmigkeit zu produzieren, ist Frömmigkeit durch Sünde qualifiziert. Sie verrät sich durch den gesteigerten Eifer. Aus dem Begehren des Sakraments wird unversehens die Lüsternheit nach dem Sakrament. Solcher Eifer pervertiert das Sakrament, lästert Gott und verfehlt den Menschen. Das Herz des Menschen wird «übersüß», wie Grass in diesem Zusammenhang sagt. Es ist dann zwar betörend und verführerisch; aber man stirbt daran.

Die Perspektive des Erzählers beschränkt sich nicht auf die Frömmigkeit des Einzelnen. Auch die Frömmigkeit der Gemeinschaft, der Kirche, scheint ihm lasterhaft geworden und verdorben zu sein. — Im Kapitel «Glaube, Liebe, Hoffnung» des Romans «Blechtrommel» enthüllt Oskar den blasphemischen Charakter kirchlicher Frömmigkeit, indem er ganz schlicht Zusammenhänge erzählt. Er erzählt drei Geschichten, die gleichzeitig geschehen sind und zusammen gesehen werden müssen, obwohl sie unversöhnlich nebeneinander stehen. — Die eine Geschichte handelt von dem SA-Mann Meyn, der so viel für die Musik übrig hatte und eines Morgens seine vier Kater erschlägt, von denen einer Bismarck hieß. Wegen Tierquälerei wird Meyn angezeigt und aus der SA ausgeschlossen, obwohl er sich bei der gerade stattfindenden

Reichskristallnacht ausgezeichnet bewährt hat – in den Reihen der SA. So groß wurde damals die Tierliebe geschrieben! – Gleichzeitig passiert eine ganz andere Geschichte: Der Jude Markus wird durch die SA in den Selbstmord getrieben. Er ist der Spielwarenhändler, der Oskar die Trommel verkauft hatte. – Dazu gibt es keinen Kommentar; dieses Geschehen bedeutet nichts, es hat keine Folgen. – Gleichzeitig geschieht gleich um die nächste Ecke herum beim Stadttheater noch etwas ganz anderes: Oskar kommt aus dem zerstörten Laden des toten Markus und trifft auf einen Umzug «religiöser Frauen», den er folgendermaßen beschreibt:

«Neben dem Stadttheater, nahe der Straßenbahn-haltestelle, standen religiöse Frauen und frierende häßliche Mädchen, die fromme Hefte austeilten, Geld in Büchsen sammelten und zwischen zwei Stangen ein Transparent zeigten, dessen Aufschrift den 1. Korinther-Brief, 13. Kapitel, zitierte. 'Glaube – Hoffnung – Liebe' konnte Oskar lesen und mit den drei Wörtchen umgehen wie ein Jongleur mit Flaschen: leichtgläubig, Hoffmannstropfen, Liebesperlen, Gute Hoffnungshütte, Liebfrauenmilch, Gläubigerversammlung. Glaubst Du, daß es morgen regnen wird? Ein ganzes leichtgläubiges Volk glaubt an den Weihnachtsmann. Aber der Weihnachtsmann war in Wirklichkeit der Gasmann. Ich glaube, daß es nach Nüssen riecht und nach Mandeln. Aber es roch nach Gas ...»

Der Anblick der religiösen Frauen hat Oskar ganz durcheinander gebracht. Er kann gar nicht mehr klar unterscheiden zwischen Glaube und Leichtgläubigkeit, und Weihnachten ist ihm ganz nahe an die Konzentrationslager gerückt. Alle Begriffe verlieren ihren Sinn, alles wird egal, wenn die drei Geschichten gleichzeitig und am selben Ort passieren können, die allein Oskar aus seiner Zwergenperspektive wahrgenommen hat. Alle Frömmigkeit wird in ihr Gegenteil pervertiert, wenn die «lebendige Gemeinde» für «Glaube, Liebe, Hoffnung» auf die Straße geht – für die intensivsten Formen menschlicher Beziehungen – ohne auch nur die primitivste Beziehung zu dem wahrhaft naheliegenden Geschehen hinter der nächsten Straßenecke herzustellen. Frömmigkeit, die derart beziehungslos ist, pervertiert ihre Grundlagen. Sie macht die Konversion des Paulus zunichte, auf den sie sich beruft.

Deshalb ist es nur folgerichtig, daß Oskar den Paulus wieder
«Saulus» nennt (BT S. 167).

Was Grass von der Praxis pietatis seiner Zeitgenossen erzählt, kann den Eindruck erwecken: Frömmigkeit, Kirche und
Glaube sind durch und durch korrupt. Sie sind nicht anders
als die Gesellschaft, der sie angehören. Sie stellen dar, wie es
mit dem Menschen steht. Darum ist hier auch guter Rat so
teuer. Wie kann man die Frommen aus ihrer Frömmigkeit
erretten? Auf diese Frage gibt es keine Antwort. Grass gibt
sie jedenfalls nicht. Wenn es sich um ein intellektuelles oder
um ein moralisches Problem handelte, könnte man eine andere Weltanschauung propagieren oder zur entschlossenen
Aktion für oder gegen irgendetwas aufrufen. Aber so einfach
liegen die Dinge offenbar nicht. So schnell wird man mit dem
«übersüßen Herzen» nicht fertig. Wahrscheinlich wählt Grass
den einzigen einigermaßen sinnvollen Weg, der zwischen dem
Bagatellisieren und dem Resignieren angesichts des tödlichen Selbstwiderspruchs im Menschen zunächst einmal übrig
bleibt: indem er vom Menschen erzählt, möglichst hemmungs-
los erzählt, und beiher die menschliche Tragik der Korruption
aufzeigt. Die Einsicht, die er auf diese Weise fördert, kann
schon einen Schritt — und zwar einen entscheidenden
Schritt — über den tödlichen Zwiespalt hinausführen.

Grass gibt sich damit aber noch nicht zufrieden. Er be-
gnügt sich nicht mit der indirekten Aufklärung, wie sie durch
das Darstellen lasterhafter Frömmigkeit stattfindet. Er wird
auch direkt und formuliert selbst Lästerungen. Er lästert das,
was er als lasterhaft erkannt hat — ein gewagter Versuch, die
erkannte und beschriebene Not doch auch abzuwenden. Da
man den Teufel nicht mit dem Beelzebub austreiben kann —
und d. h. hier: da man die Frömmigkeit nicht mit frommen
Worten heilen kann —, benutzt Grass bei seinem Versuch all
das, was durch Frömmigkeit noch nicht korrumpiert ist: das
Unfromme, das Ausgedachte — und die utopische Figur Oskar.
Er formuliert: notwendige Lästerungen.

Eine dieser Lästerungen ist besonders gut in Erinnerung
geblieben. Es handelt sich um die ekelhafte Geschichte vom
Aalfang aus dem ersten Teil der «Blechtrommel». — Man erinnert sich: Die Familie Matzerath befindet sich auf einem Spa-
ziergang zur Mole. Jan Bronski, der Hausfreund, gehört
dazu. Da sieht man einen Mann mit der Stauermütze, der
einen Pferdekopf aus dem Wasser zieht. Der Kopf wimmelt
von Aalen aller Größe. Der Mann reißt die Aale vom Aas. Je

tiefer er in den Kopf hineinfaßt, desto fester sitzen und desto fetter sind die Aale. Lüstern haben sie sich in den Köder verbissen. — Eine ekelhafte, kräftige — auch symbolkräftige — Geschichte. Vermutlich sieht Grass im Hintergrund der Geschichte die christliche Sakramentspraxis, die ja auf das engste mit der Lehre von Tod und Auferstehung Christi für uns zusammen hängt und als Teilhabe am Leibe Christi verstanden wird. Der Glaubende ist — besonders nach katholischer Auffassung — ganz und gar abhängig vom regelmäßigen Empfang des Altarsakraments. Diese Abhängigkeit korrumpiert die Glaubenden. Das spricht Grass zwar nicht aus — er ist ja kein Dogmatiker; aber wenn man die Geschichte zwei- oder dreimal liest (was manchem freilich schwerfallen dürfte!), so drängen sich doch ganz eindeutige Gedankenverbindungen auf. Z. B.: das Kapitel, in dem sich die Aalgeschichte findet, steht unter der Überschrift «Karfreitagskost». Karfreitag gibt es Fisch. Aale sind Fische, die wie Schlangen aussehen. Aus der christlichen Überlieferung ist uns die Schlange als Symbol der Sünde und Lüsternheit vertraut. Am Karfreitag wird des Opfertodes Christi gedacht, aufgrund dessen die Christen als «Glieder am Leibe Christi» leben. — Agnes Matzerath, die «fromme» Frau, die lüstern ist nach Saktramenten, wird am Karfreitag angesichts des Pferdekopfes von übergroßem Ekel erfaßt. Ihr wird schlecht. Wird ihr das, was sie sieht, etwa zum Gleichnis für ihre eigene Situation? Erkennt sie, daß sie nach dem Sakrament ebenso lüstern ist wie die Aale nach dem Pferdekopf? Sie kann den Anblick nicht ertragen und trägt einen Widerwillen gegen Aale davon. Merkwürdigerweise schlägt der Widerwille aber bald wieder um in Lüsternheit nach Fischen, auch nach Aalen. An den Folgen dieser grenzenlosen Lüsternheit stirbt sie bald. In Agnes Matzerath hat sich nicht nur der Magen umgedreht, sondern auch das Herz, das «übersüße Herz». — An einer viel späteren Stelle des Romans (BT S. 289) erinnert sich jemand ganz beiläufig an die Frau, «die an einem Gericht Aalsuppe oder am eigenen übersüßen Herzen» gestorben ist.

Das ist eine ekelhafte Geschichte. Aber damit ist noch nicht alles gesagt. Die Geschichte hat eben auch Ähnlichkeit mit manchen Prophetenworten aus dem Alten Testament und mit manchen Gleichnissen Jesu aus dem Neuen Testament, die bei den Hörern Entsetzen, Empörung und Betroffenheit auslösten und mindestens so nahegingen wie der Ekel der «Karfreitagskost». Solchen Geschichten kann man nicht teilnahmslos zuhören. Sie lösen unvorhergesehene Fragen aus und verlangen Antworten, die jeder Hörer beitragen kann. Im Anschluß an die Aalgeschichte könnte ein frommer Mensch auf die Frage kommen: Ist unsere Teilhabe am Leibe Christi wirklich auf den widerwärtigen Begriff von der «billigen Gnade» herunter gekommen, an der alle Frömmigkeit verdirbt? Oder — um die Worte des Apostels Paulus aus dem 1. Korinther-Brief zu benutzen — essen wir das Mahl des Herrn uns «zum Gericht»? — Ein frommer Mensch kann sich dann freilich auch daran erinnern, daß nach christlicher Auffassung die Abhängigkeit von dem Herrn, den der Glaube bekennt, gerade nicht zu verderblicher Unmündigkeit führt, sondern zur Autonomie des Lebens. Christus wird ja gerade deshalb gepriesen, weil er der Grund der Freiheit ist. Das darf ein frommer Christ auch dem Erzähler Grass weitersagen. Denn die notwendige Lästerung, durch die Grass uns die Perversion der Abhängigkeit ekelhaft macht, hat selbst auch einen großen Mangel: sie hält den Grund der Unabhängigkeit im Verborgenen. Irgend jemand müßte auch einmal etwas über den Grund der Freiheit erzählen. Das wäre ein notwendiger Beitrag zur «Karfreitagskost».

Auf eine zweite notwendige Lästerung bei Grass kann ich jetzt nur noch kurz eingehen, obwohl sie an Radikalität alles in den Schatten stellt, was wir bisher schon bemerken konnten. Grass macht den Frommen ihren Jesus streitig und reklamiert die Jesus-Nachfolge für Oskar Matzerath. Das geschieht nicht nur beiläufig, sondern ausdrücklich und ständig. Der Satz «Oskar ist Jesus» zieht sich als Leitmotiv durch die ganze «Blechtrommel» hindurch und begegnet neuerdings auch wieder im Roman «Örtlich betäubt». Natürlich sagt oder verkündet Grass nirgends direkt den Lehrsatz «Oskar ist Jesus»; aber auf dem Hintergrund des frommen Mißbrauchs, der landauf, landab mit Jesus getrieben wird, spielt er penetrant und frivol immer wieder die Unmöglichkeit durch, Jesus könnte gerade in dem diabolischen Zwerg Oskar seinen Nachfolger gefunden haben. — Ich brauche hier nicht ausführlich zu erklären, warum Oskar als Jesus überhaupt nicht in Betracht kommen kann. Wer die «Blechtrommel» einmal gelesen hat, wird mir dieses Urteil sofort abnehmen. Oskar bricht ja dauernd und mit gezielter Bosheit das Klischee christlicher Jesus-Nachfolge. Niemand käme auf den Gedanken, Oskar neben Jesus zu stellen — wenn das im Buch nicht immer wieder angedeutet und oft genug auch wieder allzu ausdrücklich abgestritten würde. Nehmen wir nur ein Stück aus dem Dialog, der sich in der Kirche zwischen der gipsernen Jesusfigur und dem auf seine Unabhängigkeit bedachten Oskar abspielt.

> «Da ödete er mich zum drittenmal an: 'Oskar, liebst Du mich?' Jesus bekam mein Gesicht zu sehen: 'Ich hasse Dich, Bürschchen, Dich und Deinen ganzen Klimbim!' ... Den Zeigefinger hob er wie eine Volksschullehrerin und gab mir den Auftrag: 'Du bist Oskar, der Fels, und auf diesem Fels will ich meine Kirche bauen. Folge mir nach!' Sie können sich meine Empörung vorstellen. Wut gab mir die Haut eines Suppenhuhns...'» — Aber schließlich heißt es doch: «Erschöpft ließ ich mich auf den Luftschutzsand fallen: Oskar hatte seine Stimme noch, Jesus hatte eventuell einen Nachfolger.» (BT S. 297)

Der «eventuelle Nachfolger» Christi war allerdings von besonderer Art: Er sägte den gipsernen Jesus vom Schoß der Jungfrau ab, setzte sich an die freigewordene Stelle und wurde an Stelle der Gipsfigur zum Gegenstand der Anbetung während der «schwarzen Messe», zu der sich die Bande von Jugendlichen bei ihrem nächtlichen Einbruch in die Kirche verstiegen hatte.

Also — nach allem, was recht ist, müßte Oskar als Kandidat für die Jesus-Nachfolge ausscheiden. Er müßte verhaftet, er müßte verboten werden. Aber das ist eben ein Vorurteil, mit dem noch gar nichts entschieden ist. Oskar und Jesus können trotzdem etwas miteinander zu tun haben! Es ist doch so: Echte Jesus-Nachfolge kann sich heute gar nicht mehr anders vollziehen als im Bruch mit dem Klischee frommer Jesus-Nachfolge, wenn es stimmt, daß dies Klischee durch den frommen Mißbrauch untauglich geworden ist. Gewiß bereitet es uns große Schwierigkeiten, ausgerechnet Oskar als «Nachfolger Jesu» zu verstehen. Aber vielleicht darf man daran erinnern, daß die religiösen Zeitgenossen Jesu auf Gotteslästerung klagten, als ausgerechnet dieser Mensch «Christus» und «Sohn Gottes» genannt wurde.

Wir sind aber nicht nur auf solche Überlegungen angewiesen. Es gibt auch Beobachtungen, die Oskars Behauptung «ich bin Jesus» unterstützen können. Man muß nur einmal auf die Persönlichkeitsstruktur des Oskar Matzerath achten, die durch den skandalösen Vordergrund seines Verhaltens nur mühsam verdeckt wird. Oskar ist *autonom:* er kennt und nutzt

seine Stunde — wie Jesus. Er selbst beschließt, wann er sein
Wachstum einstellen und wann er es fortsetzen will. Er selbst
— und nicht die Eltern oder die Paten — er selbst handelt bei
seiner Taufe mit dem «Bösen». Und weiter — das zweite —:
Oskar verfügt über die Fähigkeit, Menschen zur Einsicht zu
bringen und *umkehren* zu lassen auf ihrem Wege. Er macht
Menschen menschlich. Dieser Fähigkeit ordnet Grass die
Trommel zu, jenes «unbiblische Instrument» — wie es einmal
heißt. Oskar wirkt durch die Trommel, nicht durchs Kreuz.
Er bestätigt «seine Spielart des Bösen, die Trommel, die das
Böse rhythmisch auflöste . . .». Und wenn er mit schneidender
Stimme Glas zersingt, werden Einblicke, Offenbarungen und
Enthüllungen möglich. So erzählt er selbst:

> «Ich schnitt mit meinem lautlosesten Schrei den
> Schaufenstern genau auf der Höhe der untersten
> Auslagen, wenn es ging, dem begehrten Stück gegen-
> über, kreisrunde Ausschnitte . . . ohne das Böse mei-
> ner Versuchungen schmälern zu wollen, muß ich
> sagen: Oskar, du hast . . . den Leuten vor den Schau-
> fenstern auch geholfen, sich selbst zu erkennen.
> Manch solid elegante Dame . . . hätte niemals in sich
> die Diebesnatur erkannt . . .» (BT S. 105)

Und schließlich — drittens — erscheint Oskar als der
Mensch, der keinen Ort unter den Menschen hat. Er ist eine
utopische Figur im wahrsten Sinne des Wortes. Die Gesellschaft der Eltern und der Erwachsenen bedroht ihn mit
Euthanasie. Die Gesellschaft der Jugendlichen akzeptiert ihn
nur als «Maskottchen». Andererseits ist auch das «Kreuz» theo-
logisch inzwischen viel zu hoch renommiert, als daß man
Oskar dort suchen und finden dürfte. Er kommt nicht ans
Kreuz. Die beiden Prozesse, in die Oskar verwickelt ist —
Grass spricht vom «zweiten» und «dritten» «Prozeß Jesu» —
führen zum Freispruch; ja, zu guter Letzt wird Oskar auch
noch aus der Heilanstalt entlassen, die in der neueren Literatur so gern als Zufluchtsort bedrohter Menschlichkeit aus-
gewiesen wird. Oskar hat keinen Ort . . . Ist das nicht eine
zeitgemäße Darstellung des Kreuzes? —
Ein autonomer Mensch, der anderen zur Menschlichkeit
verhilft und dafür selbst das Schicksal des Verachteten und
Verstoßenen erleidet und — mit dem 22. Psalm zu sprechen —
«ein Wurm, kein Mensch» wird — das sind die Merkmale des
Menschen in einer unmenschlichen Zeit. Wenn nun dieser

Mensch sich an die Stelle der abgesägten Jesusfigur setzt und dort die religiöse Aufmerksamkeit der Zeitgenossen auf sich lenkt, wirkt das immer noch als eine entsetzliche Lästerung; aber der Vorgang ist nicht mehr sinnlos. Er läßt Fragen lebendig werden, die in der akademischen Theologie — abstrakt, aber heftig, — diskutiert werden. Wie wird Jesus in unserer Zeit wirksam? Ist er erledigt? Muß man ihn absetzen? Muß man für ihn eintreten? Wer kann das tun? Oder vergegenwärtigt Jesus sich selbst in dem Menschen, der an die Stelle der schönen, aber hohlen Gipsfigur tritt? — Alle diese Fragen reißt Grass mit seiner Lästerung auf; und durch den Ort, an dem er das geschehen läßt, verrät er den hohen Stellenwert, den er diesen Fragen beilegt.

Wenn man — wie wir — den Lästerungen bei Günter Grass lang genug zugehört hat, möchte man natürlich auch etwas sagen, endlich Stellung nehmen und Antwort geben. Mir geht es jedenfalls so. Trotzdem will ich nicht mit einer Antwort aufhören, sondern eine weitere Frage anfügen. Ich frage: Woher kommt eigentlich die Freiheit zu einem so souveränen Umgang mit der religiösen Überlieferung? Steht diese Freiheit in einem unversöhnlichen Widerspruch zur christlichen Überlieferung? Oder gründet sie in dem Vertrauen, zu dem diese Überlieferung uns befreit? Ich neige der Annahme zu, daß Freiheit ohne die christliche Überlieferung nicht möglich wäre, und meine, nur von einer solchen Annahme aus könne man Grass wirklich gerecht werden. Aber ich gebe auch zu: das ist die Annahme eines Theologen, der ein gewisses Interesse daran hat, daß die theologischen Aussagen von Günter Grass in der gegenwärtigen Diskussion nicht einfach unter den Tisch fallen.

(1970)

Heinz Ludwig Arnold

6 | Grosses Ja und kleines Nein

Fragen zur politischen Wirkung des Günter Grass

> Mein großes Ja
> bildet Sätze mit kleinem Nein:
> Dieses Haus hat zwei Ausgänge;
> ich benutze den dritten.
>
> Aus: «Ja» *(Ausgefragt,* 1967)

Viele nehmen ihm dieses «große Ja» übel, in dem sein «Nein» begraben liegt. Viele nehmen ihm sein Kredo nicht mehr ab: «Neben dem Müllschlucker wohnen und zwischen Gestank und Geruch ermitteln.» Linken und Rechten gilt er gleichermaßen als Greuel. Die einen empfehlen immer noch, seine Bücher, wenn überhaupt, dann allenfalls «mit der Zange anzufassen»; die anderen halten ihn, wenn nicht für's «Establishment» in Person, so doch für dessen ersten Knecht.

Sehen die einen in ihm einen politisierenden «Linksintellektuellen», so wittert die Gegenseite in ihm einen moralisierenden Kleinbürger. Er ist Kiesingers Gegner und Brandts Freund. Aber er hat, nach bösem und gleichwohl unwirksamem Widerstand, die Große Koalition inhaliert, verdaut, neutralisiert. Vorher war er für Willy Brandt auf die Wahlkampfstatt gezogen; hinterher versuchte er mit vergeblichen Vokabeln, das ehemalige NSDAP-Mitglied Kiesinger zu Einsicht und Rücktritt vom Kanzleramt zu bewegen. Beate Klarsfeld nahm ihre Hand. Die politische Landschaft in der Bundesrepublik hat sich merklich gewandelt. Die Schriftsteller, einige zumindest, haben auf diese Veränderung deutlich reagiert. Er auch? Günter Grass hat viele Gesichter; der zur Stereotype gewordene Schnauz kann darüber nicht hinwegtäuschen. Im gleichen Jahr erscheinen von ihm: die politischen Schriften «Über das Selbstverständliche» und, etwas später, die Voltaire-Flugschrift «Der Fall Axel C. Springer am Beispiel Arnold Zweig»; daneben steht eine bibliophile Ausgabe der «Blechtrommel» mit 165 Illustrationen von Heinrich Richter, die zum Teil auf der Buchmesse zu sehen waren, und wie dazugehörig der Briefwechsel mit Pavel Kohout und die paar verschiedentlich schon veröffentlichten «literarischen Aufsätze» in den LCB-Editionen.

Manchem mag schleierhaft sein, wie das alles unter einen Hut zu bringen sei. Er mag abwarten, denn auch über Günter Grass hat sich in diesem Jahr einiges getan. Theodor Wieser hat in der neuen Luchterhand-Reihe «Porträt und Poesie» einen «Günter Grass» vorgelegt, Gert Loschütz hat versucht, ein Grass-Bild via Literaturkritik herzustellen, und Kurt Lothar Tanks kleine Studie über Grass im Colloquium-Verlag geht in die dritte Runde. Wahrlich, ein Grass-Jahr. Inflationär? Muß der Kritiker auf-, muß er abwerten? Leicht ist seine Aufgabe nicht, wenn er angesichts dieser «geballten Ladung» Grass aus dem Graben heben muß.

Querschläger und Schrapnells

Da fliegen ihm schon die ersten Vokabeln um die Ohren: «Doch aus dieser antäischen Wendung wachsen dem Dichter (Grass) Kräfte zu, dunkle und trübe Säfte, die dieses Werk bis in alle Verästelungen durchtränken. Die Erde ist das Hauptelement in der dichterischen Welt von Grass. Auch ein Strom wie die Weichsel mit all ihrem Schwemmgut und Schlamm ist trüb, nicht reines Wasser. Im Vergleich zur Erde tritt, trotz der Hafenstadt Danzig, das Aquatische zurück.» (Wieser Seiter 19) Dazu ein Querschläger: «Sichtbare und greifbare Dinge beherrschen die dichterische Welt von Grass» Wieser 23); und etwas aus der Etappe: «Die Gaumenfreude als ursprüngliche Art der Gegenständlichkeit wird in Koch- und Eßgedichten gefeiert.» (Wieser 24) Aber, pfeift ein Schrapnell dagegen: «Dichter sind Strandgänger geworden, auch in den Straßen der Großstädte. Allein die Dinge, die sie finden, sind noch verläßlich, haben die Melancholie des Überbleibsels, die Trauer um eine vergangene Welt.» (Wieser 26) Unter schwerem Beschuß zieht sich der Kritiker zurück:

«Trotzdem kommt auch in der gebundenen Form sein Kunstverstand voll zum Zuge.» (Wieser 47) — Und: «Begeisterte Erzählung und Feuer sind eins. Dichtung entspricht Feuerwerk und Brandstiftung.» (Wieser 51)

Man möge mir verzeihen, daß ich den Leser einem Bombardement solcher bis zur Grenze der Sinnlosigkeit zu Sätzen verknüpfter Vokabeln ausgesetzt habe; allein, sie scheinen mir typisch zu sein, weil sie völlig unkritisch an einem Piedestal für den übergroß scheinenden Autor Grass basteln, das ihm entweder selbst ungelegen kommt oder von dem man ihn, zu seinem Nutzen, herunterholen muß. Was Grass einst Günter Gaus in einem Interview sagte: «Ich gehöre zum Mief«, läßt sich mit solchen Biographien ebensowenig belegen wie mit bibliophilen Ausgaben. Und eben darin trifft ihn der Vorwurf vieler Schriftstellerkollegen und Intellektueller, daß ihm sein Ruhm zu Kopf gestiegen sei, daß er sich angepaßt habe.

Es ist interessant genug, wie Theodor Wieser die politische oder moralische — darüber wäre noch zu sprechen — Haltung Grass' beurteilt: «Grass hat zugleich aus dem prekären Verhältnis der Schriftsteller und Intellektuellen der Weimarer Republik zur politischen Wirklichkeit seine Schlüsse gezogen. Er unterscheidet sich damit von Altersgenossen, die in Pamphleten — in Versform oder in Prosa — einer einseitigen Kritik an der Bundesrepublik huldigen, deren naiver oder ideologisch fundierter Kulturpessimismus sie aber daran hindert, ein natürliches Verhältnis zu demokratischen Institutionen zu gewinnen.

Grass hat es in seinen Romanen unternommen, die Leser an die deutsche Wirklichkeit der letzten Jahrzehnte heranzuführen; über einzelnen, überdimensionierten Satiren an bundesrepublikanischen Zuständen vergaß mancher Kritiker, daß in dessen Büchern, ganz abgesehen von der künstlerischen Leistung, deutsche Schicksale in den Brechungen der jüngsten deutschen Geschichte und Politik wiedergegeben werden. Klischees werden weggeräumt, jene Übergänge sichtbar, wo Gut und Böse, Gleichgültigkeit und Fanatismus sich mischen. Darin vor allem löst Grass jede Ideologie auf.»

Solcher Schützenhilfe wird Grass sich wohl erwehren müssen, obgleich auch ihm tatsächlich jene präzeptorale Geste, von der Wieser so sehr beeindruckt berichtet, keineswegs fremd ist. Man spürt sie, wenn Grass mit politischer Absicht auftritt, wenn er sich selbst in diesem Auftreten als politische Person begreift; nach der letzten Bundestagswahl, in seiner Büchnerpreisrede und auch in der Position, die er nach dem 2. Juni 1967 gegenüber dem SDS eingenommen hat. Schaut man genauer hin, so findet sie sich auch schon früher: in seinen Wahlreden und selbst in seinen literarischen Ausführungen, so in diesem Passus aus «Das Gelegenheitsgedicht» von 1961 (abgedruckt in «Über meinen Lehrer Döblin und andere Vorträge», LCB-Editionen, S. 64): «Bei allem Neid bin ich dem Labordichter – es sei zugegeben –dankbar. Nimmt er mir doch die Arbeit ab, indem er recht hübsche Versuche auf Gebiete anstellt, die auch ich, in den Pausen zwischen Gelegenheit und Gelegenheit, beackern müßte, doch, da es ihn, den Labordichter, gibt, nicht beackern muß; frech und epigonal packe ich ihn bei seinen Ergebnissen und verwende, immer hübsch bei Gelegenheit, die Frucht seiner Experimente, indem ich sie mißverstehe.»

Diese jovial egomanische Attitüde, die so bewußt Verständnislosigkeit vorspiegelt, daß hinter ihr sich Verständnis verbergen kann, aber nicht muß, geht – selbstverständlich – auf Kosten des dort ohnehin nicht sehr ernst genommenen sogenannten Labordichters, bringt also einen billigen Lacher ein, hat vor allem die Verständnislosen auf seiner Seite und die Unbelehrbaren. Mich wundert angesichts dieses von Grass beispielhaft vorgeführten Modells nur, warum er sich so zu empören wußte, als der damalige Bundeskanzler Erhard während des Wahlkampfes auf Kosten der ohnehin nicht sehr ernst genommenen deutschen Schriftsteller, die er «Pinscher» nannte, Stimmen kassierte und sich billige Lacher eintrug und vor allem die Unbelehrbaren, die BILD-Leser doch wohl, und die ewig Unbelehrbaren auf seine Seite brachte. Gibt's einen Unterschied zwischen der Ohrfeige für Kiesinger und den Prügeln, die Rudi Dutschke bezog?

Dieses kleine Modell Grass'scher Beredsamkeit sollte nicht überzogen werden, stünde es allein da. Auch in der Büchnerpreisrede dringt es durch Verbitterung und Ärger über die Wahlniederlage der SPD. Allein die eigene Position, die in diesem Falle mit der sozialdemokratischen, für die er auszog, identisch ist, bleibt ungeschoren: «Eine Wahl ging über unser Land hin. Im Chor der Redner vermißte ich Stimmen. Wo sind sie geblieben, denen vor Jahren noch das politische Dauer-Engagement einiges Nachtprogramm-Flair verliehen hatte? Wo, Alfred Andersch, hat Ihre beredte Entrüstung die Milch der Reaktionäre gesäuert? Wo, Heinrich Böll, hat Ihr hoher moralischer Anspruch die bigotten Christen erbleichen lassen? — O schöne Fiktion des freien beziehungsweise vogelfreien, des unabhängigen beziehungsweise von der Unabhängigkeit abhängigen Schriftstellers beziehungsweise Dichters! . . . O ihr schmalbrüstigen Radikalen, denen Reformen zu langsam und widersprüchlich verlaufen. Ihr redet Revolutionen das Wort, die längst stattgefunden und sich selbst umgebracht haben, während die vielverlachten Reformisten, soweit sie die Revolutionen von links und rechts überlebten, unverdrossen hier ein bißchen verbesserten, dort, bebend, aber immerhin das Recht verteidigend, ihr Programm den wechselnden Zeiten anpassen, also, von Kompromissen gehemmt, unendlich langsam vom Fleck kommen und sich Sozialdemokraten nennen.»

Also sprach Günter Grass 1965. Dieselben Sozialdemokraten gingen schließlich in die Große Koalition, sie stimmten den Notstandsgesetzen zu, machten eine Politik, die, so Wieser, zu «überdimensionierten Satiren» führten, von denen sich, so auch Kurt Lothar Tank («Günter Grass», Colloquium-Verlag, 3. Auflage 1968), das Grass'sche Engagement so wohltuend abhebe: «Er lehnt die Gewalt, die außerparlamentarische Opposition, wie sie sich vor allem im SDS (Sozialistischer Deutscher Studentenbund) verkörpert, ab. In seinen Reden und Wahlreden, in Aufsätzen, offenen Briefen und Kommentaren . . . setzt sich Grass, oft pedantisch genau, mit dem Gegner auseinander. Hier prüft er jede Position . . .» (Tank 87) — Und: «Der Realist Günter Grass sieht nüchtern und klar die weltpolitische Situation.» (91)

Das schien auch Golo Mann zu meinen, als er in der FAZ im Mai 1968 schrieb: «Günter Grass sollte schleunigst Regierender Bürgermeister von Berlin werden. Sicher, das wäre für ihn ein gewaltiges Opfer, ungleich größer als jenes, das er mit seinen 52 Wahlreden brachte; so mancher liebe Plan müßte aufgeschoben werden. Aber er wäre ja jung genug, um nach ein paar der res publica geopferten Jahren wieder zu seiner Kunst zurückzukehen, und die wäre dann um eine Erfahrung reicher.» Tatsächlich aber scheint Grass an die Schwelle seines Engagements gelangt zu sein. Hier wird er vermutlich dieselbe Enttäuschung erleben, die Heinrich Böll nach mehr als zehn Jahren in die Resignation trieb; er wird die Erfahrung machen, daß auch seine Worte nicht viel nützen, weder die Worte zur Wahl noch die Briefe an Kiesinger, noch der Briefwechsel mit Pavel Kohout, noch, noch, noch . . . Er wird spüren, daß alles, was er mit politischer Absicht sagt, als moralische Wertung genommen wird — und die ist ja so unverbindlich in Deutschland, in der Politik. Ist so wenig verpflichtend, weil kaum ein Politiker außer Willy Brandt sichtbar den Versuch unternimmt, politisches, moralisches und vernunftbestimmtes Denken und Handeln zur Übereinstimmung zu bringen.

Aber ist Grass nicht selbst zu einem guten Teil schuld an einer solchen Wirkung, die ihm dazu noch die Attacken der Linken wie der Rechten einbringt — die er vermutlich noch als Bestätigung wertet —? Ich glaube nicht so recht an Kurt Lothar Tanks Urteil: «Bei aller Schärfe im oft sehr persönlichen Angriff ist Grass stets genau im Detail. Er hütet sich vor Pauschalurteil und Phrase, vor leeren Wahlversprechungen.» Tut er das wirklich immer? Seine Attacke auf Böll etwa wurde mit keinem detaillierten Grund verbunden, und was er, in Abwandlung seiner Aussage, er gehöre zum «Mief», zur Wahl formulierte: «Nicht Schwarz und Weiß stehen zur Wahl, sondern mehrere Grautöne» — das ging auch nicht weit über eine Phrase hinaus. Denn was verbal auf Differenzierung aus ist, meint — und hier mag der Vorwurf die Intellektualität Grass' treffen — immer nur sich selbst: die eigene parteipolitische Entscheidung. Sie allerdings hat er mit Verve und einer Sprache vertreten, die aus den Nähten zu platzen drohte, aber darin auch liegt die Gefahr; denn mit Milchpfennigrechnungen oder Sympathieerklärungen allein macht man noch keine Politik, und schon gar nicht eine neuen Stils — auch nicht Günter Grass.

Der Ärger über die Niederlage brachte die Büchnerrede hervor; eine Rede «Über das Selbstverständliche», die eher eine über das Selbstverständnis von Günter Grass wurde. Doch sie zeitigte Wirkungen. Grass, so höre ich hin und wieder, muß als Vorbild für staatsbürgerliches Denken und Handeln gewertet werden. Ich bin ein wenig im Zweifel, ob eine so pauschal vorgetragene Aussage richtig ist und auf politisches Bewußtsein schließen läßt; oder ob sie nicht vielmehr die eigene politische Verantwortlichkeit allzu leichtfertig einer Symbolfigur delegiert, als die Grass in solchen Gesprächen und vermutlich gegen seinen Willen und seine Absicht immer wieder auftaucht. Denn es ist leicht, mit der politischen Position Grass' konform zu gehen, die das Unbehagen artikuliert, das man gerade aus demokratischer Loyalität gegen das leitende Personal dieser Gesellschaft empfindet. Aber es ist ja

eben nicht damit getan, Empfindungen zu artikulieren, die
vorhanden sind. Nicht gegen die Überzeugung, sondern gegen
die Art und Weise, wie diese Überzeugung vermittelt wird,
richtet sich der Vorwurf gegen Günter Grass; und dafür lassen sich durchaus Argumente gewinnen aus der Wirkung, die
Grass hat, und aus den von seinen Zuhörern reproduzierten
eigenen Ansichten. Grass, dieser Erzähler «von Geblüt», dieser
erfrischende Rhetor, ist, scheint's, nicht von solch kritischer
Intellektualität und Distanz zur eigenen Methode der Vermittlung, die andere zum Denken erziehen soll. Seine Überzeugungen politischer Natur decken sich gewiß mit denen von
mehr als 30 Prozent der deutschen Wähler. Aber in der Tatsache einer solchen von vielen geteilten Erkenntnis und Beurteilung liegt eben nicht allein das Wesentliche, das dieser
politischen Landschaft gut täte: nicht an sprachlich perfekt,
plastisch und bildhaft plakatierten Überzeugungen fehlt es
uns, sondern am politischen Denken.

Sprachplakate und schöne Bilder

Nicht die Erziehung zu Überzeugungen führt uns weiter,
sondern die Erziehung zu differenzierendem Denken, das
Ressentiments auflöst. Deshalb mißtraue ich den Grass'schen
Sprachplakaten; deshalb mißtraue ich seinen schönen Bildern,
die farbig sind, seinen Formulierungen, die, wie gesagt, aus
den Nähten platzen, weil mich der im nachhinein praktizierte
Hochmut verstört, der Mief sein will und doch beim Mief der
Spießer die Nase rümpft, der moralisch auftritt und anderen
die mangelnde politische Wirksamkeit ihrer Moralität ankrei-
det, der schließlich, großzügig die Lage zu beurteilen ver-
meint und sich doch keine lauten Gedanken darüber macht,
wie sehr er selbst in sie verstrickt ist.

Grass, das kann man sagen, ist, gewollt oder ungewollt,
zu einer Art Praeceptor democratiae germaniae geworen.
Merkwürdigerweise steht ihm diese Rolle sogar. Und er hat
durchaus das Format, sie auszufüllen. Nur hat diese Rolle eine
moralische und leider keine politische Funktion, gleichwohl
ist sie der Fehleinschätzung ausgesetzt, die an die politische
Wirkung moralischer Postulierungen im Hinblick auf Aufklärung und politische Bewußtseinsbildung glaubt. Das öffentliche Auftreten von Günter Grass in den letzten Jahren läßt
den Schluß zu, daß er sich als politische Person begreift. Er

versteht seine Handlungen, die er durchaus moralisch fundiert (ein Beispiel ist nachzulesen in der Voltaire-Flugschrift über seine Auseinandersetzung mit Springer-Zeitungen in Sachen Arnold Zweig [Heinrich Heine Verlag]), als politische Aktionen, die sein Interpret Wieser eilfertig als «ideologiefrei» und «objektiv» qualifiziert, wohl fürchtend, daß eine moralische Position sehr wohl und mit Recht subjektiv und sehr wohl auch ideologisch intendiert sein könne.

Diese zeitweilige Diskrepanz zwischen moralischem Auftreten und politischer Selbsteinschätzung vor allem dürfte Grass die Kritik vieler Schriftstellerkollegen und Intellektuellen eingetragen haben. In seiner Einschätzung der These Hans Magnus Enzenbergers allerdings, der das politische System der Bundesrepublik für irreparabel hält und es lieber heute als morgen einer Revolution ausgesetzt sähe, trifft Grass sich mit vielen Kollegen, wenn er auch etwas rüder als sie sein politisches Kredo formuliert: «Es hat wenig Sinn, sich mit der einen oder anderen Behauptung auseinanderzusetzen, solange sich Enzensberger, seinen Fähigkeiten entsprechend, nicht bemüht, den Beweis anzutreten und die Alternative deutlich zu machen. So gelesen, werte ich diesen Absatz als einen Beleg der Leichtfertigkeit im Umgang mit der Demokratie in der Bundesrepublik. Auch fehlt es nicht an modischer Attitüde: Man trägt wieder revolutionär und benutzt das vorrevolutionäre Geplätscher als Jungbrunnen. Dabei kommt es nach wie vor darauf an, die Ursachen der Krise unserer Demokratie zu erkennen, zu benennen und zu beheben, es kommt darauf an, die parlamentarische Demokratie endlich zu etablieren; das macht Mühe, verlangt einen langen Atem.»

Wo ist der dritte Ausgang?

Diesen langen Atem, der ihm nach der Bundestagswahl 1965 etwas kürzer zu gehen schien, scheint er inzwischen zurückgewonnen zu haben. Vielleicht bringt das auch eine Ausgeglichenheit mit sich, die seiner literarischen Produktion zugute käme. Denn seit fünf Jahren hat Grass nichts nennenswertes Literarisches, das sich mit seinen Romanen messen lassen könnte, vorgezeigt: ein mißlungenes Stück, das sehr deutlich die Unentschiedenheit des Autors selbst, hangend zwischen moralischer Beurteilung und politischem Effekt, demonstriert; und, kürzlich uraufgeführt, ein zweites, nicht minder mißlungenes Theaterstück. Und einen Gedichtband, dem das vorstehende Motto entnommen ist. Es zeigt die Richtung, die Grass eingeschlagen hat; was aber, wenn es keinen dritten Ausgang gibt? Was aber, wenn die «Nein» größer werden und das «große Ja» durchlöchern?

Grass hier heute literarisch zu werten, mag müßig sein. Eine leider unvollständige «Dokumentation» von Lert Loschütz (Luchterhand-Verlag) erlaubt einen Rückblick auf das Jahr 1959, als Grass mächtig in die deutsche Literatur einbrach. Die Gegenstimmen waren moralingesäuert und fürchteten um die guten Sitten in sexualibus weit mehr als in politicis — auch darin haben sich die Zeiten einigermaßen geändert. Und die Zustimmungen votieren für einen Schriftsteller, der «unserem literarischen Schrebergarten (zeige) . . ., was eine Harke ist» — «Der Autor greift nichts an, beweist nichts, demonstriert nichts, er hat keine andere Absicht, als seine Geschichte mit der größten Genauigkeit zu erzählen» (Enzensberger).

Auch das hat sich geändert. Enzensberger hat die Literatur sein lassen und ist in die Außerparlamentarische Opposition abgewandert. «Hiergeblieben!» hat Grass nach der Bildung der Großen Koalition geschrieben, als sein langer Atem wieder einsetzte. Wege haben sich getrennt, haben aufgehört zu existieren. Grass ist zahm gegen sich selbst geworden; insofern hat auch er sich geändert. Grundsätzlich aber ist er der alte geblieben: Stolz und Zorn, Bibliophilie und politische Kampfschrift, Brandt, Kiesinger und die Große Koalition.

Unter den kaschubischen Röcken ist viel Platz. Daß die Handlungen des Günter Grass zuweilen schizoid erscheinen, muß wohl der politischen Landschaft angelastet werden. In ihr bekommt so vieles eine andere Perspektive, wenn man sich nicht unentwegt befragt und unter Kontrolle hält. «Vertrauen ist gut, Kontrolle ist besser» — ein guter Satz, dem man sich selbst konfrontieren sollte, stets. Vor allem, wenn man wie Grass ohnehin dauernd unter öffentlicher Kontrolle steht. Denn auch die glaubwürdigsten Positionen werden erschüttert, wenn man sie nicht stets dem Zweifel der sich wandelnden Bedingungen unterwirft.

(Dieser Aufsatz entstand, im Auftrage der «Frankfurter Rundschau» geschrieben, Anfang November 1968; er wurde gesetzt und eine Woche vor Erscheinen auf Einreden Karl Hermann Flachs — aus politischen Gründen — abgesetzt; andere Zeitungen bzw. Zeitschriften lehnten aus ähnlichen Gründen ab. Nach einer Korrespondenz des Verfassers mit Grass, der seinen Antwortbrief im Durchschlag der «Frankfurter Rundschau» zusandte, druckte die Zeitung den Beitrag unverändert, versehen mit einer erklärenden Vorbemerkung des Verfassers ab. Auch dies ein Detailbeitrag zur Situation in der — auch liberalen — Publizistik der BRD.

Heinz Ludwig Arnolds Vorrede hatte den folgenden Wortlaut: Dieser Aufsatz entstand im vergangenen Jahr. Es gab interkollegial unterschiedliche Meinungen darüber, ob man Grass so attackieren solle, da er doch zu den wenigen Schriftstellern gehöre, die es mit der parlamentarischen Demokratie ernst nehmen und im direkten politischen Kampf für sie eintrete. Ich teile diese Meinungen und glaube doch, daß es zum Phänomen Grass einiges zu sagen gibt. Und zwar nicht, was die politische Position des Schriftstellers betrifft, sondern eher die Methode, mit der Grass diese Position vermittelt. Ich glaube nicht an eine Revolution von links, sehe aber Gefahren von rechts oder nach rechts, die vom revolutionären Treiben provoziert werden könnten, so lange dieser Staat unter christdemokratischer Herrschaft steht — trotz autoritärer Elemente selbst sozialdemokratischer Politik (Vorbeugehaft), der allerdings aus eigenen Kreisen öffentliche Kritik (Heinemann vor dem Bundestag) zukommt. Dieser öffentliche Widerspruch innerhalb einer Partei — in der CDU/CSU undenkbar — erinnert an das, was «demokratisch» sein kann. Und weil ich in solchem Verhalten demokratisches Bewußtsein vorfinde, widerspreche ich Polarisierungen; sie bilden Fronten und verzerren differenzierte Probleme zu Kampffragen, die man nur noch mit «Ja» oder «Nein» beantworten soll. Grass der Kritik zu entziehen, hinzu noch der Kritik aus den eigenen Reihen, wäre dem demokratischen Verhalten zuwider.)

(1968/1969)

Heinz Ludwig Arnold

7 | Zeitroman mit Auslegern: Günter Grass' „Örtlich betäubt"

Das Geschäft, das der Rezensent betreibt, hat manchmal schizophrene Züge: da können Wertschätzungen der Person mit dem kritischen Bewußtsein in Streit geraten, das auf das literarische Produkt zu reagieren hat; aber der Kritiker verliert sich in unübersehbaren Labyrinthen, wenn er, politischen Tagesgründen folgend, Rücksichten auf literarische Mängel zu nehmen bereit ist. Es soll von Günter Grass die Rede sein, von seinem vierten Prosawerk und dritten Roman: «Örtlich betäubt». Es gab im «Spiegel» Hinweise derart, daß *literarische* Kritik an diesem Roman zu einer Zeit geübt werde, da sie mehr als nur literarischen, nämlich *politischen* Einfluß auf den Leser nehmen könnte. Ich glaube, Befürchtungen dieser Art waren überflüssig; sie überschätzen den Leserkreis, der an literarischen Auseinandersetzungen überhaupt Anteil hat. Und sie haben sich als ganz und gar überflüssig herausgestellt, nachdem die Bundestagswahl, in der sich Grass so vorbildlich engagiert hat, vorüber ist.

An eine andere Gespaltenheit des Kritikers zu denken werde ich provoziert von einem amerikanischen Germanisten namens Schwarz, der in einem Buch über den «Erzähler Günter Grass» dem Kritiker «sein eigenes Ich» vorwirft, das zu deutlich in seiner Rezension zum Ausdruck komme — wie denn aber, fragt man sich da, soll Kritik zu bewerkstelligen sein, wenn nicht unter Bekanntgabe der eigenen kritischen Voraussetzungen? Ist es nicht vorbei mit jener Geschlossenheit der 'philologischen Seele', die zwar zwischen Epitheta und Motiven zu differenzieren weiß, schon nicht mehr aber zwischen deren über die Literatur hinausweisenden Bedeutungen? Diese Seele, das kennt man hinlänglich, gefällt sich in permanenter Entscheidungsunlust; immer noch posiert sie auf dem Sockel einer kanonisch geglaubten Wissenschaftsmethode, die sich selbst am alten Goethe zu beweisen sucht, an Heine und Büchner aber schon scheitert, und die, weil der Sockel unter ihr wegfault, in der Luft schwebend solche Sätze aufs Papier bringt: «Die Dichtung von Günter Grass ist nicht Belletristik, schöngeistige Literatur, aber auch nicht ein Wühlen im Schlamm, wie so oft behauptet wird. Sie ist beides gleichzeitig.» Und: «Den ideologischen Kampf mit Faschismus, Militarismus, Kommunismus und ähnlichen Erscheinungen unserer Zeit (!) überläßt er (Grass) den Theoretikern, Philosophen und Politikern, denen er sich zeitweise als Staatsbürger zugesellt, nicht aber als Dichter.»

Sehen wir davon ab, wieder einmal über den methodologischen Bremsklotz der sogenannten werkimmanenten Interpretationen zu rechten, die schiefe Sätze wie die eben zitierten zur Folge hat; denn Schwarz, der Germanist, wird widerlegt von dem, wovon hier die Rede sein soll: von Grass' Roman «örtlich betäubt». Denn der ist, und das hätte Schwarz seit Grass' Stück «Die Plebejer proben den Aufstand» merken müssen, das Ergebnis einer konsequenten Entwicklung des Autors: des Lyrikers, Dramatikers und des Erzählers Grass, die sich damals, bei den «Plebejern», zu artikulieren begann.

Grass, das spürt man in allem, was er nach seinem ersten Stück geschrieben hat, will weg von der präokkupierenden Perspektive des Außergewöhnlichen: Oskar, Mahlke, Eddi Amsel und Matern waren Figuren, die — am Rande der Gesellschaft und ihrer Geschichte stehend — das Ereignis der Geschichte und ihrer Gesellschaft widerspiegelten: eigenwillig, selbstherrlich, und in solcher Funktion unweigerlich grotesk. Das Absonderliche war bis dahin das unumschränkte Terrain des Günter Grass; frühe Lyrik und Stücke bestätigen das auch.

Der Grass der «Plebejer», vor allem der Grass des Stükkes «Davor» und des Romans «örtlich betäubt», hat dieses Terrain verlassen und seine Perspektive verändert. Die Objekte haben sich zwar nicht verändert, aber sie erscheinen nun geradezu normal, ja sie sacken zuweilen, vor allem im umfangreichen Mittelteil des Romans, in platten Realismus ab, wie man ihn von Grass nicht im geringsten erwartet hätte.

Dieser Mittelteil wurde von Grass dramatisiert und, vor Erscheinen des Romans, auf die Bühne gebracht. Die Kritik hat dieses Stück durchwegs schlecht beurteilt. Dem mag es Grass zu verdanken haben, daß sein Roman, weil er auf das Stück bezogen wurde, von der Kritik besser behandelt wurde; denn besser als das Stück, das die Dürftigkeit der Fabel und die Plattheit der Dialoge noch offenbarer in Szene setzt, ist der Roman in jedem Falle. Gut, gemessen an Grass, ist er nicht; besser als so manches, das heute neue erscheint, ist er auch nur in einigen Partien.

Die Figuren des Stücks sind im großen Handlungsablauf auch die des Romans. Vom vierzigjährigen Studienrat Eberhard Starusch, auch Old Hardy genannt, ausgehend legt Grass die gegenüber seinen anderen Romanen geradezu beziehungsarmen Fäden zu den anderen Figuren: zum Zahnarzt, den er Doktor, Dokter oder Doktä nennt und in dessen Behandlungsstuhl Starusch den ersten und letzten Teil des Romans durchräsoniert, memoriert, phantasiert; zu der ehemaligen strammen BDM-Führerin und jetzigen Starusch-Kollegin Irmgard Seifert, die, rein verbal, ihre Vergangenheit nicht los wird und gar den Unterricht aufgeben will, bis Starusch sich schließlich mit ihr verlobt; beide haben wiederum Beziehungen zu den Starusch-Schülern Philipp Scherbaum, einem linksliberalen, aber deutlich emotionalen Pubertär-Protestler, und Veronika Lewand, kurz Vero, die eher dem jugendlichen Mao-Flügel zuzurechnen ist. Diese vier um Starusch, diese fünf Figuren also agieren durch den Roman und tanzen den Tanz, in dem Grass die aktuellen Bezüge zu einer virulenten gesellschaftlichen Problematik, zur Unruhe der Jugend und der Starrheit des Alters, sichtbar gemacht zu haben glaubt. So ist die Partitur durchaus auf Zwischentöne angelegt: nur so lassen sich die zwei Themen verbinden, die den Zwanzig- bzw. Vierzig- und Fünfzigjährigen zugeteilt sind, indem sie nämlich auf einen üblichen Generationenkonflikt hinabdekliniert werden. Daß auch verschiedene grundlegende ideologische Voraussetzungen vorhanden sind, die sich, nicht zufällig aber doch auch nicht an Jahrgänge fixiert, in der Unruhe der Jugend artikulieren, wird von Grass gar nicht erwogen; dort, wo dergleichen anklingen könnte, in der Auseinandersetzung Staruschs mit Philipp, ist als Alternative nur insofern von einem Handeln in Verantwortung die Rede, als Starusch Philipp gern engagierter in der Schülermitverwaltung sähe, bei der Schülerzeitung. Das ist mehr als wenig, denn es ist genau die Projektion von staatsbürgerlicher Erziehung, die endlich auch auf eine Anpassung aus ist und Sandkastenspiele der Demokratie bereits für einen Ausweis ihrer selbst hält.

So ist Starusch der blasse vierzigjährige Normalbürger, den Grass nicht oder doch nur sehr undeutlich kritisiert. Er sitzt im ersten Teil des Romans seinem Zahnarzt zur Behandlung: vor sich einen Fernsehapparat, der die Patienten von der Behandlung ablenken soll. Viel ist nun von Zähnen und Zahnmedizin die Rede, und Starusch — hier deutlich wie selten der Autor Grass selbst — erfindet Geschichten, die er in Fernsehbilder umsetzt, mit realen Fernsehbildern vermischt und auf die Mattscheibe projiziert: man erlebt, stark assoziativ, die Geschichte seiner Verlobung mit Lindelindelinde Krings, der Tochter eines Generalfeldmarschalls, in dem unschwer Schoerner zu erkennen ist und der nun im Sandkasten die verlorenen Schlachten des Krieges nachgewinnen will; die Geschichte, in der er Linde ermordet, zweimal, dreimal — eine psychologisch motivierende Kompensation Staruschs. «Ich liebe Geschichten,» sagt Starusch einmal, und so erfindet er drauflos. Aber die Worte, die er bewegt, Berge aus der Zahnarztpraxis und aus der Bau-Stein-Zement-Branche, bleiben amorph; man schmeckt keinen Grass mehr darin, die Sprache hat keine Widerstände mehr, glatt wird mitgeliefert, was eigentlich in der Sprache selbst zum Vorschein kommen sollte. Nicht der alte Erzähler, vielmehr der bramarbasierende Stammtischliberale holt hier aus. Daran zerbricht die Identifikation des Autors mit seiner Geschichten erzählenden Hauptfigur am ehesten. Und tatsächlich: die meisten Geschichten werden im dritten Teil, den der Studienrat wiederum im Behandlungsstuhl verbringt, vom Zahnarzt widerlegt: realistisch stehen seine Korrekturen gegen die zerbrochenen, flatterhaften, mit vielerlei Versatzstücken vermengten Mattscheibenprojektion Staruschs aus dem ersten Teil — der Roman versandet, verflacht zum Schluß hin, versagt es sich nicht einmal, Witze dünnzuwalzen, jenen etwa vom Zementfahrer, der dem Liebhaber seiner Frau das Kabriolet mit Zement vollgießt.

Dazwischen aber tut sich auf, was für Grass einen Abgrund an Plattheit bedeutet, liegt jene Handlung, deren Dürftigkeit ihrem Sprachausdruck in nichts nachsteht: Philipp will auf dem Ku-Damm seinen Dackel Max verbrennen, vor den kuchenfressenden hundeliebenden Kempinski-Gästen, um sie so an Vietnam zu erinnern, wo Menschen mit Napalm getötet werden. Er sagt: «Die werden keine Torte mehr spachteln.

Und wenn sie danach wieder beginnen wollen, wird ihnen das Bild von Max, wie er brennt und sich wälzt, im Wege sein.» Starusch aber ist besorgt um seinen Lieblingsschüler, dessen politische Meinung er, wenn auch weniger spontan, abgeklärter, teilt; Starusch hält Philipp entgegen: «Irrtum, Hier, wo Sie stehen, wird man Sie zusammenschlagen. Töten wird man Sie mit Regenschirmen und Schuhabsätzen . . .».
Noch bleiben Staruschs Einreden ohne Wirkung. Und als Starusch ihm die Ausführung des Plans abnehmen will, geht Philipp nicht darauf ein. Da schaltet sich Veronika ein, sie schiebt Starusch Zettelchen zu: Lassen Sie die Finger von Phil! Abwiegler! Sie bietet sich Starusch in dessen Wohnung auf seinem fusselnden Berberteppich sogar zum Koitus an. Starusch, schon resigniert, bittet den Zahnarzt um Vermittlung. Und bald gibt Philipp denn auch sein Unternehmen auf. Der Zahnarzt liefert Starusch die Begründung Phils nach: «Auf Ihre Kosten verzichtet er. Machen Sie sich nichts daraus. Der Junge sagte, er wolle nicht wie Sie, später als Vierzigjähriger, mit den Taten eines Siebzehnjährigen hausieren gehen, denn das täten Sie, sagte er.' Ich hielt mich an Seneca, bekam Zitate zurück und urteilte abschließend: 'Jetzt ist er erwachsen, also gebrochen.' 'Aber nein doch! Voller Pläne steckt er, Pläne, die, wie ich gerne zugebe, auf Grund meiner vorsichtigen Ratschläge gedeihen konnten. Er will die Schülerzeitung in die Hand nehmen. Aufklärende Artikel! Böse Glossen! Manifeste womöglich!' ('Ein an sich lobenswerter Entschluß. Unser heruntergekommenes Blättchen läßt sich nur mit einer Bierzeitung vergleichen.')»
So einfach ist das, so plan und platt spiegelt sich das in der Sprache. Nur selten hört man den Erzähler der «Blechtrommel», der, etwa im Folgenden, seine Beobachtungen noch nicht ganz verspielt hat: «Schnell und mir voraus, denn ich erwarte etwas, blättere ich im Lesezirkel Daheim. Schlappe bis trockene Papiergeräusche und einsilbiges Plätschern, als wollte er Blasendruck fördern. Sein indirekt beleuchteter Springbrunnen, der die Patienten beruhigen soll. Ich will das jetzt nicht bis zur Platzangst verengen, auch wenn das Papier immer lauter gegen den Springbrunnen kämpft . . . Fettes lesen: Für oder gegen die Pille. Krebs ist heilbar. — Unrecht schreit fotografiert zum Himmel und wird rasch weggeblättert. Die Ölpest weg. Den Südsudan weg. Aber der bleibt und läßt Erinnerung schnurren: Schirach sagt, war verblendet, bereut, warnt, lügt ziemlich ehrlich, stellt richtig.

Als er zum ersten Mal in Weimar. Ein fünfgängiges Menue im Kaiserhof. Bayreuther Frackbrüste und Glanzlichter ...». Das noch ist unverkennbar Grass, der alte. Aber man muß nach ihm suchen, er versteckt sich. Glaubt vielleicht, die eingestreuten Originaltöne aus Danzig: «Waißt, Jonkchen. Waas nitzt all dem Jammer. Freelich missen wiä sain ond lärnen zu läben ... Meinst, Jonkchen ... dä Fiehrer läbt noch?», diese Töne würden genügen, für Originales zu bürgen.

Ein Irrtum. Denn nur wenig an diesem Roman erinnert daran, daß er von einem Autor ist, dem soviel ursprüngliches Erzählertalent nachgesagt worden ist wie Grass. Da ist nichts mehr von erzählerischer Ökonomie oder, auf der anderen Seite, von überragender Fabulierkunst. Aber daß man nicht mehr an Grimmelshausen oder an Rabelais denken soll – vielleicht liegt es ja in der Absicht des Autors? Möglicherweise hat er, und ich deutete das eingangs an, mit Absicht seine Sprache zurückgehalten, um seiner neuen Perspektive keine allzu großen Hindernisse querzustellen. Aber er hat dabei unzweifelhaft zuviel beiseite geschafft. So ist er auf ein erzählerisches Niveau gelangt, das zwar seiner Hauptfigur, Starusch, dem Studienrat, angemessen ist; aber von ihrer Normalität her bestimmt sich auch der Ablauf des Romans und seine Qualität: d. h. dort, wo gehandelt wird, im Mittelteil des Romans, lesen wir eine schlichte, anspruchslose Geschichte. Und die Teile eins und drei quellen über vor Manierismen und überflüssigem Gerede. Beides bricht den Roman auseinander, jedes für sich aber reicht zu nichts. So ist Grass, das muß man leider sagen, mit diesem Versuch, neues Terrain zu erschließen, gescheitert. Denn Starusch mit Grass zu identifizieren, das dürfen wir diesem Autor nicht antun.

(1969)

Heinz Ludwig Arnold

8 | „Zorn Ärger Wut"

Anmerkungen zu den politischen Gedichten in „Ausgefragt"

Am meisten liege ihm Lyrik — so hat es Günter Grass in einem Interview gesagt (TEXT+KRITIK, Heft 1/1a), und er hat 'Lyrik' als jene literarische Gattung bezeichnet, die ihn am genauesten in Frage stelle, die ihm die Chance gebe, Bestand aufzunehmen: das gelte für den privaten wie für den politischen Bereich, und eben diese beiden Motivationen hätten seinen letzten Gedichtband «Ausgefragt» (1967) bestimmt.

Als Grass' Gedichtband gerade erschienen war, besuchte der Schah Berlin, prügelten 'Jubelperser' auf Demonstranten ein, berichtete die Springer-Presse über die Kleidung Farah Dibas (und teilte sich dieses Vergnügen mit dem Deutschen Fernsehen), da wurde Benno Ohnesorg von dem Polizisten Kurras erschossen, da entwickelte die Berliner Polizei die 'Leberwurst-Strategie' zur Einkesselung demonstrierender Berliner.

Am meisten liege ihm Lyrik, hat Günter Grass gesagt, sie gebe ihm die Chance, sowohl im privaten als auch im politischen Bereich Bestand aufzunehmen, ihn dort am genauesten in Frage zu stellen:

Mich interessiert der politische Bereich.

Zorn Ärger Wut.
Gesund will die kleine Wut überleben.
ledige Wut
schön eingedickte Wut
Sonntag glättet alltäglichen Ärger
Ach, mit der Suppe, ohnmächtig, verkochte die Wut.

Sonst findet sich unter «Zorn Ärger Wut» keines der Titelwörter, außer im auf den Titel bezogenen Gedicht «Irgendwas machen»:

Zorn, Ärger, Wut suchten sich ihre Adjektive.
Der Zorn nannte sich gerecht.
Bald sprach man vom alltäglichen Ärger.
Die Wut fiel in Ohnmacht: ohnmächtige Wut.
Ich spreche vom Protestgedicht
und gegen das Protestgedicht.

Ohnmacht/ohnmächtig — das sind Wörter, die in den vier ersten politischen Gedichten des Teils «Zorn Ärger Wut» am häufigsten genannt werden; das erste Gedicht heißt «In Ohnmacht gefallen». Darin die Zeilen:

Ohnmacht, an Gummifassaden erprobt.
Ohnmacht legt Platten auf: ohnmächtige Songs.
Ohne Macht mit Guitarre. —
Und im zweiten Gedicht, «Irgendwas machen»:
Ohnmächtig protestiere ich gegen ohnmächtige Proteste.
Und: *ohnmächtige Wut.* (viermal)
Und: *Da die Macht nur die Macht achtet,*
       darf solange ohnmächtig protestiert werden,
       bis nicht mehr, weil der Lärm stört,
       protestiert werden darf.
Und: *Ohne Macht gefallen wir uns in Ohnmacht.*
Und: *Lang lief die Ohnmacht im Regen . . .*
Und: *Ohnmacht, dein Nadelöhr ist der Gesang . . .*
Und: *die Ohnmacht geliere, die Wut zittre nach.*

Dann in «Die Schweinekopfsülze»:

       wie jede ohnmächtige, also eiweißhaltige Leidenschaft . . .
Und: *auf kleiner Flamme ohnmächtig ziehen.*
Und: *also ohne Macht und Gelatinepapier steif werden.*

Schließlich in «Der Epilog»:

       Ach, mit der Suppe, ohnmächtig, verkocht die Wut.
Und: *So läßt uns Fallsucht in Ohnmacht fallen.*
Und: *Nie mehr soll ohne Macht demonstriert werden.*

Ohnmächtig und *protestieren/Protest*, die fast ebenso häufig benutzten Vokabeln dieser Gedichte (und der sinnlose, also ohnmächtige Protest wird auch in anderen Gedichten angesprochen), sind im lyrischen Kontext Metaphern eines

Selbstverständnisses, das sich ursächlich nicht unterscheidet von den Motivationen jener deutschen Intellektuellen, die die Literatur verabschiedeten, weil sie erkannt zu haben glaubten, daß nichts weniger zur Veränderung der Verhältnisse beitrage als die Literatur, die sie gemacht hatten: Hans Magnus Enzensberger, Walter Boehlich, Peter Schneider seien nur als augenscheinlichste Vertreter dieser Gruppe genannt. *Stimmlos, weil nicht beschlußfähig, vertagen wir uns auf morgen.*

Die meisten der Gedichte dieses Bandes wurden kurz vor Bildung der Großen Koalition geschrieben: lupenreine Oppositionslyrik also, nicht angesäuert von Machtpartizipation, die nach Ende 1966 neu zu verarbeiten war für jene Partei, von der Grass im Sommer 1965, als er auf eigene Faust für sie in den Wahlkampf zog, geschrieben hatte: *ich rat Euch, Es-Pe-De zu wählen.* Das mußte nach 1966 all jenen, die seinem Rat gefolgt waren, neu plausibel gemacht werden. *Aber feinmaschig und gelassen / wirkt sich draußen die Macht aus.* Das politische Fazit, das dieser Gedichtband für Grass darstellt, ist die ohnmächtig gesprochene Erkenntnis, daß Ohnmacht nichts nütze und jedes Verb im verbalen Protest vergeudet sei: *Ich rede vom hölzernen Schwert und vom fehlenden Zahn, / vom Protestgedicht.* So paradox ist das. Ob das genaue Sich-in-Frage-Stellen, das Grass mit dieser Lyrik behauptet, ihn hat einsehen lassen, daß seine Wahlreden Literatur und seine politischen Argumente lediglich bildreiche Überredungsversuche waren? *(Mach doch was. Mach doch was. / Irgendwas. Mach doch was.)* Grass' Gedichte sind Retrospektiven mit genau eingebauten Konkretionen von Geschehenem, sie mustern, zählen, werten den Bestand; d. h. sie geben Grass die Chance, Bestand aufzunehmen und über den Bestand zu verfügen: auktorial eher denn selbstkritisch, differenzierend nur dort, wo es die eigene Position von anderen abzugrenzen gilt.

Die inhaltlich-politische Substanz dieser Gedichte von Grass ist gering. *Ich weiß ein Rezept; wer kocht es mir nach?* Auch die Konkretionen einer möglichen politischen Methodologie fehlen; das prospektive Element ist in dieser Lyrik nicht vorhanden. Warum wird das nicht zum Thema einer an sich selbst gestellten Frage? Zumindest der politische Einsatz im Wahlkampf 1965 hätte solche Fragen ermöglichen können, ja müssen. Kein Zweifel kommt auf in diesen Gedichten, in denen Grass sich am genauesten in Frage gestellt wissen will:

*Mein großes Ja / bildet Sätze mit kleinem nein: / Dieses Haus
hat zwei Ausgänge; / ich benutze den dritten. / Im Negativ
einer Witwe, / in meinem Ja liegt mein nein begraben.* Nicht
schwarzweiß also, sondern: *Es handelt sich um Schattierun-
gen / und ähnliche Werte.* Formeln, nicht mehr.

Günter Grass, 1966, demonstriert politische Ohnmacht:
der Zweifel am verbalen Protest nimmt überhand, und Grass
artikulierte damals, als die Gedichte geschrieben waren, in
Satz gingen, was die meisten progressiven Intellektuellen in
der BRD enmpfanden, obgleich ihnen der Zweifel noch wie
Defaitismus vorkommen mochte. Als die Gedichte publiziert,
gelesen und rezipiert wurden, hatte sich die Große Koalition
gebildet, begannen die Studentendemonstrationen, vor allem
in Berlin, effektiver und aggressiver zu werden, hatte sich vor
allem Grass, wenn auch zornig, mit der großen Koalition ab-
gefunden. Zeitpunkt des Entstehens dieser Gedichte und ihres
Wirkens fielen deutlich auseinander: was als zeitweise Resignation auf eine neue Mobilität des Denkens und Handelns
wartete, wurde ein halbes Jahr später als resignative Affirma-
tion gewertet; hatte Grass nicht auch seinen Frieden mit der
Großen Koalition gemacht — keineswegs sicher (nicht einmal
im Wahlkampf 1969), daß es nach der Wahl 1969 mit dieser
Koalition zu Ende sein würde?

Den Weg aus der Resignation von 1966 fand Grass dann
trotz Großer Koalition in ein von ihm als *selbstverständlich*
bezeichnetes Engagement für die SPD, das sich gegenüber jenem Einsatz bis 1966/67 seither verstärkt hat; für viele andere
hat die SPD nach der Großen Koalition ihre moralische Inte-
grität verloren. Grass aber, so sieht er sich, betreibt als partei-
engagierter Staatsbürger die Klein-Klein-Geschäfte prakti-
scher Demokratie. Die Gedichte in «Ausgefragt» gehören vor
diese Phase. Es wäre interessant, politische Gedichte aus den
letzten drei bis vier Jahren zu lesen — doch die gibt es nicht,
oder kaum. Wer das Gespräch mit Grass im Heft 1/1a von
TEXT + KRITIK liest, wird jedenfalls feststellen können, daß
der *Zorn* zur Empfindlichkeit, der *Ärger* zur Trauer und die
Wut hin und wieder auch zur Hochfahrenheit geworden sind.
Doch je größer einer wirkt, desto größer scheinen auch die
Flecken auf seiner weißen Weste.

(1971)

Rolf Kellermann

9 | Günter Grass und Alfred Döblin

Zur Zitierweise

Bei Zitatnachweisen im Text werden folgende Abkürzungen verwendet:

AzL = Aufsätze zur Literatur, hrsg. von W. Muschg, Olten und Freiburg 1963

BMG = Berge, Meere und Giganten, Berlin 1924

HJ = Hundejahre, Neuwied 1963

ÖB = Örtlich betäubt, Neuwied 1969

ÜD = Über meinen Lehrer Döblin und andere Vorträge, Berlin 1968

W = Wallenstein, hrsg. von W. Muschg, Olten und Freiburg 1965

WL = Die drei Sprünge des Wang-Lun, hrsg. von W. Muschg, Olten und Freiburg 1960

Es sollte eine Überraschung werden, als sich Günter Grass in einer Rede vor der Akademie der Künste, Berlin-West, als Alfred Döblins «Nachfolger und Schüler» vorstellte. Der Titel der Rede lautete «Über meinen Lehrer Döblin». Keine so große Überraschung, denkt man an ähnliche «Herkommens»-Nachweise, mit denen sich Günter Grass z. B. Georg Büchner oder Walt Whitman[1] in kollegiale Nähe zog. Aber der fast vergessene Döblin als Lehrer jenes Romanautors, der mit seiner «Blechtrommel», mit «Katz und Maus» und den «Hundejahren» als unvergleichbare Originalerscheinung im literarischen Leben der Bundesrepublik gilt und den Literaturwissenschaftler weit, bis zum Barockroman, zurück-

107

reichen läßt, um in seinem Fall überhaupt eine literar-historische Ortung vornehmen zu können?

Zweifel melden sich sofort, besieht man sich die «Rede» näher. Da wird wiederholt auf das Lehrer-Schüler-Verhältnis verwiesen, aber nach einem Nachweis der Behauptung sucht man vergeblich. Nur einen Hinweis gibt Grass, wenn er in bekenntnishafter Formel von der «futuristischen Komponente» seiner Prosa spricht:

> «Denn ich verdanke Alfred Döblin viel, mehr noch, ich könnte mir meine Prosa ohne die futuristische Komponente seiner Arbeit vom «Wang-Lun», über den «Wallenstein» und «Berge, Meere und Giganten» bis zum «Alexanderplatz» nicht vorstellen; . . .»
> (ÜD, 8)

Pflichtgemäß wird Grass nun in der Sekundärliteratur zitiert, ohne daß jedoch die Verfasser es wagen, eigene Deutungen auszusprechen.[2]

Mit dieser Arbeit soll versucht werden, möglichen Vermutungen und Spekulationen über das Verhältnis von Günter Grass zu Alfred Döblin entgegenzuwirken. Es soll bewiesen werden, daß Grass aus bestimmten Gründen Alfred Döblin als seinen Lehrer bezeichnet. Es soll aber auch deutlich werden, daß Grass nicht der Schüler Döblins ist.

Da gilt es einmal zu fragen, was Günter Grass überhaupt in der Rede gesagt hat. Den dabei auftretenden Hinweisen muß sodann nachgegangen werden, um anhand methodischer Fragestellungen die Werke und die an verschiedene historische Gegebenheiten gebundenen Schriftsteller miteinander zu vergleichen. Döblins Schriften sind zahlreich und meist von großem Umfang. Wir konzentrieren uns deswegen hauptsächlich auf die auch von Grass angesprochenen Werke «Die drei Sprünge des Wang-Lun», «Wallenstein» und «Berge, Meere und Giganten». Es ist zu bezweifeln, ob Grass Döblin bereits bei seiner Arbeit an der «Blechtrommel» gekannt hat. Deswegen halten wir uns bei Grass an die «Hundejahre», «Katz und Maus» und «Örtlich betäubt».

Eine breit angelegte Strukturanalyse der zu vergleichenden Romane kann mit dieser Arbeit nicht geleistet werden. Jedoch darf auf diese nicht verzichtet werden, will man den Nachweis führen, daß die Romane von Günter Grass mit denen Döblins nichts gemein haben. So wird versucht, immer von Grass ausgehend, das Gesamtwerk der Autoren im Blick zu halten und stilistische, sprachliche und inhaltliche Momente jeweils an der sich abzeichnenden Struktur der Gesamtwerke zu messen.

Die Rede „Über meinen Lehrer Döblin"

Die Rede vermittelt den Eindruck, als verfüge Günter Grass über das Werk Döblins wie selbstverständlich. Gestalten werden genannt, als seien sie jedem Leser vertraut, Döblins Romantheorie wird angesprochen, es wird von Visionen erzählt und biographische Details werden eingestreut. Die rhetorische Klammer bietet die Frage: «Wo ist der Autor?»

Nicht aber diesen sucht er, wenn er den «Wallenstein»-Roman und hier die Gestalt Wallensteins in den Mittelpunkt seiner Rede stellt. Eine Kurzanalyse wird gegeben. Sonst eine mit vielen Einzelheiten bepackte Rede, eine «Referenz», die zum Lesen der Döblinschen Werke anregen soll.

Aber zweierlei irritiert: Einmal ist es die Tatsache, daß Grass Zitat an Zitat aus Döblins «Aufsätzen zur Literatur» reiht und auch damit nicht haltmacht, wenn er die das Zitat anzeigenden Anführungszeichen beiseite läßt und mehr oder weniger das nacherzählt, was Döblin z. B. in seinem Aufsatz «Der Epiker, sein Stoff und die Kritik» über seine Vision im Jahre 1916, in der ihm die schwedische Flotte erschien, berichtete. Merkwürdiger wird es, wenn sich Grass in Gedankengänge begibt, die mit interpretierender Geste geboten werden, aber auffällig Ausführungen Döblins entsprechen. So in dem Absatz der Rede, der das «Buch als Spätzünder» beschreibt. Döblins Schrift «Mit dem Blick zur Latinität» (AzL, 367 pp.) gibt Erfahrungen des Autors mit Büchern wieder; hier besonders im Umgang mit Prousts «A la recherche du temps perdu»:

> «Übrigens «lese» ich ihn seit Monaten nicht, er liegt drohend auf meinem Tisch, es kommt bald wieder seine Stunde, ich kann mich doch nicht entziehen. Es sind eben zu wichtige Fragen, die zwischen Proust und mir zur Diskussion stehen, und die brauchen Zeit; . . .» (AzL, 370)

Davor berichtet Döblin über seine Erfahrung mit dem Buch als «Spätzünder» am Beispiel Dostojewski: «Den «Idiot» von Dostojewski habe ich so fast zwei Jahre (vor zwanzig

Jahren) mit mir herumgeschleppt, ich habe immer dies oder jenes Gespräch aufgeschlagen und kam davon nicht los.» (AzL, 369)

Von ähnlichen Erfahrungen berichtet Günter Grass, nur mit einem Unterschied: nicht Döblin, sondern er selbst las Dostojewski: «Als 14jähriger las ich «Schuld und Sühne», verstand nichts und verstand zuviel. Die üblichen Lesefrüchte?» (ÜD, 9)

Nachempfindung, Aneignung im Sinne einer «Lesefrucht» oder Versuch einer Identifikation? Weiter treibt Grass mit der Frage «Wo ist der Autor?» durch die Aufsätze und Gedanken Döblins. Aber diese Frage erhält plötzlich Gewicht. Der verschwundene Autor wird beschworen, wenn Grass den Satz spricht:

> «Soviel ist gewiß: Döblin wußte, daß ein Buch mehr sein muß als der Autor, daß der Autor nur Mittel zum Zweck eines Buches ist, und daß ein Autor Verstecke pflegen muß, die er verläßt, um sein Manifest zu sprechen, die er aufsucht, um hinter dem Buch Zuflucht zu finden.» (ÜD, 9)

Der private und der öffentliche Autor also. Ein Beispiel des Zuluchtnehmens gibt Grass an Döblin selbst:

> «Während die Materialschlacht lehrt, was Fortschritt im Krieg heißt, versinkt der Arzt Döblin, sobald sich zwischen den Visiten Pausen ergeben, in den Materialien des 30jährigen Krieges.» (ÜD, 11)

Günter Grass geht in diesen Passagen auf das ambivalente Verhältnis des Schriftstellers zu seinem Werk und zu der ihn umgebenden Wirklichkeit ein. Die These könnte aufgestellt werden: Grass will die schizophrene Rolle des Schriftstellers aufrechterhalten. Der Autor verschwindet und ist für sein Werk nicht mehr «haftbar» zu machen, da er sich der Eigenentwicklung seiner Arbeit unterwerfen muß. Der Autor taucht weg. «..., vor diesem Wegtauchen steht der allestragende Einfall, ...», so heißt es über Döblin, der in dieser Rolle des Tauchers sehr an den Großen Mahlke in «Katz und Maus» erinnert wie auch an die anderen Erzähler in Romanen Günter Grass'. Dagegen steht der entschiedene Autor, der dichten als eine öffentliche Angelegenheit betrachtet: «Döblin fordert, schließt aus, stellt Regeln auf.» (ÜD, 11) Dagegen aber steht auch der sich politisch engagierende Autor, der nun wieder auftaucht, um «ein Mann der Tagespolitik» zu werden, der die Fähigkeit besaß, «einerseits mit Langmut den Parteikleinkram mitzubetreiben und später andererseits, als die Sozialdemokraten das «Schund- und Schmutzgesetz» mitverabschiedeten, die Partei zu verlassen, ohne sogleich verkünden zu müssen, er habe sich radikalisiert, Brücken hinter sich abgebrochen, die große Enttäuschung erlebt. Döblin wagte es, mit seinen Widersprüchen zu leben.» (ÜD, 25)

Die Rolle des Autors wird am Beispiel Döblin festgelegt, denn es geht nicht allein um diesen, es geht insbesondere um den Autor Günter Grass, der den Standort des Autors ausmachen will. Die «rhetorische» Frage: «Wo ist der Autor?» bekommt ihren Sinn. Grass will die Frage an sich selbst beantwortet wissen. Nämlich mit Widersprüchen lebend, einmal als Autor, dem man nicht Rechenschaft über sein Werk abverlangen kann, da er ein Mittel nur zum Zweck ist, der andererseits aber öffentlich seine Manifeste spricht und für eine Partei politisch tätig ist, ohne jedoch als Enttäuschter sich zu radikalisieren, andererseits sich aber auch nicht zu distanzieren.

Hier haben wir den Grass, wie er sich uns in vielen Aufsätzen vorstellt. Das paßt genau auf seinen Aufsatz «Vom mangelnden Selbstvertrauen der schreibenden Hofnarren unter Berücksichtigung nicht vorhandener Höfe», mit dem Grass 1966 in Amerika, an der Universität Princeton, «sich den eigenen Standort in der Gesellschaft zumißt», wie es im Klappentext der Aufsatzsammlung «Über meinen Lehrer Döblin» heißt.

Diese Rede endet mit dem Satz:

«Seien wir uns dessen bewußt: das Gedicht kennt keine Kompromisse; wir aber leben von Kompromissen. Wer diese Spannung täglich aushält, ist ein Narr und ändert die Welt.»[3]

Alfred Döblin war es, der «mit seinen Widersprüchen zu leben verstand». (ÜD, 25) Zeugnis hiervon geben für Grass die Aufsätze Döblins, in denen er neben Theoretischem Biographisches bietet, in denen er auch seinen gesellschaftlichen Standort als Schriftsteller verrät. Es will scheinen, daß Günter Grass diese Kompromißbereitschaft an Döblin lobt, ebenso wie er die Vieldeutigkeit der Person Döblins, seiner Theorien und Werke, die sich «einander auf die Hacken» treten, im

Sinne eines Schriftstellers, der hin und wieder «wie Mahlke» wegtaucht als kongenial empfindet. Und in diesem Sinne mußte natürlich die Gretchenfrage beantwortet werden: Wie hielt es Döblin mit dem Marxismus? Grass befindet: «— der Marxismus des 20. Jahrhunderts war für ihn nur noch die Lehre eines schroffen Zentralismus, die Lehre der Wirtschaftsgläubigkeit und des Militarismus.» (ÜD, 25) Nur? Das bestimmt nicht, wenn man allein dem Nachweis folgt, den Leo Kreutzer über Döblins Auseinandersetzung mit dem Marxismus 1929/30 als Schüler und Hörer Karl Korschs führte.[4]

Der Verdacht kommt auf, daß im Sinne einer für Grass akzeptablen eigenen Standortbestimmung des Schriftstellers in der Gesellschaft Döblin ihm Vorbild sein kann: Vorbild und Lehrer.

Die „futuristische Komponente"

Grass will sich ausdrücklich als Schüler des Verfassers der Werke «Die 3 Sprünge des Wang-Lun», des «Wallenstein»-Romans, der «Berge, Meere und Giganten» und letzlich des «Berlin Alexanderplatz»-Romans geschätzt sehen. Also der Döblin bis zum Erscheinen von «Berlin Alexanderplatz», 1929. Bis zu diesem Berliner Roman ist Döblins Arbeit mit dem Begriff «Futurismus» gekoppelt. Behauptet Grass nun, daß er sich seine Prosa «ohne die futuristische Komponente» der eben genannten Romane nicht vorstellen könne, so muß dieser Behauptung nachgegangen werden. In einem Vergleich, der besonders auf der Seite von Günter Grass die «Hundejahre» zum Ausgangspunkt hat, sollen sich in methodischer Befragung der Strukturen und Stilformen Unterschiede, Ähnlichkeiten oder Andersartigkeit erweisen.

Futurismus: Keine eindeutige Belegung, keine zweifelsfreie literarische Definition läßt sich auch in Bezug auf Döblin geben. Hat er den Futurismus in der bildenden Kunst anerkannt («Ich bin kein Freund der großen und aufgeblasenen Worte. Aber den Futurismus unterschreibe ich mit vollem Namen und gebe ihm ein deutliches Ja»[5]) und dabei die Möglichkeit gesehen, «der Würde der Kunst, ihrer Heimlichkeit, Einsamkeit, Versunkenheit» entsprechen zu können, wobei der Zuschauer «vor dem Bild in jeder Hinsicht das Maul zu halten» habe, da er dumm und unfähig sei, so muß Döblin seine Erwartungen revidieren, als der «Sturm» im Oktober

1912 ein «Technisches Manifest der futuristischen Literatur» veröffentlicht und damit zur Beachtung bestimmte Regeln beim Schreiben von Prosa auffordert.[6]

Kreutzer schreibt: «Diesem Manifest konnte Döblin nur noch zustimmen, wenn er bereit war, sich von dem Bild einer «hohen und reinen Kunst» zu trennen.»[7] Die Revision ist vollzogen, als Döblin seinen Roman «Die Sprünge des Wang-Lun» zu schreiben beginnt. Monumentales und Brutales werden geboten: Döblin entsagt der «Heimlichkeit, Einsamkeit, Versunkenheit» der Kunst und folgt dem Aufruf des Manifestes: «Gebrauchen wir das «Häßliche» in der Literatur und töten wir überall die Feierlichkeit.»[8]

Daß Döblin Intentionen der futuristischen Manifeste sehr modifiziert übernahm und die Auseinandersetzung mit ihnen nicht mit seinem Brief an F. T. Marinetti[9] abgeschlossen war, hat Leo Kreutzer nachgewiesen.[10]

Er verfällt nicht einer «abstrakten Modernität», die im technischen Optimismus, dabei mit menschenverächtlichem Pathos über alle Gegebenheiten hinrauscht, sondern benutzt futuristische Elemente, wie «Nervosität, Tempo und Plastizität» als Mittel, um Vorgänge darzustellen, so in seiner Erzählung «Die Schlacht, die Schlacht!» (1915), in der nicht die Schlacht, sondern der Mensch als Opfer des Krieges die Hauptrolle übernahm. Auf dieser Linie blieb Döblin in seinen Romanen «Die 3 Sprünge des Wang-Lun» (1915) und «Walleinstein» (1920): Menschen unter Gewalt der Herrschenden, zwanghaft dabei vor die Entscheidung gestellt, entweder sich aufzubäumen oder nicht zu widerstreben.

Für die ersten Romane ein unaufhebbarer Antagonismus, der den Werken keinen lösenden Schluß erlaubt. Hier eben nicht der Futurismus des Kampfgesanges, des Vibrierens, des Pulsierens der Technik. Mit seinem «Wang-Lun»-Roman entzieht sich Döblin bewußt einer Gegenwart, die der futuristische Künstler in ihrer technischen Oberfläche besingen wollte. Aufschlußreich allein für die Entscheidung, den Menschen, nicht den psychologischen, sondern den an das Außermenschliche gefesselten[11], im Blick zu halten, ist die Zueignung, die dem Roman vorangestellt ist. Sie ist aber gleichzeitig Zeugnis dafür, daß die futuristische Sprache mit ihren Ellipsen, syntaktischen Verkehrungen, Häufungen von Substantiven von Döblin durchaus aufgenommen und verwendet wurde. Im ersten Abschnitt wird die Umwelt futuristisch-expressionistisch geschildert:

«Ein Bummern, Durcheinanderpoltern aus Holz, Mammutschlünden, gepresster Luft, Geröll. Ein elektrisches Flöten, Schienen entlang. Motorkeuchende Wagen segeln auf die Seite gelegt über den Asphalt; meine Türen schüttern. Die milchweißen Bogenlampen prasseln massive Strahlen gegen die Scheiben, laden Fuder Licht in meinem Zimmer ab.»

Dann aber wird Döblin kritisch; er «tadelt» das verwirrende Vibrieren nicht, aber er findet sich nicht zurecht:

«Dieser himmlische Taubenflug der Aeroplane. Diese schlüpfenden Kamine unter dem Boden. Dieses Blitzen von Worten über hundert Meilen: Wem dient es?»

— und fährt fort:

«Die Menschen auf dem Trottoir kenne ich doch.» (WL, 7)

Grass' Satz von der «futuristischen Komponente», die er Döblin verdanke, muß weiter geprüft werden, da sich zeigt, daß Döblin ein sehr differenziertes Verhältnis zu dieser Richtung hatte, daß der «Wang-Lun» z. B., was die weltanschauliche Intention des Futurismus angeht, geradezu antifuturistisch angelegt ist. Indes, Grass zitiert auch aus dem Marinetti-Brief (s. ÜD, 10), ohne jedoch die eigentliche Gegenwende zu den Theorien der Futuristen, nämlich das Bestehen auf dem Thema der «Totalität des Menschen» zu nennen. Der «Wang-Lun»-Roman ist ein vom Futurismus beeinflußtes Werk, es ist jedoch nicht der «erste futuristische Roman», wie Grass behauptet. (ÜD, 10) Zu vage bleibt dieses Behauptung.

Aber die Einordnung durch einen Begriff mag versagt werden, wenn man zum Verständnis kommt, was Grass als «futuristische Komponente» bezeichnet haben will. Am «Wang-Lun» empfindet er neu und «bestürzend revolutionär» die Darstellungen der Massenszenen:
«Menschen, in Bewegung geraten, stürmen Berge, werden zum beweglichen Berg, die Elemente stürmen mit.» (ÜD, 10)

Döblins Darstellung der Massenszenen hinterließ ihre Spur in der Literatur. Als ein Beispiel mag Arthur Koestler angeführt werden, der in Bezug auf die Massenszenen seiner «Gladiatoren» schreibt:

«Ich war von keinem ihrer (d. h. die ältere Generation der Sowjetschriftsteller, d. Vf.) Bücher beeinflußt, sondern von Alfred Döblins «Die drei Sprünge des Wang-Lun», der Geschichte einer mythischen Massenrevolte in China, . . .»[12]

Die Kunst dieser Massendarstellung findet in «Berge, Meere und Giganten» ihre ungeheure Steigerung, hier stürmen die Elemente mit. Grass ließ es sich nicht nehmen, eine längere Passage aus dem Roman vorzutragen. Es handelt sich um den Angriff der aus dem Grönländischen Eis befreiten und durch die Turmalinschleier zu wildem Wachsen gebrachten Untiere auf Hamburg. In den «Hundejahren» erinnert nun daran, allein am sprachlichen Gestus, die Wiederbelebung der Großmutter Matern, die davor neun Jahre gelähmt, «fest im Stuhl» gesessen hatte. Eine im Ofen verschmorende Gans reizt ihren Zorn derart, daß sich ein Wunder an ihr vollzieht:

«Zuerst stieß sie Haare, wie alle Großmütter sie in der Nase haben, durch Naslöcher aus, als aber bitterer Dunst die Stube grell durchzuckt ausmaß und die Schildkröte zaudern, die Salatblätter schrumpfen ließ, entfuhren ihr keine Naslochhaare mehr, sondern Dampf. Neunjähriger großmütterlicher Groll entlud sich: in Fahrt kam die großmütterliche Lokomotive. Vesuv und Ätna. Der Hölle bevorzugtes Element: Feuer ließ die entfesselte Großmutter zucken, trug drachengleich bei zum Grelldüster und versuchte, inmitten wechselnder Beleuchtung, nach neun Jahren wiederum trockenes Zähneknirschen. Sie hatte Erfolg: von links nach rechts, durchs Brenzliche stumpf gemacht, rieben sich die letzten ihr verbliebenen Stümpfe; und endlich mischte sich Krachen und Splittern ins Drachenschnauben, Dampfablassen, Feuerspeien, Zähneknirschen: jener Eichenstuhl, den vornapoleonische Zeiten gefügt hatten, der die Großmutter neun Jahre lang, bis auf die kurzen Pausen der Reinlichkeit wegen, getragen hatte, gab sich auf und zerfiel im Moment, da es die Schildkröte von den Dielen her hoch und auf den Rücken warf. Gleichzeitig sprangen mehrere Kacheln des Ofens netzartig. Unten platzte die Gans und ließ ihre Füllung quellen.» (HJ, 26 p.)

Aus dem Angriff der Untiere lautet ein Passage:

«Über das Wattenmeer der friesischen Inseln drangen Einzeltiere, die noch kraftvoll waren. Sie stürmten gereizt gegen die Flammenmassen, die ihnen über den Jadebusen entgegengeworfen wurden. Das war ein vulkanisches Brausen, als die breiten springenden Reptilien das Feuer durchzogen. Aus ihnen selbst kam grünes Feuer, das das weiße Menschenfeuer zu dämpfen schien. Sie erreichten das Land, zerknickten die Maschinen am Land und kauten sie. Aber waren selbst zerbrochen. Sie tobten schleppten sich Meilen landeinwärts. Dann stießen aus den schwarzen plumpen vergeblich sich mühenden Leibern, aus den Augen, Nüstern, zwischen den Schuppen des Leibes grüne steile Flammenbüschel.» (BMG, 469)

Beide Stellen haben ihre Theatralik. Die Umstände jedoch sind in beiden Büchern sehr unterschiedlich: In den «Hundejahren» liefert Grass eine expressionistische Stilübung. Mitten in eine ländliche Idylle hinein gestaltet er das plötzliche «Auferstehungsfest» der Großmutter mit Hilfe futuristischer Assoziationsketten: Lokomotive, Vesuv und Ätna. Simultangeschehen wird eingelegt (Schildkröte, Kacheln, Gans) und der Forderung nach Substantiven, die sich reihen sollen, entsprochen. Der Vorgang wird dabei ständig ironisch gelenkt, nicht allein durch die Wortwahl («. . . Haare, wie alle Großmütter sie in der Nase haben», «Sie hatte Erfolg: . . .» u. a.), sondern durch eine pedantische Beachtung der zeitlichen Abfolge: «Zuerst stießen sie . . .; und endlich mischte sich . . . Gleichzeitig sprangen . . .»

Während die Großmutter im «summenden Garten» mit Erdbeeren und Blumenkohl landet, läuft der Angriff der Tiere in ein Chaos aus: «Riesenbäume wanderten da; die Erde unter ihnen wuchs mit ihnen.» Ein Höhepunkt des «Giganten»-Romans ist erreicht, ein weiterer wird vorbereitet, denn das nächste Kapitel beginnt mit den Sätzen: «Der Einfall der Grönländischen Untiere dauert den Winter durch. Eine panische Flucht von den Küsten setzt ein. Die Ostsee war von Schiffen überladen. . . .» (BMG, 470)

Ganz anders bei Grass. Brauxel, der den Erzähler der «Frühschichten» zu spielen hat, fragt sich in seinem der Großmutter-Episode folgenden Kapitel, ob er nicht «zuviel höllischen Aufwand getrieben» habe. Er legt dann dar, warum er es getan hat: «. . . die Materns . . . hatten den angeborenen Sinn für große, ja opernhafte Auftritte; . . .» (HJ, 28)

Eine ironische Brechung durch einen fiktiven Autor, der im Frühwerk Döblins unvorstellbar ist, denn bis auf den «Alexanderplatz» befolgt Döblin den Grundsatz, daß der Autor zu verschwinden habe. Natürlich hat es mit den erzählenden Kunstfiguren von Günter Grass etwas Besonderes auf sich; jedoch wird, da sie Perspektiven und Strukturen der Romane bestimmen, etwas erreicht, das Döblin nicht im Sinne hatte: das Zurückstoßen des erzählerisch Entwickelten ins Private; d. h. die enge bürgerliche Welt mit ihren miefigen Gegenständen holt in den Romanen des Günter Grass jede erzählerische Expansion wieder ein.

Die vom Futurismus beeinflußte Sprache der Expressionisten findet in Grass einen natürlichen Nachfolger, meint Armin Arnold, wenn er in seinem Buch «Die Literatur des Expressionismus» schreibt:

> «Während Thomas Mann die konventionelle Grammatik zu unüberbietbaren manieristischen Superleistungen benutzte, bereiteten die expressionistischen Versuche der modernen deutschen Literatur den Weg, sowohl der Lyrik als auch der Prosa. Döblins Roman «Berlin Alexanderplatz» konnte schon 1929 ein Bestseller werden, und wir stören uns heute weder an Grass' noch Johnsons Sprache.» [13]

Doch kehrt man zu dem direkten Vergleich der Passagen aus den «Hundejahren» und «Berge, Meere und Giganten» zurück, so finden wir zwei sprachliche Formen, die Unvereinbarkeit zeigen. Bei Döblin unbeirrtes Darstellen des Angriffs der Tiermassen, wobei dem gigantischen Geschehen eine ins Gigantische gesteigerte Sprache entspricht. Döblin schreibt in seinen «Bemerkungen zu 'Berge, Meere und Giganten'»:

> «In einigen Punkten war das Buch für mich eigenartig. Einmal stilistisch. Ich liebe sonst Knappheit, Gegenständlichkeit. Hier konnte ich Impulsen rein sprachlicher Art nicht widerstehen. Es ging ins Weite, Farbige: Es war, als wenn sich alles autonom machen wollte, und ich mußte auf der Hut sein. . . . Ich will auch gestehen, daß ich das Gefühl hatte, nicht im Gebiet eigentlicher oder gewöhnlicher Prosa mehr zu sein, im Sprachlichen.» (AzL, 354 p.)

Grass jedoch bleibt, wie Piirainen feststellt, im Rahmen des Konventionellen:

> «Die syntaktischen Elemente in den Sätzen sind in beiden Texten («Katz und Maus» und «Hundejahre», d. Vf.) normalsprachlich. Die Wortfolge in verschiedenen Satztypen, die verbalen Konstruktionen und ähnliche Grundelemente der Vertextung zeigen, daß die Satzbildung im engeren Sinn durchaus grammatisch ist. Es gibt sogar Merkmale dafür, daß Texte statt erwarteter Neubildungen recht konventionelle Züge aufweisen. Nur die Schachtelung der Sätze erweckt den Eindruck, als wäre die gesamte Satzbildung etwas ganz Persönliches und Revolutionäres. Auch die Wortwahl und die Verwendung einzelner Ausdrücke liegen auf einer traditionellen Basis.» [14]

Günter Grass' Sprache ist nicht die Döblins. Zielt Döblin Sprachgestus wie auch in den «Drei Sprüngen des Wang-Lun» und im «Wallenstein» ins «Weite», so verfängt sich Grass durch eine Sprache, die Monologcharakter besitzt, dabei aber lange Satzverbindungen pflegt, im Persönlichen. [15]

Dem entspricht das spleenige Interesse einzelner Figuren an kleinen Gegenständen des Alltags: Mahlkes Schraubenzieher oder die ausgestopfte Schnee-Eule in «Katz und Maus», Oskars Blechtrommel, Studienrat Brunies Bonbons und Steine usw. frieren jede von außen herangetragene oder eine in sich selbst entstehende Bewegung ein. Eine Kette von hämisch vorgetragenen Mißerfolgen, denkt man an den lang vorbereiteten Anlauf Mahlkes, die große Ehrung in der Aula seiner Schule zu erhalten: natürlich bekommt er sie nicht. Auch Materns Racheaktionen im Nachkriegsdeutschland führen nicht zum erstrebten Ziel, sondern verlieren sich in absonderlichen Umständen.

Nicht so bei Döblin. Schon sein «Wang-Lun» kennt zwar einzelne Personen mit besonderen Charakterzügen, die im Werk auch zentrale Stellung besitzen, [16] aber immer sind sie Beweger und Opfer der Bewegung in einem; und zwar mit einer Konsequenz und in einem Ausmaß, die dem Grass'schen Werke fremd sind. Wang-Lun bringt das Riesenreich China in Aufruhr, die von ihm ins Leben gerufene Bewegung der «Wahrhaft Schwachen» führt, in Krisenzeiten entstanden, zu neuen Krisen. Döblin stellt dar, wie diese Bewegung einzelne erfaßt, sie verschlingt oder sie anderen Bewegungsordnungen zuführt. Einzelne, Gruppen, Massen erhalten den gleichen Nenner, sind von gleichem Rang, werden hochgerissen oder zerschmettert. Namen werden einmal genannt, um nie wieder genannt zu werden. So wie die Frau des Bauern Leh, die als erste den Ansturm der von Wang-Lun geführten Räuber den Dorfbewohnern meldet:

> «Die Frau des Bauern Leh gellte zuerst auf dem Hofe: «Banditen, Banditen, Banditen!» Es rannten Frauen, Kinder, zuletzt Männer, Betten hinter sich, die Dorfstrasse herunter, schlugen an Hoftore, verschwanden in den Häusern.» (WL, 56 p.)

Sie wird mit den anderen Dorfbewohnern von der Horde niedergemacht, genau wie am Ende des Romans die Brüder und Schwestern der «Wahrhaft Schwachen» in der Stadt Lintsing ihr Ende finden.

Auch hier ein Maßstabunterschied in den Romanen von Günter Grass gegenüber denen Döblins! Bei Döblin ein im fernen China sich abspielendes Geschehen, eine europäische Kriegsphase der Vergangenheit («Wallenstein») und ein utopischer Mammutkampf zwischen Technik und Natur, der sich über Kontinente erstreckt. Bei Grass: Skurrile Abläufe in engem und engstem Kreis, mit zeitlicher Begrenzung und einer Ost-Westverschiebung, nämlich von Danzig zur BRD.

Alfred Döblin und Eduard Amsel

Ferdinand Lion, der geschätzte und im Konkurrenzkampf Alfred Döblin–Thomas Mann vom Verfasser des «Wallenstein» beschimpfte Redakteur des S. Fischer-Verlags[17], stellt in einer Analyse der Romane Döblins fest, daß diesen das Mittelbürgertum fehle. Er fährt fort:

> «Zugleich mit dem Bürgerlichen fehlt in diesem Roman das eigentlich Mittlere: Natur wie Geschichte bewegen sich abwechselnd im Gigantischen oder Minutiösen . . . . Das Leben ist immer in Extremen: Hier, Vorspringen, Schlingen, Raserei, oder dann der äußerste Gegensatz, Versunkenheit, unendliche Ermattung.»[18]

Über die Grass'schen Romane urteilend, glaubt Peter Demetz, «daß seine (Grass', d. Vf.) Menschen entweder unemp-
findliche, stumpfsinnige, rohe Spießer oder humane, sensitive
und ästhetisch begabte «Künstler» sind.»[19]

Extremer politischer und sozialer Dualismus bei Döblin,
bei Grass das Thema: der Künstler und das Kleinbürgertum.
So sind in den Romanen von Günter Grass «Vertällchens» um
die in den Romanen zu findenden Vertreter des Kleinbürger-
tums herumgelegt, während Döblin extreme Positionen, die
sich mit Elementargewalt aufeinander richten, als Ausgangspunkt seiner Romane wählt.

Konnte Döblin noch 1917 sein Programm formulieren:
«Im Roman heißt es schichten, häufen, wälzen, schieben»
(AzL, 20), so ist es in dieser Form bei Grass nicht mehr mög-
lich. Es ist Amsel, die kunstbegabteste Kunstfigur in den «Hundejahren», der «verhackstückte, spekulierte, kuppelte», (HJ,
236), wenn er seine Vogelscheuchen entwarf. Ein gegenüber
Döblin sehr reduziertes Programm. Von der ausholenden
Geste, die Abläufe großen Ausmaßes verheißt, zu kalkulierten
Konstruktionsentwürfen. Wie wir in zahlreichen Aufsätzen
Döblins kunsttheoretische Ansichten gesammelt finden, so gibt
uns Günter Grass in seinen «Hundejahren» eine Figur, die
sich ständig mit Fragen künstlerischer Produktion befaßt. Gemeint ist Eduard Amsel, der es immer wieder versteht, sich
gesellschaftlichen Bindungen zu entziehen, allerdings nicht
mit der Konsequenz und zu dem frühen Zeitpunkt, wie es
Oskar Matzerath in der «Blechtrommel» getan hatte.[20] Ähnlich
wie Oskar wird auch Amsel die Gesellschaft zum Objekt, die
er mit seinen Scheuchen darstellen will; aber er will dabei
nichts ändern oder nicht kritisieren. Er behauptet:

> «. . . genau das sei seine künstlerische Absicht, kei-
> nerlei Kritik wolle er äußern, sondern Pfundskerle
> wie Schweinehunde, gemischt und gewürfelt, wie
> nun mal das Leben spiele, mit künstlerischen Mitteln
> produzieren.» (HJ, 237)

Modifiziert scheint auch hier ein Satz von Döblin Ver-
wendung gefunden zu haben: «Der Leser in voller Unabhängigkeit einem gestalteten, gewordenen Ablauf gegenüberge-
stellt, er mag urteilen, nicht der Autor.» (AzL, 17) Der Autor
ist verschwunden. Damit verzichtet Amsel auf Kommunika-
tion und entzieht sich häufig und für längere Zeit selbst dem

120

Romangeschehen, während es dem Freund und Gegenspieler Matern sehr schwer fällt, der Umwelt zu entgehen. Er, mit seinen zahlreichen Einstellungen und Absichten erleidet ständig Schiffbruch und erinnert an den Franz Biberkopf, der lernen mußte, «daß die Versessenheit auf die eigene Selbstbehauptung zur Isolation, zur Mißhandlung des anderen und letztlich zum eigenen Scheitern führt.»[21]

Amsel dagegen weckt als Kunstfigur in der Tat nicht nur durch manche seiner kunsttheoretischen Ansichten Erinnerungen an Döblin, sondern seine künstlich-künstlerische Erscheinung im Roman will an das erinnern, was Grass über Döblin sagte:

> «Ich habe ihn nie gesehen, und so stelle ich ihn mir vor: Klein, nervös, sprunghaft, kurzsichtig und deshalb übernah an die Realität gerückt; ein stenographierender Visionär, dem der Andrang der Einfälle keine Zeit läßt, sorgfältige Perioden zu bauen.» (ÜD, 7)

An diesen kurzsichtigen Visionär erinnert Amsel, wenn es heißt:

> «Wenn all diese vergänglichen Bauwerke immer wieder Fleiß und Anteil der Phantasie des Baumeisters verrieten, war es dennoch Eduard Amsels wacher Sinn für die vielgestaltete Realität, war es sein über festen Wangen neugieriges Auge, das seine Produkte mit gutbeobachteten Details ausstattete, funktionieren ließ und zu vogelscheuchenden Produkten machte.» (HJ, 40)

— oder:

> «. . . aber durch Tränen hindurch, die bekanntlich eine verschwommene und dennoch übergenaue Optik vermitteln, wollten seine in Fett verpackten grüngrauen Äugelchen das Beobachten, Abschätzen, das sachliche Wahrnehmen typischer Bewegungen nicht aufgeben.» (HJ, 42)[22]

Hat Günter Grass Döblin zu einer Spielfigur gemacht? Könnte diese Vermutung nicht bestärkt werden, wenn gewisse biographische Details des Eduard Amsel auf Döblin verweisen? In seiner «Schicksalsreise» beginnt Alfred Döblin seinen Lebenslauf mit den Worten: «Ich wurde 1878, vor 62 Jahren, in Stettin geboren, mein Vater betrieb ein Schneideratelier, meine Mutter kam aus einer mehr wohlhabenden Familie.»[23]

Über den Vater von Eduard Amsel, Albrecht Amsel, weiß Günter Grass zu berichten:

> «Natürlich war Albrecht Amsel ein Jude. Einer alteingesessenen jüdischen Schneiderfamilie aus Preußisch-Stargard entstammte er, ...» (HJ, 36)

Amsels Mutter, außerordentlich geschäftstüchtig, die selbst in Krisenzeiten das Geschäft erweiterte, «was der selige Amsel nie gewagt hätte» (HJ, 59), wird dem Eduard zum Objekt künstlerischen Tuns:

> «Wenn Eduard pietätvoll genug war, seine Mama nie, auch nicht andeutungsweise als Scheuche abzubilden, kopierte er um so hemmungsloser etwa vom achten Lebensjahr an ihre Geschäftspraktiken: Wenn sie Fischkutter verlieh, verlieh er besonders stabile, extra für den Verleih angefertigte Vogelscheuchen.» (HJ, 59)

Wie Döblin also, vereinbart Amsel geschäftliche und künstlerische Begabung.[24] Auch könnte die Verbrennung der «Werke» Amsels vor Folcherts Schuppen auf die Verbrennung der Romane Alfred Döblins in der Hitlerzeit verweisen. Nicht nur Amsel zeigt nach der Verbrennung eine stoische Haltung («...; zumal Eduard Amsel nach dem Autodafé hinter Folcherts Schuppen ein Beispiel stoischer Haltung bot, indem er mithalf, Folcherts Schuppen, der durch Funkenflug Feuer gefangen hatte, zu löschen», [HJ, 103]), sondern auch Alfred Döblin scheint über den Dingen zu stehen, als er in einem Brief an Thomas Mann schreibt:

> «Man hat mich hier neulich aufgefordert, zum 10. Mai, Tag des «verbrannten Buchs». irgendwo zu sprechen; ich lehnte ab mit der Begründung: jedenfalls meine Bücher sind mit Recht verbrannt.»[25]

Denkt man auch an Eduard Amsels Neigung zum Preußischen («so früh schon ließ Amsel seine Vorliebe fürs preußische Exakte Gestalt gewinnen; ...» [HJ, 49]), so entspricht diese Tatsache der Beobachtung von Günter Grass, wenn er an Döblin «preußische Strenge» (ÜD, 24) konstatiert. Man könnte weitere Parallelen suchen und finden: So ähnelt Amsels Weg nach Berlin und später ins Ausland der «Schicksalsreise» Döblins bis in die Emigration. Schließlich soll Amsel in der Nachkriegszeit seinem Freund und Gegenspieler Matern über seine Erlebnisse in der «Besatzerzeit» erzählen, als dieser «sojenannter Kulturoffizier» (HJ, 629) war, — wir wissen, daß Döblin zu jener Zeit als französischer Offizier «der Direktion für kulturelle Angelegenheiten bei der französischen Militärregierung»[26] zugeteilt war.

Spannte man gar den Rahmen der Vergleiche noch weiter, so könnte man die berühmte Schnee-Szene in den «Hundejahren», in der Jenny und Amsel verwandelt werden, Jenny vor dem Gutenberg-Denkmal, als ein Motiv sehen, welches Grass bei Döblin gefunden hat. Dieser nämlich berichtet 1920 unter dem Pseudonym «Linke Poot»:

> «Dicker Schnee. Wie ich an der Universität vorübergehe, sitzen da die marmornen beiden Humboldts unter der schweren weißen Masse. Als eine Last liegt der Schnee auf ihren Schultern, Alexander sieht ganz bucklig aus, geduckt sitzt er, in seinen Nacken drückt der Schnee, von seinem heruntergestauchten Kopf sieht nur das Gesicht heraus. Eine schwere Masse zieht sich wie eine Pelzdecke über seinen Schoß und die Füße. Mir fällt ein, daß das Abendland in naturhafte Zustände untergehen wird in vier, fünf Jahrhunderten. . . . Es ist mehr als Landschaft. Es ist ein Element, das Urelement, das nach uns langt. Das Wasser, unsere Mutter, berührt uns.»[27]

Natürlich ist Eduard Amsel nicht Döblin, wenn auch manches in den «Hundejahren» an ihn erinnert und von Günter Grass bewußt gewisse Lebensumstände verwendet worden sind. Immerhin, an Amsel selbst wird eine Rolle und eine Standortmöglichkeit des Künstlers in unserer Zeit durchgespielt: Der politisch indifferente, aber scharf beobachtende produktive Künstler, der «Pedantisches und Spielerisches» (HJ, 7) verbindet, nur darstellt, ohne Stellung zu nehmen oder zu kritisieren. Aber wir werden durch diese in den «Hundejahren» angelegte Thematik auf die Rede von Grass wiederum verwiesen, wenn dieser Döblin als einen Autor anerkennt, der wußte, «daß ein Buch mehr sein muß als der Autor, daß der Autor nur Mittel zum Zweck eines Buches ist.» Die Kritiken zu dem Buch «Hundejahre» wollen betont wissen, daß Günter Grass kein Realist, sondern ein Visionär sei,[28] der, um produktiv bleiben zu können, unsichtbar bleiben müsse. «Leider», so urteilt einer der Kritiker, «hat sich Grass oder hat man Grass schon viel zu sehr exponiert. Wäre er unsichtbar geblieben, wie zur Zeit der «Blechtrommel», so wären auch seine Scheuchen Scheuchen geblieben.»[29] Und Günter Grass hat in seinen «Hundejahren» diesen unsichtbar bleibenden, sich nicht exponierenden Künstler zu einer Spielfigur gemacht, was andeutet, daß Günter Grass mit der Problematik Kunst und Wirklichkeit oder Schriftsteller und Gesellschaft sich immer mehr befaßt. So auffällig drückt sich dieses auch in seinen «Hundejahren» aus, daß die Kritik ungeduldig wurde und sich fragte:

> «Ist dies wirklich, wie man uns so inbrünstig versichert, die ideologiefreie, die nur sachbezogene Darstellung, die an moralischen Kategorien zu messen in gleichem Maße verfehlt sei, wie sie selber auf solche verzichte?»[30]

Der Kampf mit den Ideologien wird von Günter Grass dann in seinem jüngsten Roman «Örtlich betäubt» aufgenommen.

Mit den «Hundejahren» jedoch fällte Günter Grass noch keine Entscheidung: Amsel, der spielerische, der versteckte Künstler, und Walter Matern, der sich stets engagierende und stets versagende, besteigen am Ende des Romans zwei Badewannen:

> «Das Wasser laugt uns ab. Eddi pfeift etwas Unbestimmtes. Ich versuche Ähnliches zu pfeifen. Doch das ist schwer. Beide sind wir nackt. Jeder badet für sich.» (HJ, 682)

Wird ein Kompromiß möglich werden? Oder bereitet sich in dem Wasser wiederum eine Verwandlung vor?

1938 wollte Alfred Döblin die Frage für sich entschieden sehen, wenn er schrieb:

> «Lebensrecht haben Romane heute nur, wenn sie wirklich Fakten sind (nicht darstellen; Darstellung nützt und sagt gar nichts); es gibt wenig Autoren, deren Gesten solche Bedeutung haben.»[31]

Der schuldige Wang-Lun und das Kollektive

Indem Günter Grass am Beispiele Alfred Döblins den Standort des Schriftstellers überdenkt, verlangt es ihn auch danach, die Einstellung des «verschwundenen» Autors, dessen Lebensauffassung und Weltbild zu zeigen. Über seinen «Lehrer» urteilt er: «Döblin sieht Geschichte als absurden Prozeß.» (ÜD, 8) Ist dieses die Lehre, die Döblin seinem «Schüler» vermittelte?

Ist alles ein «Durcheinander», so wie Wang-Lun es seinen Anhängern erläutert.

> «Die Kaiserlichen und Mandschus könnten siegen; was würde es ihnen helfen? Wer im Fieber lebt, erobert Länder und verliert sie; es ist ein Durcheinander, weiter nichts.» (WL, 471)

In einem Brief, den Döblin am 21.9.1915 an Herwarth Walden richtete und in dem er den plötzlichen Tod des expressionistischen Lyrikers August Stramm, der am 1. September in Rußland gefallen war, beklagte, heißt es: «Unser Dasein ist abrupt. Es kommt, wie es scheint, auf gar nichts an, auf gar nichts.»[32] Doch es kam Döblin durchaus auf etwas an.

So kommt Wang-Lun zu der Erkenntnis, daß es kein Schicksal sei, was mit den «Wahrhaft Schwachen» geschieht, sondern daß sie Opfer der Herrschenden sind:

> «Der Kaiser Khien-lung hat kein Recht, gegen uns Edikte zu erlassen. Das mußt du verstehen. Er ist ein Henker und kein Schicksal. Und da gibt es nichts nachzurechnen.» (WL, 402)

Wang-Lun erkennt, daß der bevorstehende Kampf mit den Regierungstruppen nicht als blinde Geschichte über sie kommt. Der Kaiser, die Herrschenden sind durch die Massenbewegung erschreckt, nicht durch deren Lehre. Was als Heilslehre einer Sekte in der Gesellschaft harmlos und nicht sonderlich beachtet geblieben wäre, als Massenbewegung wird es zum Politikum. Der Kampf ist realistisch, er ist eine nicht als solche erkannte Revolution.

Da Wang-Lun den Hintergrund der kaiserlichen Gewaltherrschaft durchschaut, weiß er, daß der Kampf Sinn hat, daß Nachgeben und Nicht-Widerstreben im Sinne des Wu-Wei reinen Selbstmord bedeuten. Das eigene Recht auf die Erde, die ihnen gehöre, muß hergestellt werden:

> «Wer ist ‚Kaiser'? Die unerhört schamlose Anmaßung des Kaisers, uns umzubringen, worin liegt die begründet? Er ist ein Mensch wie du, ich, die Soldaten. Weil sein Ahne, der tote Mann aus der Mandschurei, hier anmarschierte und das Mingreich eroberte, hat der Kaiser Khien-lung das Recht, die Wahrhaft Schwachen und mich umzubringen. Diese Tat seines Ahnherrn setzt ihn den Überschwemmungen, Bergstürzen, Schlägen gleich? Das sollst du mir beweisen, Ngoh. Solange du mir nicht den toten Chu widerlegst, der in den Kaisern Einbrecher und Massenmörder sah, bestreite ich, daß sie das Schicksal der Gebrochenen Melone und der Wahrhaft Schwachen sind. Ich vergifte mich nicht freiwillig. Ich weise sie zurück, wohin sie gehören. Unser Bund lebt auf der Erde, die ihm gehört.» (WL, 400/401)

Wang-Lun ist zu einem neuen Bewußtsein gelangt, er hat eine politische Lehre erhalten. So sieht er sich rückblickend als Schuldigen:

> «Ich hab mich geirrt auf den Nan-ku-Bergen; das Schicksal schlägt nach uns, mit dem Huf, wo wir uns sehen lassen. Ein Wahrhaft Schwacher kann nur Selbstmörder sein. Und sie sind's gewesen, und ich hab's gesehen in der Mongolenstadt und die kaiserlichen Generäle haben's gesehen. Und das ist Unsinn, Ngoh, und das kann ich nicht mit anschauen, und darum bin ich wieder hergekommen, weil ich schuld daran bin, und es kann doch nicht so endlos weitergehen.» (WL, 403)

Wang-Lun zieht nun die Konsequenz:

> «Feinde brauche ich, Ngoh — will ich, will ich. Ich ersticke noch nicht im Netz. Ich tu dem Kaiser nicht die Freude. Der Kaiser ist der Feind. Man läuft nicht nach dem Westlichen Paradies wie ins Theater.» (WL, 406)

Wang-Lun will seine «Schuld» einlösen, indem er gegen das Kaiserhaus zum Kampf ruft, um die Bedingungen der

Gleichheit und Gerechtigkeit herzustellen. Das Schuldgefühl Wang-Luns ist hier das Zeichen seiner Wandlung.

Günter Grass urteilt in seiner Döblin-Rede ganz anders:

> «Wang-Lun, der Führer der Schwachen und Wehrlosen, wird, indem er das Schwachsein zur Ideologie erheben will, schuldig. Die Greuel der Schwachen und Gammler der Mandschu-Zeit messen sich an den Greueln der Herrschenden; Wang-Lun, der sanfte Berserker, scheitert und löscht sich aus. Doch so sehr diese These bester deutscher Kohlhaas- und Karl-Moor-Tradition entspricht, . . .» (ÜD, 10)

Eine Fehlinterpretation. Wang-Lun erkannte, daß seine Lehre, die gerade allen «Ideologien» entweichen wollte, zu einer Bewegung wurde, die alle Leidenden und von Ideologen Unterdrückten, d. h. in Armut, Zerrüttung und unter Ausbeutung gehaltenen Menschen in sich sammelte. Die herrschende Ideologie sah sich gefährdet und bekämpfte sie. Viel Sorgfalt verwendete Döblin darauf, immer wieder auf die Einzelschicksale der Wahrhaft Schwachen zu verweisen und ihre seelischen Befreiungsversuche darzustellen.[33]

Günter Grass gelangt zu diesem Fehlurteil, weil er bei der Betrachtung der Döblinschen Werke einzelne Momente heraushebt, die er als konstitutiv ausgibt. Grass sieht Wang-Lun als lehrreiches Beispiel dafür, wohin es führt, wenn jemand etwas zur Ideologie erheben will. Ähnlich, wie in einem anderen Kapitel gezeigt werden soll, mißdeutet er den «Wallenstein» Döblins, d. h. Grass spricht vom «produktiven Arbeitssystem» und «futuristischer Romantechnik», verfehlt aber, das Gesamte des Werkes, den die Struktur bestimmenden Prozeß zu erkennen.

Das führt dazu, daß er anderen Momenten der Romane einen Stellenwert gibt, der diesen nicht zukommt. Ein typisches Beispiel liegt in seiner «Wallenstein»-Interpretation: Weil er den «Wallenstein» in den Mittelpunkt seiner Analyse stellt, ihn als «Besitzer der Macht» betont, sieht Günter Grass eben den Kaiser Ferdinand als einen neidischen Widersacher. Für Grass ist er ein «verfallener, blindlings hingerissener Kaiser, dessen Plan, ihn (Wallenstein, d. Vf.), den Besitzer der Macht, ihn, den personifizierten Willen, zu demütigen, mit der Verfallenheit wächst». (ÜD, 21)

Leo Kreutzer hat aus der Gesamtstruktur des Romans nachgewiesen, daß Ferdinand nicht mit den von Grass genannten Gründen «Wallenstein» eins «auswischen» will: er, Ferdinand, vertritt ein dem Wirken Wallensteins fremdes, «weder politisch noch moralisch, auch psychologisch nicht weiter begründetes» Prinzip.[34] Der Antagonismus Wallenstein—Ferdinand ist schroffer, ihr prozessualer Zusammenhang im Roman stärker als Grass es annimmt.

Will man auch in den ersten Romanen Döblins kein dialektisches Prinzip entdecken[35], eine Ansicht, die zumindest im Falle «Berge, Meere und Giganten» zu bezweifeln ist[36], so unterliegt jedoch der Roman als Kunstwerk einer eigenen ästhetischen Dialektik. Wenn das Urteil von Günter Grass über den Kaiser Ferdinand verrät, daß er sich Momente aus Döblins Werken heraussucht und aneignet, so übersieht er das dialektische Verhältnis von inhaltlicher Polarität zum Gesamtgefüge des Romans. Adorno definiert:

«Kunstwerke sind es nur in actu, weil ihre Spannung nicht in der Resultante reiner Identität mit diesem oder jenem Pol terminiert. Andererseits werden sie nur als fertige, geronnene Objekte zum Kraftfeld ihrer Antagonismen; sonst liefen die verkapselten Kräfte nebeneinander her oder auseinander.»[37]

Als ein groß angelegtes politisches Lehrstück wertet Grass auch den «Wang-Lun». In der Tat hat dieser Roman aber mehr mit Politik zu tun, als Grass es dulden würde.

Wird der in der Döblin-Rede sehr vage benutzte Begriff Futurismus, der sich allerdings im Werke Döblins schwer fassen läßt, von Günter Grass als politischer Begriff genommen? Das Bild, welches die Werke Döblins suggerieren, nämlich des Häufens, Schiebens, Wälzens, des Vorwärtsdrängens bis zu einem unaufhebbaren Schluß ohne Lösung, wird Grass auch dazu gebracht haben, diese «futuristische Romantechnik« Döblins denen vor Augen zu halten, die sich einem dialektischen «Arbeitssystem» verschrieben haben:

«Zu Lebzeiten vergessen. Döblin lag nicht richtig. Er kam nicht an. Der progressiven Linken war er zu katholisch, ...» (ÜD, 26)

Das aber hieße: Grass stellt Evolution gegen Revolution, Futurismus gegen Marxismus.

Döblins «Beschwörung kollektiven Lebens»[30], die Massenszenen, Wang-Lun, der Menschen zu Kollektiven sammelt, der
will, daß die Menschen wieder ihr Gesicht bekommen[39], dann
die ungeheuren Kämpfe zwischen menschlichen und tierischen
Massen und letztlich Wallensteins Belagerung Mitteleuropas:
Diese Elemente der Döblinschen Romane verweisen auf die
Unruhen und sozialen Auseinandersetzungen vor dem 1. und
nach dem 1. Weltkrieg, auf die Hoffnungen auch, eine sozialistische Gesellschaft herbeizuführen, auf das erbitterte Aufste-
hen gegen die Reaktion und schließlich auf die Enttäuschung,
als sich diese wieder einmal durchzusetzen vermochte. Der
Kollektiv-Charakter der Werke Döblins ist nicht zu verleugnen. Wenn Döblin auch keine Programme bietet, so gestaltet
er übergreifende Hoffnungen (s. Wang-Lun und die Wahrhaft
Schwachen), stellt aber das Versiegen dieser Hoffnungen ebenso dar. Damit gehört er zu einer Epoche deutscher sozialer und
politischer Verhältnisse, die von Revolutionserwartungen − oft
in naiver Form − und reaktionären Gegenschlägen bestimmt
war. Döblin wollte, bevor er den «Wallenstein»-Roman
schrieb, einen Roman über die Jahre 1847/48 schreiben, so
sollte auch seinem China-Roman ein Rußland-Roman folgen[40],
d. h. er wollte den Bezug zur aktuellen Situation betont wissen, ohne diese direkt zu beschreiben. Döblin ist verfahren,
wie es Lucien Goldmann meint, wenn er die Grundhypothese
der strukturalistisch-genetischen Methode erläutert:

> «Seine (Genetischer Strukturalismus, d. Vf.) Grund-
> hypothese ist, daß der kollektive Charakter der kultu-
> rellen Schöpfung im allgemeinen und der literari-
> schen Werke im besonderen daraus zu erklären ist,
> daß die Strukturen der imaginären Welt des Werkes
> mit den Denkstrukturen bestimmter sozialer Gruppen
> homolog sind oder wenigstens in einer intelligiblen
> Beziehung stehen, während der Schriftsteller, was
> den Inhalt der Werke betrifft − d. h. was die Schöp-
> fung imaginärer Welten betrifft, die von diesen Struk-
> turen ausgehen −, eine vollkommene Freiheit ge-
> nießt.»[41]

Freiheit in der Schöpfung imaginärer Welten: Um diese
Freiheit kämpfte auch Bert Brecht in seiner Auseinander-
zung mit den Thesen Georg Lukacz', wie es Viktor Zmegac in
seinem Aufsatz «Es geht um den Realismus» dargestellt hat.
Eine Diskussion, die Lucien Goldmann, ebenfalls Lukacz kriti-

sierend und überwindend, aufnimmt, wenn er seine struktu-
ralistisch-genetische Methode entwickelt.[42]

Ihm, Brecht, ging es um die grundsätzliche Freiheit in
künstlerischen Fragen und somit auch um die Möglichkeit,
dem Experiment vorurteilslos eine Gelegenheit zu bieten.
«Brecht gewinnt Interesse an der expressionistischen Drama-
tik»:

> «Bedenkt man, daß Brecht Georg Kaiser und Toller zu
> den Dramatikern zählte, von denen zu lernen war,
> und bedenkt man ferner die Achtung, mit der er sich
> über Alfred Döblin äußerte, so wird verständlich, daß
> hierin trotz aller ideologischen Differenzen Gemein-
> samkeiten künstlerischer Art wirksam waren, ...»[43]

Neben anderem gehörte zur Lektüre des Autors im Jahre
1920 in Augsburg Alfred Döblin, dessen Romane «zunächst un-
verhohlene Begeisterung auslösten».[44] Brecht, der den an eine
Stilepoche gebundenen Realismusbegriff ablehnte und ihn als
qualitatives Element nahm, schreibt: «Nicht der Begriff der
Enge, sondern der der Weite paßt zum Realismus.»[45]

Die Betonung des prozessualen Charakters der Werke,
der der Dynamik der geschichtlichen Wirklichkeit entspricht,
die Freiheit und Weite des künstlerischen Experimentierens
werden auf der einen Seite in der Theorie von Brecht über
Adorno bis Lucien Goldmann betont, andererseits von Brecht
und Döblin praktiziert. Darüber stand die «Konzeption einer
frei strukturierbaren, einer nicht mehr organisch verstande-
nen Kunst».[46]

Erste Ausblicke auf die Werke von Günter Grass haben
eine strukturelle Enge ausweisen wollen, die zur Weite der
Döblinschen Romane geradezu im Widerspruch steht. Andererseits müßte im oben geschilderten Sinne der genetisch-
strukturalistischen Methode deutlich werden, daß die gesellschaftlichen Verhältnisse nach dem 2. Weltkrieg den entste-
henden Kunstwerken andere Strukturen verleihen mußten, als
diese noch bei Döblin und Brecht in den zwanziger Jahren
möglich waren. Die Entwicklung der BRD machte eine auf Ko-
härenz gesellschaftlichen Wollens abzielende Struktur unmög-
lich. Der Verbitterung der «Beckmann»-Generation folgte mit
Grass ein Zynismus, der das Versagen aller Erwartungen zeigte
und, mit dem Maß an den Kleinbürger gelegt, betonte, daß dieser Bürger nie aus seiner unpolitischen Verklemmung heraus-
gelangt sei: «Die Blechtrommel» mit Oskar Matzerath, der

von Geburt an auf Mitwirkung an dieser Welt der Erwachsenen verzichtet, oder Joachim Mahlke, der nach einigen verkrampften Bemühungen vor dieser Gesellschaft wegtaucht.

Fällt die Struktur der Grass'schen Romane und der Novelle «Katz und Maus» immer in sich selbst zusammen? Gibt es nur Einzelgänger, kein «über sich Hinausweisendes», keine Kollektivszenen, nur die Verzerrung einzelner Individuen?[47]

In seinem jüngsten Roman «Örtlich betäubt» nimmt Günter Grass in einer ganz anderen Form das Thema Individuum und Gesellschaft wieder auf. Auch hier mißt sich Grass mit Alfred Döblin, wenn er ihn in der eigenartigen Verbindung von Mißverständnis und Fehldeutung zum Gewährsmann seiner eigenen sozialen, politischen und künstlerischen Ansichten macht.

„Wallensteins" Leiden

Das Ausstaffieren von Einfällen in skurrile Personen oder vogelscheuchenartige Kunstfiguren scheint Grass in seinem vorletzten Roman «Örtlich betäubt» aufgegeben zu haben. Die jeden sozialen Kontaktes unfähigen Figuren Matzerath, Amsel, Tulla usw. werden durch Personen ersetzt, die geradezu um Einfluß und Teilnahme ringen. Ja, mit Entschiedenheit stellt Grass diesen Roman in das Feld moderner Pädagogik.[48]

Denn ein Studienrat bemüht sich, seinen Lieblingsschüler Scherbaum davon abzuhalten, einen Dackel vor dem Berliner Kaffee Kempinski zu verbrennen; er möchte ihn überreden, «vom jugendlichen Anarchismus abzulassen». (ÖB, 16)

Verwundert ist der Grass-Leser allein deswegen, weil Günter Grass erstmals seinen Roman in der Gegenwart ansetzte und nicht erst, wie er es früher getan hatte, diesen in der Gegenwart auslaufen ließ. Endlich, so will man annehmen, auch bei Günter Grass Auseinandersetzung mit Problemen der Gegenwart. Will Grass etwas sagen, wirft er sich zum berufenen Aufklärer unserer Zeit auf? Fragen wir also mit Grass: Wo ist der Autor?

Entschieden, aber Verwirrung stiftend, eröffnet der Roman:

> «Das erzählte ich meinem Zahnarzt. Maulgesperrt und der Mattscheibe gegenüber, die, tonlos wie ich, Werbung erzählte: . . .» (ÖB, 7)

Dieser Satz ähnelt den bekannten Romananfängen seiner vorangegangenen Werke. Grass, wohl wissend, daß man derartigen Behauptungen wie «Das erzählte ich meinem Zahnarzt.» — (Wonach sofort ein Doppelpunkt erfolgen müßte) — gegenüber mißtrauisch geworden ist, hält diesmal auch nicht lange mit seiner ironischen Zurücknahme hinter dem Berg. Er erzählt nicht, Starusch erzählt nicht (tonlos), sondern vorerst erzählt ein Fernsehapparat «Werbung». Auch in diesem Roman wechselt Grass springend die Perspektiven, vermischt sie und bleibt verschwunden. Oder doch nicht?

Studienrat Starusch, die Hauptperson des Romans «Örtlich betäubt», übernimmt gleich mehrere Rollen: Zum einen ist er Kunsterzieher und Deutschlehrer, zum anderen ein Mann, der in der jüngsten Geschichte der Bundesrepublik bereits einen Posten in der Industrie eingenommen hatte, und darüber hinaus ist er ein Fachmann in Fragen der Kunst. Er übernimmt als Patient des Zahnarztes die Rolle des politischen und historischen Aufklärers. Es gelingt eine Zusammenfassung der Erzählpositionen in einer Figur, wobei man nicht vergessen darf, daß es sich natürlich nicht um die Abbildung eines Studienrates unserer Zeit handelt. Starusch ist erzählerische Kunstfigur. Nicht wie in den «Hundejahren» haben wir mehrere Erzählpositionen nebeneinander, sondern Starusch bekommt einen Antipoden eigener Art, der korrigiert und entscheidende Autorität besitzt. Es ist der «Doktär».

Der Pädagoge Starusch entwickelt im Verlauf der Unterhaltungen mit dem Doktor ein erzieherisches Reformprogramm, wie dieser auf dem medizinischen Sektor ebenfalls Zukunftsvisionen vor Augen hat. Stimulator und Objekt dieser Pläne ist Philip Scherbaum, der mit Mitteln der Überzeugung, der Vernunft, von seiner geplanten Tat abgehalten werden soll. Der Patient Starusch, der an vielen Stellen das abstraktere Thema der politischen Tat bedenkt, überprüft anhand historischer Personen den Gedanken, ob Schmerzen «auf geschichtliche Entscheidungen» Einfluß haben. So begegnen wir auch in diesem Roman dem Feldherrn und Großbankier Wallenstein.

Der Einfluß des Schmerzes auf die Politik scheint ein Lieblingsgedanke des Geschichtslehrers zu sein, dem jedoch von Schülerseite keine Gegenliebe geschenkt wird: «Sie betreiben schon wieder Personenkult.», so daß der Lehrer sich darüber beklagt, daß die Schüler «jedes Eingehen auf private

Hintergründe eine unwissenschaftliche Personalisierung der Geschichte» nennen.

Natürlich will Günter Grass durch Starusch keine wissenschaftliche Beweisführung zu der gestellten Problematik geben, eher ist anzunehmen, daß es auch wieder in diesem Roman vordringlich um die Frage nach der Möglichkeit schriftstellerischer Produktion und der Stellung des Künstlers in unserer Gesellschaft geht, denn wir erfahren im Verlauf des Romangeschehens, daß Starusch auch selbst Autor ist. Das, so will es scheinen, ist er vor allen Dingen. Andere Rollen sind ihm aufgelegt, um im Handlungsgefüge größere Autorität zu gewinnen.

Nur die Aufsätze und Reden des Günter Grass geben ehrlicheres und deutlicheres Zeugnis von seiner Grundhaltung. Das Lamento des Studienrat Starusch auf dem «Ritterstuhl» erinnert an das Lamento des Günter Grass in der Rolle des enttäuschten Propagandisten einer Partei bei der Verleihung des Georg-Büchner-Preises.[49]

Der fiktive Erzähler befindet sich während der Zahnbehandlung in verschiedenen physiologischen Zuständen, die fast automatisch an entsprechende Bewußtseinszustände gekoppelt sind. Einmal handelt es sich um die Phase der Schmerz- und Empfindungslosigkeit, die einen Glückszustand herstellen kann, in dem Starusch den Faden der Krings-Geschichte weiterspinnt. Meist leitet der Fernsehapparat mit seinem Programm diese Phase ein.

Dieser Zustand beschert Starusch auch Visionen, jedoch im Unterschied zu seinen vorangegangenen Romanen folgt er diesen nicht mehr allzuweit, kann es nicht, da der Arzt ihn aus dem Rausch wieder zurückruft: «So wurde die Vision in die Speischale gestürzt: «Nein, Linde. Das hättest du nicht tun dürfen...»» (ÖB, 104) Der zweite, mittlere Zustand will gar nicht mehr recht Visionen aufkommen lassen, sondern nun ist Starusch in der Rolle des Lehrers, der an seinen Unterricht und an seine Schüler denkt.

> «Das wog und paßte probeweise. Linde (auf den Zementsäcken) kam nicht ins Bild, solange ich die Platinkronen auf meinem rechten (nicht betäubten) Handteller hüpfen ließ. («Sehen Sie, Scherbaum, in ihrem Alter ahnt man noch nicht, welches Gewicht Zahnersatz in der wägenden Hand eines vierzigjähri-Studienrates haben kann.»)» (ÖB, 104/105)

Der empfindliche Handteller als Metapher für den Zustand zwischen Traum und Wirklichkeit, analog der von Günter Grass geschilderten Traumszene Kaiser Ferdinands im «Wallenstein»-Roman. Nach der Begegnung mit Wallenstein hatte Kaiser Ferdinand ein Traumgesicht, von dem er erst nach einiger Zeit wieder erlöst wird:

> «Er war mit heiserem Gekreisch aufgewacht. Er nahm die Hand langsam von den Augen, besah sich seinen Handteller, als wenn etwas von dem Traum daran klebe, rieb ihn am Knie.» (ÜD, 20)

Die zahnärztliche Behandlung nähert sich ihrem Ende, und das Schmerzempfinden stellt sich wieder ein. Der dritte Zustand wird erreicht, der der Wirklichkeit: «Ich verbeugte mich vor der Wirklichkeit: ‚Ach ja. Es schneit ja noch immer.'» (ÖB, 131)

Eine ironische Verbeugung immerhin, denn mit «Wirklichkeit» hat der Patient Starusch nicht viel zu schaffen. Er befindet sich in der Lage, keine Entscheidungen treffen zu müssen, denn jeder aufkommende Schmerz wird mit Arantil bekämpft. Das Spiel mit diesen aufgezeigten Bewußtseinszuständen entspricht glücklich dem Beruf und der Begabung des Herrn Starusch. Die dritte Phase der Empfindlichkeit entspricht der Rolle des Erziehers, der entscheiden und handeln muß. Die Rolle des Fachlehrers in Deutsch und Geschichte ziemt eher dem zweiten Zustand, in der bedacht und überlegt werden kann. Nur der erste Zustand, der zu Traum und Vision treibt, wäre nicht auszufüllen, wenn sich nicht Starusch auch als Autor zu erkennen gibt. Am Schluß des Romans heißt es: «Auf meinem Schreibtisch fand ich das Angefangene: Die Geste des Durchhaltens — oder der Fall Schörner. —» (ÖB, 358)

In die Fiktion ist eine andere Fiktion angelegt, die sich in den Betäubungszuständen als Visionskette entwickelt.

Eine Ebene, auf die sich dieses für die Struktur des Romans entscheidende Wechselspiel der Bewußtseinslagen funktional erstreckt, ist der Konflikt des Schülers Scherbaum, eines jungen Mannes ohne besondere Eigenschaften, der vor der Frage steht: Führe ich die Tat aus oder nicht?

Handlungen, um in der Öffentlichkeit durch Schockwirkung politisches Bewußtsein zu wecken, sind in der jüngsten Vergangenheit häufig geschehen. Truman Capote (in «Cold Blood») hätte die Dokumentation eines solchen Falles gebracht. Grass dokumentiert nicht, er bleibt vor dieser Tat, die nicht geschieht. Seine Frage ist nicht: «Wie konnte es dazu kommen, wie war der Ablauf, wo lagen die Gründe in Personen und gesellschaftlicher Situation?» Sondern: «Wie kann man die Erfahrung vermitteln, damit so etwas nicht geschieht?» Grass bleibt dem Titel seines Theaterstückes treu: Davor. Grass zeigt sich als Pädagoge.

Die Antwort auf diese Frage ist durch die Anlage der Erzählsituation, durch die bei diesem Roman festzustellende Einengung der Perspektive (Nur Starusch erzählt), weiter durch die dominierende, stets gegenwärtige Figur des Zahnarztes, der das Verhalten und die Entscheidung des Schülers Scherbaum letztlich verfügt, bestimmt.

Denn strukturell ist der Roman als Klammer angelegt: Starusch und der Zahnarzt beeinflussen Scherbaum, der ausweichen wollte, zwingen ihn und die anderen «ideologieverdächtigen» Personen in die Gegebenheiten des Alltags zurück:

> «Zwei Jahre später verließ Vero Lewand die Schule und heiratete (kurz vor dem Abitur) einen kanadischen Linguisten. Scherbaum studiert Medizin.» (ÖB, 358)

Mit dieser Feststellung endet der Roman. Das Problem ist gelöst. Die inhaltliche Lösung entspricht der gesamten Struktur.

Ein struktureller Gegensatz zum «Wallenstein»-Roman ist zu konstatieren: Bei Döblin die epische Apposition[50] des offenen Romans, bei Grass die einengende Klammer didaktischer Verfügung.

Durch ein weiteres Element wird dieser Strukturunterschied bestätigt, nämlich durch die von Grass an Döblin geschätzte Simultaneität. In der Lobpreisung des Schriftstellerkollegen Arno Schmidt heißt es u. a.:

> «... Unterricht geben und nehmen im Knopfannähen, Sülze und allernotwendigsten Selleriesalat speisen, mit Mädchen und Schnapsflasche und Hannoverschem Staatshandbuch von 1839 durch einen Orionnebel irren, mit Jean Paul polemisieren, in der Graufrühe einschlafen, Illustrierten bewegen, Schachspielen, also auch Nachrichten hören, weil ja Alfred Döblin seinen Fünfundsiebzigsten feiert und alles ‚gleichzeitig vorhanden' ist, ...» (ÜD, 76)

Auch in «Örtlich betäubt» haben wir Simultaneität. Doch im Vergleich mit den Döblinschen Romanen muß der Unterschied in der strukturellen Verankerung der Simultanebenen betont werden. Bei Döblin, besonders natürlich im «Berlin Alexanderplatz», Simultaneität in Form von Meldungen, Berichten, Liedtexten usw., die um Biberkopf montiert sind, der allerdings ihre Bedeutung nicht reflektiert. Bei Grass ein Simultaneitätsgefüge, das als Lehrprozeß auf Scherbaum gelegt wird, sich zu Szenen mit eigenem Realitätsanspruch auswächst und somit als balanciertes System sozial den Begriffen Schichten und Pluralismus entspricht.[50]

Das Movens des Romans «Örtlich betäubt» ist der von Starusch und dem Zahnarzt geführte Aufklärungs- und Rettungsversuch der gefährdeten Jugendlichen. Hier, an die didaktische Achse gehängt, spielt der Wallenstein seine Rolle.

Bei einem Zahnarztbesuch wendet sich Starusch an den ihn Behandelnden:

> «Was meinen Sie, Doktor, ob nicht gewisse geschichtliche Entscheidungen vom Zahnschmerz beeinflußt gewesen sein mögen; denn wenn belegt ist, daß Königgrätz von einem stark erkälteten Moltke gewonnen wurde, dann wäre zu untersuchen, inwieweit die Gicht den zweiten Friedrich gegen Ende des Siebenjährigen Krieges gehemmt oder beflügelt hat, zumal wir wissen, daß für Wallenstein die Gicht Stimulanz gewesen ist.» (HJ, 102/103)

In Döblins «Wallenstein»-Roman wird ebenfalls diese Krankheit erwähnt:

> «Er lag im Harrachschen Haus in Wien auf der Freyung; wieder lähmte ihn das Podagra.» (W, 285)

Nach tagelang zu erleidenden Anfällen ist der Friedländer dann wieder hergestellt, um mit um so größerer Vitalität kriegerischen Zielen nachzujagen. Die Gestalt des Döblinschen Wallenstein, so unterschwellig sie in «Örtlich betäubt» genannt wird, stand in Grass' Rede «Über meinen Lehrer Döblin» im Mittelpunkt. Leo Kreutzer in seinem Buch «Alfred Döblin» hat deutlich herausgestellt, daß die dem «Wallenstein» Döblins unterliegende Frage auch von Günter Grass in seinem jüngsten Roman wieder aufgenommen wird. Nämlich die Frage: Handeln oder Geschehenlassen?[51] Das auch behauptet

Walter Muschg als Herausgeber in seinem Nachwort zum «Wallenstein»:

> «Und als Thema des Buches stellt sich immer mehr der Gegensatz zwischen diesen beiden ins Mythische gesteigerten Gestalten heraus: zwischen Handeln und Nichthandeln, Härte und Weichheit, Erobern und Schenken — in extremer Spannung noch einmal das Thema des ‚Wang-Lun'.» (W, 749)

Doch darf nicht vergessen werden, daß Grass einer Fragestellung nachgeht, deren Antwort bereits im erzählerischen Verhalten und in der Gesamtstruktur des Romans entschieden ist, zumal er eine Tat im Auge hat, die mit derjenigen, die Döblin beschreibt, nicht viel gemein hat. Die Unterschiede mögen klarer werden, wenn wir im Aufriß zeigen, was Grass so sehr an Döblins Wallenstein fasziniert und was bei dieser, seiner Interpretation, ihn für Döblin einnahm.

Grass konstatiert aus Döblins Werk, daß diesem «kein Hegelscher Weltgeist über die Schlachtfelder» (ÜD, 8) reite. Kein geschichtlicher Progreß bedeutet dieses, sondern chaotisches Spiel komplexer Gewalten: «Geschichte als absurder Prozeß».

Grass' Polemik gegen diesen «Hegelschen Weltgeist» (absoluter Geist), die sich in den Stellungnahmen zu tagespolitischen Fragen immer wieder ausdrückt, glaubt seine literarhistorische Stütze im Werke Döblins zu finden: vorzüglich in dessen Roman «Wallenstein».

Auf der einen Seite Grass' Interpretationsergebnis: Geschichte als absurder Prozeß und, entgegengehalten, auf der anderen Seite: Hegelscher Weltgeist. Böses hat die Staatsphilosophie Hegels in Verbindung mit dem Puritanismus der deutschen Nation getan, sie, «die der Reichsgründung von 1871 inneren Halt geben mußte, bis das Reich an sich und in sich zerbrach.»[52], wie Grass in einem Aufsatz in der Süddeutschen Zeitung darlegt. Eine ideologische Verwertung philosophischer Gedanken zum Aufbau und Erhalt von Macht läßt Grass mißtrauisch werden. Sein manischer Groll gegen die Hegelschule, besonders gegen «Marxengels», gegen Geschichtsphilosophie, gegen dialektischen Materialismus verwehrt oder verleugnet Kenntnis und Einsicht in die herrschende gesellschaftliche Problematik und geschichtliche Situation. Grass' politische Ansichten sind die des Bürgertums. Da aber dieses in der Weimarer Republik und in der Bundesrepublik Deutschland bisher traurig versagte, setzt der politische Redner Grass dort an, wo sein Versagen deutlich wurde, nämlich im Mißverständnis der Begriffe und Rollen von Nation und Separatismus. Noch zu wenig ausgebaut ist die «dominierende Mitte», als deren Sprecher er sich gibt, und die Deutschen neigen ja dazu, «extreme Standpunkte zu suchen», d. h. zwischen Nationalismus (Rechtsradikalen) und Separatismus (damit meint Grass auch die Linksradikalen) zu schwanken. Die Separatisten unserer Zeit waren Adenauer und Ulbricht, heute «— Schuhnummern kleiner — Barzel und Honnecker, die auf Spaltung und Einheit zugleich bestehen».

Grass fordert, daß dem Separatismus und Nationalismus die Wurzeln abgegraben werden, er will einfach die Nation. Denn «zwanghafte Einheitssucht und zwanghafter Hang zur Zersplitterung» bedingen einander. «Die Deutschen tun sich schwer mit der Nation, weil eine zu bilden sie nicht imstande gewesen sind.»[53] Es ist halt den Deutschen, natürlich im Gegensatz zu Frankreich und England, nicht gelungen, eine Nation zu werden. Das lag nicht daran, daß die bürgerliche Revolution nicht stattfand, sondern an der Politik einiger Personen: Ulbricht und Adenauer zum Beispiel.

Die Situation, ja, der kritische Punkt in der Geschichte Deutschlands, das Paradebeispiel, war in dem Augenblick gegeben, als Wallenstein von Ferdinand II. aus kaiserlichen Diensten entlassen wurde. Die Chance, den herrschenden Feudalismus zu überwinden, die zu Separatisten gewordenen Fürsten zu beseitigen — vor allem Maximilian von Bayern — und damit die bürgerliche Revolution vorzubereiten, war vertan. So sagt die Geschichtsschreibung.

Alfred Döblin war sich bewußt, daß diese versäumte Revolution, die Wallenstein hätte leisten können, ihre Auswirkungen bis in die Weimarer Republik zeigte.[54]

Kreutzer faßt zusammen:

> «Eine ausgebliebene Revolution und die Folgen, — dies ist Döblins aktuelles politisches Interesse am Stoff seines zweiten großen Romans.» und — «Die vereitelte historisch-politische Rolle Wallensteins ist ihm der Punkt, an dem die deutsche Geschichte auf das falsche Gleis geriet.»[55]

Döblin zeichnete in Distanz einen historischen Hintergrund, auf dem sich zeitgenössische Verhältnisse der Kriegs- und Nachkriegsjahre des 1. Weltkrieges ablesen lassen. Noch immer galt es, den Feudalismus zu beseitigen. In einem Brief vom 10. 7. 1916 schreibt Döblin an Herwarth Walden:

> «Der Krieg ist dies Jahr gewiß zu Ende, wir werden keinen oder nur einen markierten Winterfeldzug erleben, et après –, es kommen keine leichten Jahre trotz Polen und Kurland. Aber ranhalten muß man sich dann, es geht alsdann um die Wurscht in der inneren Politik, dann fängt erst der Krieg an, der das Resumee des äußeren zieht, Parole: Deutschland contra Ostelbien, Europa gegen Feudalismus; die Politik wird uns Unpolitischen dann hoffentlich auch etwas in die Knochen fahren.»[56]

Döblin beginnt seinen «Wallenstein»-Roman zu entwerfen und sieht das Thema als ein «deutsches politisches».[57]

Auch seine Auseinandersetzung mit dem «Wallenstein»-Friedrich Schillers ist «politischer, nicht gattungstheoretisch-poetologischer Art».[58]

Es ist verständlich, daß Günter Grass an diese politische Auseinandersetzung anschließt und erkennen will, daß sich das Geschehen des Dreißigjährigen Krieges auch noch auf die Gegenwart auswirkt. Grass schreibt:

> «Döblins Wallenstein ist, wie nebenbei, auch ein Feldherr, der sich gelegentlich gezwungen sieht, Schlachten zu schlagen, die er nicht hat verzögern, vermeiden können; in der Hauptsache aber ist Döblins Wallenstein der erste moderne Manager langfristiger Kriegsplanung, der erste Baumeister eines finanzmächtigen Kartells, das, vom Krieg gespeist, den Krieg speiste und bis heute nicht entflochten worden ist. Wallenstein verstand es, die verschiedensten Interessen wachzuhalten und – wie wir sehen werden – zu verbinden.» (ÜD, 15)

Nur scheinbar liegt hier eine völlige Übereinstimmung zwischen Döblin und Grass bezüglich Wallenstein vor. Jedoch die Akzente sind sehr unterschiedlich gesetzt: Döblin nimmt «die ausgebliebene Revolution und die Folgen»[59], Grass das «Aufkommen des modernen Finanzmanagements». Grass sieht in Wallenstein allein das Finanzgenie, das sich den Kaiser kaufte, und verweist darauf, daß die Finanz heute noch ihre Kaiser kauft:

«Döblins rückblickende Vision läßt uns erschrecken: lange bevor Krupp vor Verdun sein großes Geschäft machte, investierte Wallenstein sein Vermögen in Rüstungsgeschäfte. Krupp wie Wallenstein kauften sich je einen Kaiser. Und wir wollen immer noch nicht erkennen, daß Hitler sich nicht die Industrie, daß vielmehr die Industrie — Wallensteinsche Adepten — sich ihren Hitler kauften.» (ÜD, 17)

Bei seiner Interpretation vergißt Grass, daß die Gestalt Wallensteins in einem weiteren historischen Zusammenhang stand, so sehr, daß seine Finanzmacht zu einer revolutionären Macht wurde, die sich aber nicht durchsetzte. Das Feudalsystem blieb erhalten. Darauf geht Grass aber nicht ein. Indem er so verfährt, indem er gesellschaftliche Machtverhältnisse außer acht läßt und damit erheblich historische Unterschiede zwischen Ferdinand, Kaiser Wilhelm und Adolf Hitler verwischt, indem er «aus dem Komplex ‚Wallenstein' nur die Analyse des Feldherrn als Großbankier hervorhob» (ÜD, 26), bleibt er unhistorisch. Das Modell, welches er im Wallenstein findet, wird ihm zum Abbild des modernen Kapitalismus, so als sei ein Netz der Bestechung über das Volk geworfen, ein System errichtet von einer Finanzmacht, welches «nur entflochten zu werden braucht», um Frieden aufkommen zu lassen. Sparte sich Grass diese Art der Interpretation aus? Die Akzente sind so gesetzt, geschichtliche Situationen so als «historia docet» genommen, daß behauptet werden kann: Grass weiß nicht um historisch-soziale Gesetzmäßigkeiten. Der von Günter Grass auf Döblin gemünzte Satz muß lauten: «Grass sieht Geschichte als absurden Prozeß.» Möglichkeiten sinnvoller Ordnung sind nur durch vernünftiges Handeln und zähes Reformieren zu erreichen. Grass sieht keine Klassenkampfsituation, sondern, auf Nation und Volk pochend, nur schädliche Nationalisten und Linksradikalisten. Diese haben «aus ihrem Unvermögen, sich selbst zu begreifen, Weltkriege entfesselt».[60] Wenn sie doch zu einer vernünftigen Nationalgesinnung fänden, wenn sie es unterließen, durch Theorien jeweils die Wirklichkeit zu verstellen. So wünscht es Günter Grass.

Dem entsprechen Grass' Lamento und seine Zurechtweisung der «Radikalen» in der Rede «Über das Selbstverständliche» bei der Verleihung des Georg-Büchner-Preises in Darmstadt. Auffällig der Titel, die Berufung auf schlichte Bürgerpflicht: «Oh, Ihr schmalbrüstigen Radikalen, denen Reformen zu langsam und widersprüchlich verlaufen. Ihr redet Revolutionen das Wort, die längst stattgefunden und sich selbst umgebracht haben, ...»[61]

Grass hat Position bezogen, er suggeriert das Bild einer Nation, beklagt als Sänger die verhängnisvolle Geschichte der Deutschen und fordert Bekämpfung des Separatismus: Die Deutschen müssen sich selbst begreifen. Grass übernimmt in der Bundesrepublik, als Dichter der Nation — wie einst Whitman in Amerika, wie im 19. Jhdt. Rückert — die Rolle, die nicht Döblin, sondern Hauptmann in der Weimarer Republik eingenommen hatte. Schmalbrüstige Radikale gegen welche Gesunden?

Doch die Frage bleibt: Wie ist zu handeln? Im «Wallenstein» hat Döblin Alternativen geboten, wie er es bereits im «Wang-Lun» getan hatte. Handeln oder Geschehenlassen. Und diese Frage stellt sich in «Örtlich betäubt», allein nicht in dem Wechselspiel von Aktion und Reaktion, Tun und Stillhalten wie zwischen Wallenstein und Ferdinand, sondern eine gewisse Tatabsicht wird reflektiert. Hierzu werden Beispiele aus der Geschichte bemüht. Scherbaum muß sich von Starusch sagen lassen: «Tun Sie es, bitte, tun Sie es. Aber mir sollte es erlaubt sein, Ihre geplante Tat am historischen Beispiel zu messen.» (ÖB, 275)

«Ihm ritt kein Hegelscher Weltgeist über die Felder.» Mit diesem Satz verläßt Günter Grass in seiner Rede den «Wallenstein»-Roman in der Thematik des Handelns und Nichthandelns. Wie kann, so wird in «Örtlich betäubt» überlegt, die Jugend davon abgehalten werden, erneut zu einem solchen «Ritt» anzusetzen. Kurz gesagt, für Grass ist jede Tat, die sich auf eine Theorie beruft — und Theorie ist ihm verhaßt —, eben besonders auf die Marx-Engels-Lehre beruft, von Verhängnis und führt zum Terror und sinnloser Vernichtung. Es gibt für Grass keine Revolutionen, die haben sich «selbst umgebracht».

In «Örtlich betäubt» wird mit dieser Revolutionsgesinnung abgerechnet und gezeigt, daß politische Tat aus «extremer» Gesinnung, trifft sie auf den apolitischen, nicht aufgeklärten, auf den dummen Bürger, nichts als Katastrophen erwirkt. Der als «schmalbrüstiger Radikale» diffamierte «Linke», der seine Marx-Engels-Lektüre parat hatte und der von der «rechten» Seite, der Nietzsche denkt: Sie, über einen Kamm geschert, sind die Feinde der Nation. In «Örtlich betäubt» vereinen sich beide in der Gestalt des falschen Bademeisters, der mit Hilfe einer Wellenmaschine die Badegäste[62] tötet:

> «In seiner Kombüse, neben dem Schaltbrett der Wellenmaschine, läßt der falsche Bademeister seinen Marxengels im Täschchen und raucht Nietzsches Nachlaß Seite um Seite auf Lunge.» (ÖB, 353/354)

Dann bedient er die Wellenmaschine und — wie deutlich ist der Hinweis —, «nach dem vierten, die Stirnwand berennenden Brecher treiben die Kinderchen knochenlos.» (ÖB, 356)

Eine Vision der Grausamkeit und Zerstörung, die an Döblin erinnert, die aber in ihrem Stellenwert, eben ihrer Aufgabe, drohendes Unheil zu demonstrieren, wenn die «Linken» oder «Rechten» ihre Spielchen weitertrieben, eben niemals Döblin sein könnte oder je gewesen ist. Hiermit negiert Grass den Futurismus Döblins; angehängt an eine Handlungsszenerie, die sich zwischen Schulhof, Kneipe und zahnärztlichem Behandlungsraum abspielt, liefert er eine mahnende Vision technischer Zerstörungswut.

Diese Badehallenszene springt aus der Gesamtstruktur des Romans, weil sie unvorbereitet kommt; deswegen wohl, um den Bürger vor plötzlicher und unerwarteter Katastrophe zu warnen. Immerhin: der Versuch eines Darüberhinausweisens, jedoch entgegen Döblin mit belehrender Tendenz. Grass bleibt der Einzelgänger.

Im Verlauf des Romans «Örtlich betäubt» löst sich die Alternativfrage nach dem Handeln—Nichthandeln auf und wird zu der Frage nach dem rechten Handeln. Das Gespann Starusch—Doktor setzt sich pädagogisch-demagogisch durch und wirbt für seine Vorstellung von der Zukunft der Menschheit. Der «Doktor» demonstriert durch seine Behandlungstechnik, wie zu verfahren sei. Er ist jemand, der: «in harter Detailarbeit, Schritt für Schritt, sein Ziel angeht.»[63] Dieses Verhalten lobt Günter Grass auch an Willy Brandt.

Grass ist nicht mehr hinter seinem Buch verschwunden, er verließ seine «Zuflucht», «um sein Manifest zu sprechen» (ÜD, 9), sein politisches Manifest. So weiß die «Welt» vom 3. Februar 1971 stolz zu berichten:

> «Der Schriftsteller Günter Grass hat sich während eines Aufenthaltes in Paris gegen eine revolutionäre Politik und für ein evolutionäres Vorgehen ausgesprochen. In Paris, wo er gegenwärtig seinen kürzlich

in Frankreich erschienenen Roman «Örtlich betäubt» vorstellt, sagte Grass vor Journalisten, er habe den ‚langsamen Weg' eingeschlagen, der den sozialen Fortschritt mit einer Demokratisierung verbinde.»

Wird Günter Grass uns ein «Pariser Tagebuch» schenken? Grass als Individualist, der sich zum Repräsentanten deutschen Geistes gemausert hat, sieht Geschichte individuell — «privat». «Hegelscher Weltgeist» soll vertrieben werden, die Besinnung auf das Ich, auf das Selbstbegreifen soll diese Aufgabe wieder leisten. Das Ich gibt Zeichen. Verraten diese Zeichen schmerzhafte Zustände, so muss «Örtlich betäubt» werden. D. h. auf Gesellschaft und Politik bezogen: Eine Reform muß eingeleitet werden, denn, die im Schmerz gelassen werden, sind zu Untaten extremer Art fähig — «Döblin entwirft uns einen von der Podagra geplagten Bankier»! In diesem Zusammenhang wird die Feststellung in «Örtlich betäubt» verständlich, daß für Wallenstein die Gicht Stimulanz gewesen ist. (ÖB, 103)

Wallenstein wird nicht, wie es Döblin verstanden wissen wollte, als politischer Täter in historischer Situation gesehen, sondern als Un- und Übeltäter, der die noch heute wirkende Verbindung von Finanz und Militär und Politiker brachte. Die so gewertete Gestalt Wallensteins dürfte damit für Grass reif geworden sein, den «Hegelschen Weltgeist» zu repräsentieren. In der Tat dürfte überzeugend sein, daß Ferdinand Schörner, der General, der als Industrieller den Namen Krings trägt, beide Berufe in dem neuen Beruf des Politikers verbinden will:

«Ich bin entschlossen, die siegreiche Wende auf einem anderen Feld einzuleiten; in die Politik werde ich gehen.» (ÖB, 346)

Krings ist ein Vertreter des «Systems Wallenstein». Grass inszeniert den Auftritt Schörners (Krings) folgendermaßen: (Linde Krings erwartet ihren Vater)

«— Sie öffnete den Gepäckraum. Sie verschob den Reservereifen. Sie drehte sich in Richtung immer größer werdender Radfahrer. Geschichte passierte: Hegels Weltgeist ritt querfeldein über Äcker, unter denen der Bims auf seine Ausbeutung wartete.» (ÖB, 61)

Indem Grass Döblins «Wallenstein» falsch deutet, — denn gerade im Gegensatz zu Grass legt Döblin in seinem «Wallenstein» das Bekenntnis zu «politischer Wirksamkeit, revolutionärem Handeln, historischer Veränderung»[64] an –, indem er diesen eben als Übeltäter brandmarkt, versteift sich Grass auch hier in historisch-politischer Fehleinschätzung. Er kommt eben nicht von Döblin her. Damit ist nicht behauptet, daß Döblin die Geschichte des Dreißigjährigen Krieges als Hegelscher Dialektiker sieht, aber seine Schlußfolgerungen, die er 1921 in dem bereits zitierten Aufsatz «Der Dreißigjährige Krieg» lieferte, zeigt, welch scharfen Blick er für geschichtliche Krisen besaß.

Starusch, der sich dem «Doktär» zur Verfügung stellte, um behandelt zu werden, wird insofern als Moderator und Medium der Simultanszenen selbst Ausweis eines Erziehungs- und Belehrungsprozesses, als er sich letztlich einer permanenten Behandlung unterzieht. Das erste Behandlungsstadium zeigt noch die pessimistische Einstellung und die «absurde Geschichte», wenn Starusch sinniert:

> «Denn was, Doktor, und wieviel können wir aus der Geschichte lernen? Gut, zugegeben: Ich war unfolgsam, hielt mich nicht an vermittelte Erfahrungen, habe, weil es draußen schneite, und weil ich Spuren im Schnee machte, noch auf dem Heimweg ein kaltes Bier getrunken und mußte mit lauem Wasser zwei weitere Arantil... Nichts können wir lernen. Es gibt keinen Fortschritt, allenfalls Spuren im Schnee...» (ÖB, 114)

Am Ende des Buches finden wir den Dauerpatienten Starusch, der geheilt werden will:

> «Und bei mir bildete sich unten links ein Herd. Die Degudentbrücke wurde durchgesägt. Minus sechs mußte gezogen werden. Der Herd wurde ausgekratzt. Mein Zahnarzt zeigte mir ein an der Wurzelspitze hängendes Säckchen: eitrig-wässriges Gewebe. Nichts hält vor. Immer neue Schmerzen.» (ÖB, 358)

Günter Grass und der „Doktär"

Der Einzelgänger Günter Grass schließt Kompromisse, er wird politisch und beugt sich nun den immer Schmerzen bereitenden Gegebenheiten des Alltags. Dieser Wandlungsversuch wird in seinem Roman «Örtlich betäubt» problematisiert.

144

Aber Günter Grass hat lange entschieden. Es geht ihm nicht mehr, wie es noch in den «Hundejahren» den Anschein haben will, um die Suche nach verschiedenen künstlerischen Existenzformen, sondern um die Autoritätsmehrung des Schriftstellers Günter Grass in der Bundesrepublik Deutschland. Nicht mehr, also, die Spaltung in den verschwundenen Autor auf der einen Seite und den sich engagierenden politischen Menschen auf der anderen Seite, sondern um den verantwortlichen, von der Macht getragenen, reformeifrigen, nicht radikalen Schriftsteller, der gleichzeitig politisch ist oder politisch sein will. Wählte sich Günter Grass den Vorsitzenden der Sozialdemokratischen Partei als jemanden, auf den er als Autorität verweisen kann, so suchte und fand er Alfred Döblin, der, da auf ihn als Vorbild verwiesen wird, dem, der es tut, nämlich Günter Grass, größere Autorität und Vorbildlichkeit spenden soll. Genau so, wie in «Örtlich betäubt» Geschichte als Tradition aufgebunden wird.

Alfred Döblin war nicht der Lehrer des Günter Grass. Dessen Bekenntnis zu ihm zeigt nur, daß Günter Grass einen Schüler spielen will, um selbst Lehrer zu sein, daß er sich in die Rolle des Patienten verfügt, um die Rolle des Heilenden spielen zu können.

> «So machte ich mich am späten Nachmittag auf den Weg, verzögerte die dritte Anrufung, und erst auf dem Hohenzollerndamm, wenige Schritte vor jenem Hausnummernschild, das mir in der zweiten Etage des bürgerlich bemessenen Miethauses die Praxis des Zahnarztes versprach, ...» (ÖB, 8)

Ebenfalls in Charlottenburg, jedoch nicht auf dem Hohenzollern-, sondern auf dem Kaiserdamm, Hausnummer 28, wohnte ab 1931 Dr. Alfred Döblin.

(1971)

Anmerkungen

[1] s. Günter Grass, Über das Selbstverständliche. Reden, Aufsätze, Offene Briefe, Kommentare, Neuwied, Berlin 1968, z. B. S. 22, S. 84 pp.

[2] s. Ernst Ribbat, Die Wahrheit des Lebens im frühen Werk Alfred Döblins, Münster 1970, S. 227, und Monique Weyembergh-Boussart, Alfred Döblin, Seine Religiosität in Persönlichkeit und Werk, Bonn 1969, S. 1.

[3] Günter Grass, Über das Selbstverständliche, Neuwied u. Berlin 1968, S. 112.

[4] s. Leo Kreutzer, Alfred Döblin, Stuttgart 1970, S. 134 pp.

[5] A. Döblin, Die Zeitlupe, Olten und Freiburg/Br. 1962, S. 11.

[6] s. hierzu: Christa Baumgarth, Geschichte des Futurismus, Reinbek b. Hamburg 1966, S. 88 pp. − und: Armin Arnold, Die Literatur des Expressionismus, Stuttgart 1966, S. 22 pp. und S. 80 pp.

[7] Kreutzer, a. a. O., S. 38.

[8] F. T. Marinetti, Technisches Manifest der Futuristischen Literatur. In: Der Sturm, Jg. III, Nr. 133. Wieder abgedruckt in: Paul Pörtner, Literaturrevolution 1910−1925. Dokumente − Manifeste − Programme, Bd. II: Zur Begriffsbestimmung der Ismen, Neuwied 1961, S. 55.

[9] A. Döblin: Offener Brief an F. T. Marinetti. In: Der Sturm, Jg. III, Nr. 150/151.

[10] Kreutzer, a. a. O., s. besonders S. 35 pp.

[11] «Der Psychologismus, der Erotismus muß fortgeschwemmt werden.» (AL, 18)

[12] Arthur Koestler, Frühe Empörung. Gesammelte autobiographische Schriften, Bd. I, Wien, München, Zürich 1970.

[13] Arnold, a. a. O., S. 54.

[14] Ilpo Tapani, Piirainen, Textbezogene Untersuchungen über «Katz und Maus» und «Hundejahre» von Günter Grass, Bern 1968, S. 64.

[15] «Die langen Satzverbindungen sind rekurrent, der persönliche Charakter des Textes wird aber durch die Übermäßigkeit der angereihten Strukturbildung plump und unattraktiv.»: Piirainen, a. a. O., S. 55.

[16] «Und so werfe ich denn, nachdem ich wie an einem Faden eine einzelne Person hingezogen habe, jetzt Person nach Person in den Prozeß hinein, bis eine gewisse Höhe erreicht ist.» A. Döblin, AzL, 126.

[17] Alfred Döblin, Briefe, Olten 1970, s. Brief v. 18. 1. 1938 an Ferdinand Lion.

[18] Ferdinand Lion, Bemerkungen über Alfred Döblin, In: Die neue Rundschau, Bd. 2, 1922, S. 1010.

[19] Peter Demetz, Die süße Anarchie, Deutsche Literatur seit 1945, Berlin, Frankfurt, Wien 1970, S. 271.

[20] vgl. Hans Mayer, Felix Krull und Oskar Matzerath. Aspekte des Romans. In: Das Geschehen und das Schweigen, Aspekte der Literatur, Frankfurt a. M. 1969, S. 35−67.

[21] Hans-Peter Bayerdörfer, Der Wissende und die Gewalt. Alfred

Döblins Theorie des epischen Werkes und der Schluß von «Berlin Alexanderplatz». In: DVS, Jg. 44, 1970, Heft 2, S. 325.

[22] vgl. z. B. Robert Minder, Begegnungen mit Alfred Döblin in Frankreich. In: Text und Kritik, 13/14, S. 59: «... der Kurzsichtige mußte sich erst mühsam an die Außenwelt herantasten, die er begierig mitschwingend durch alle Nüstern und Poren aufnahm und die doch letzten Endes aufging in der übermächtig hervorquellenden innern Vision.»

[23] Alfred Döblin, Schicksalsreise. Bericht und Bekenntnis, Frankfurt a. M. 1949, S. 155.

[24] vgl. Kreutzer, a. a. O., S. 9 pp.

[25] Döblin, Briefe a. a. O., Brief an Thomas Mann v. 23. 5. 1935.

[26] Franz Lennartz, Deutsche Dichter und Schriftsteller unserer Zeit, Stuttgart 1969[10], S. 151.

[27] A. Döblin, Glossen, Fragmente (von Linke Poot). In: Die Neue Rundschau, Bd. 1, 1920, S. 136.

[28] vgl. Karl August Horst, Die Vogelscheuchen des Günter Grass. In: Merkur, XVII. Jg. 1963, Heft 179–190, S. 1007.

[29] K. A. Horst, a. a. O., S. 1008.

[30] Günter Blöcker, Literatur als Teilhabe, Berlin 1966, S .29.

[31] A. Döblin, Briefe a. a. O., Brief an Gottfried Bermann v. 17. 12. 37.

[32] Döblin, Briefe, a. a. O., S. 75.

[33] s. z. B. WL, S. 174 pp.

[34] Kreutzer, a. a. O., S. 64.

[35] «Ein Dualismus, der Döblin von nun an zeitlebens beschäftigen wird. Im Frühwerk stellt er sich ihm in der undialektischen Form einer Alternative dar; ... seit dem Ausgang der zwanziger Jahre; ... faßt er das Problem dann dialektisch.» Kreutzer, a. a. O., S. 53/54.

[36] Wenn auch in eine Utopie hineingestellt; menschliche und Naturgeschichte treten in ein enges Wechselverhältnis. In Krisenzuständen gewinnen Staaten und Natur neue qualitative Zustände. Viele Passagen ähneln Argumenten der Kontroverse zwischen Sartre, Garaudy, Hyppolite, Vigier und Orcel. Vgl. besonders S. 11 pp. In: Sartre u. a., Existentialismus und Marxismus, Frankfurt a. M. 1968.

[37] Theodor W. Adorno, Ästhetische Theorie, Gesammelte Schriften, Bd. 7, Frankfurt a. M. 1970, S. 263 p.

[38] R. M. Albérès, Geschichte des modernen Romans, Düsseldorf, Köln 1964, S. 121.

[39] «Helfen den andern, Verstümmelten, helfen! Ihre Gesichter wieder gut machen!», WL, S. 459.

[40] «Nicht lange später will ich dann wieder zu einem großen Schlage ausholen, ..., vielleicht etwas Massiveres, das mir im Kopf herumgeht, mit historischem deutschen Boden, um 1847/48; ...», Döblin, Briefe, a. a. O., Brief an Herwarth Walden v. 10. 5. 1915.

[41] Lucien Goldmann, Soziologie des Romans, Neuwied und Berlin 1970, S. 240.

[42] L. Goldmann, a. a. O., S. 17 pp.

[43] Viktor Zmegac, Kunst und Wirklichkeit, Bad Homburg v. d. H., Berlin, Zürich 1969, S. 18.

[44] V. Zmegac, a. a. O., S. 19.

[45] Bert Brecht, Schriften zur Literatur und Kunst, Suhrkamp Verlag, Frankfurt a. M. 1967, Bd. II, S. 171.

[46] V. Zmegac, a. a. O., S. 25.

[47] So mußte sich Grass von Pavel Kohout sagen lassen: «Ich habe den Eindruck, daß Ihre Generation — ich meine die der Künstler — aufgrund ihrer Erfahrungen eine Generation der Einzelgänger ist.» Aus: Günter Grass/Pavel Kohout: Briefe über die Grenze, Hamburg 1968, S. 12.

[48] Beweis dafür, wie sehr G. Grass bereits von Berufspädagogen geschätzt wird, ist die Veröffentlichung eines Aufsatzes in einer pädag. Fachzeitschrift: vgl. Westermanns Pädagogische Beiträge, Heft 8, August 1970, S. 427 p.

[49] vgl. Günter Grass, Über das Selbstverständliche. In: Über das Selbstverständliche, Reden, Aufsätze, offene Briefe, Kommentare, S. 84—104.

[50] Anmerkung: Wenn Werner Weber behauptet, daß das, «was dem Patienten während der Behandlung, beim Mitgehen, Mittun in den Fernsehsendungen und besonders beim Blick auf die Mattscheibe des Apparates in den Sinn kommt, durch den Sinn streicht,» den Roman ausmache, so hat er recht. Jedoch folgert er: «Das gehört zu dem, was man offene Struktur, Simultaneität nennt. Und das hat Grass immer schon gekonnt. Aber noch nie hat er es so sichtbar gemacht als Technik, noch nie so bloßgestellt als einen Trick. Die vitale Ironie, über die er verfügt, richtet sich nun mehr als je gegen das Erzählen selbst, gegen das Dichten in und aus Bewußtseinsströmen: gegen die die alles duldende Mattscheibe.» — Mehr Trick als Technik, so müßte man hinzufügen. Jedoch nicht, um sich gegen das Erzählen zu wenden, dazu spielt Günter Grass nur zu gern mit erzählerischen Mitteln. Mit der verwendeten Simultaneität signalisiert Grass eine offene Struktur, um die unterliegende «geschlossene» Struktur, soweit es ihm möglich ist, zu verbergen. Zitate aus: Werner Weber, Forderungen. Bemerkungen und Aufsätze zur Literatur, Zürich und Stuttgart 1970, S. 180.

[51] vgl. Kreutzer, a. a. O., S. 65.

[52] Süddeutsche Zeitung, Nr. 14, 16./17. Januar 1971.

[53] Süddeutsche Zeitung, Nr. 14, 16./17. Januar 1971.

[54] «Und indem die Kaisermacht sank, die Landesfürsten Souveräne wurden, blühten an tausend Stellen die kleinen Dynasten und Tyrannen auf im armen, armen Deutschland, das damit wirklich den Krieg verloren hatte. Der Bürgerstand verfallend, der Bauernstand längst hin, die Despoten wachsend, wuchernd! . . . . . . die Knechtsnatur wurde dem Deutschen mit grausamem, langwirkendem Stempel aufgedrückt, die Knechtsnatur, die später alle seine Gedanken, Gedichte, Entdeckungen schwach und wertlos machte, weil die Taten ärmlich und erbärmlich blieben. Diese Knechtsnatur, gegen die sie mit allen Eroberungen, Fortschritten und Errungenschaften vergeblich an-

kämpften.» Zitat aus: A. Döblin, Der Dreißigjährige Krieg. In: Die Befreiung der Menschheit, herausg. v. Ignaz Jezower, Berlin, Leipzig, Wien, Stuttgart 1921. S. 56.

[55] Kreutzer, a. a. O., S. 59.

[56] A. Döblin, Briefe, a. a. O., Brief an Herwarth Walden vom 10. 7. 1916.

[57] A. Döblin, Briefe a. a. O., Brief an Albert Ehrenstein vom 9. 10. 1916.

[58] Kreutzer, a. a. O., S. 61.

[59] Kreutzer, a. a. O., S. 59.

[60] Süddeutsche Zeitung, Nr. 14, 16./17. Januar 1971.

[61] G. Grass, Über das Selbstverständliche, a. a. O., S. 103.

[62] «Das Bild der teilnahmslosen Zuhörer des Wahlredners Grass am Ostseestrand dürfte ihm diese geschmacklose Szene eingegeben haben.» S. Grass, Über das Selbstverständliche, a. a. O., S. 85/86.

[63] Günter Grass, Loblied auf Willy, in: Über das Selbstverständliche, a. a. O., S. 25.

[64] Kreutzer, a. a. O., S. 61.

Literaturverzeichnis

Adorno, Theodor W.: Ästhetische Theorie. Gesammelte Schriften, Bd. 7, Frankfurt a. M. 1970.

Albérès, R. M.: Geschichte des modernen Romans. Düsseldorf, Köln 1964.

Arnold, Armin: Die Literatur des Expressionismus. Stuttgart 1966.

Baumgarth, Christa: Geschichte des Futurismus. Reinbek 1966.

Bayerdörfer, Hans Peter: Der Wissende und die Gewalt. Alfred Döblins Theorie des epischen Werkes und der Schluß von «Berlin Alexanderplatz». In: DVS, Jg. 44, Heft 2, 1970.

Blöcker, Günter: Literatur als Teilhabe. Berlin 1966.

Demetz, Peter: Die süße Anarchie. Deutsche Literatur seit 1945. Berlin, Frankfurt, Wien 1970.

Döblin, Alfred: Briefe. Ausgewählte Werke in Einzelbänden. Hg. von Walter Muschg und Heinz Graber. Olten und Freiburg i. Br. 1970.

Goldmann, Lucien: Soziologie des Romans. Neuwied und Berlin 1970.

Grass, Günter/Kohout, Pavel: Briefe über die Grenze. Hamburg 1968.

Grass, Günter: Über das Selbstverständliche. Reden, Aufsätze, offene Briefe, Kommentare. Neuwied 1968.

Horst, Karl August: Die Vogelscheuchen des Günter Grass. In: Merkur, XVII, Heft 179–190. 1963.

Koestler, Arthur: Frühe Empörung. Gesammelte autobiographische Schriften. Bd. I. Wien, München, Zürich 1970.

Kreutzer, Leo: Alfred Döblin. Stuttgart 1970.

Lennartz, Franz: Deutsche Dichter und Schriftsteller unserer Zeit. Stuttgart 1969.

Lion, Ferdinand: Bemerkungen über Alfred Döblin. In: Die neue Rundschau. Bd. 2, 1922.

Mayer, Hans: Das Geschehen und das Schweigen. Aspekte der Literatur. Frankfurt a. M. 1969.

Minder, Robert: Begegnungen mit Alfred Döblin in Frankreich. In: Text und Kritik 13/14.

Piirainen, Ilpo Tapani: Textbezogene Untersuchungen über «Katz und Maus» und «Hundejahre» von G. Grass. Bern 1968.

Pörtner, Paul: Literaturrevolution 1910–1925. Dokumente – Manifest – Programme. Neuwied 1961.

Ribbat, Ernst: Die Wahrheit des Lebens im frühen Werk Alfred Döblins. Münster 1970.

Sartre, Garaudy u. a.: Existentialismus und Marxismus. Frankfurt a. M. 1968.

Weber, Werner: Forderungen, Bemerkungen und Aufsätze zur Literatur. Zürich, Stuttgart 1970.

Weyembergh-Boussart, Monique: Alfred Döblin, Seine Religiosität in Persönlichkeit und Werk. Bonn 1969.

Zmegac, Victor: Kunst und Wirklichkeit. Bad Homburg v. d. H., Berlin, Zürich 1969.

Wilhelm Johannes Schwarz

10 | Auf Wahlreise mit Günter Grass

Ein kleiner bis mittelgroßer, breitschultriger Mann, hinter dessen wildem Schnauzbart man leicht einen Tamerlan, einen Wüstling vermuten könnte, kommt aus dem Hamburger Flughafen: Günter Grass, Autor von *Blechtrommel, Katz und Maus, Hundejahre* und *Örtlich betäubt*. Das Aussehen täuscht, was sich schon beim ersten Vorstellen zeigt. Grass ist sicherlich ein «männlicher» Typ mit einer tiefen, dröhnenden Bärenstimme, doch er ist gleichzeitig ein wenig schüchtern, wird manchmal verlegen und benimmt sich grundsätzlich immer korrekt. Niemals gebraucht der Verfasser der *Blechtrommel* eine Sprache, die irgendwie unangebracht oder fehl am Platz sein könnte. Über eine Woche lang hatte ich Gelegenheit, Günter Grass in den verschiedensten Milieus zu beobachten: mit Arbeitern, Betriebsräten, Parteifunktionären, Landräten, Verwandten, Dichterkollegen, Bundesministern, Studenten, Frauen. Ob Grass nun mit Wirtschaftsminister Schiller oder mit einem Tramp spricht, den er irgendwo auf der Straße aufgelesen hat, immer paßt er sich an, immer kommt sehr schnell ein Gespräch zustande. Und immer handelt es sich um ein sehr natürliches Gespräch, bei dem von Herablassung oder Überlegenheitsgefühlen kaum die Rede sein kann.

Im Volkswagen-Bus kommen wir natürlich zuerst auf seine Bücher zu sprechen. «Welches halten Sie für mein bestes Buch?» «Ich ziehe immer noch die *Blechtrommel* vor.» «Auf gar keinen Fall. Vielleicht ist die *Blechtrommel* besser geschrieben, wenn Sie an irgendeine Poetik des Romans denken. Wenn Sie meine Bücher nach der Theorie der Literatur beurteilen wollen, ist überhaupt *Katz und Maus* das beste. *Hunde-jahre* fällt natürlich nicht so hübsch und nett in diese fertigen Kriterien und Kategorien. *Die Blechtrommel* hat sicherlich gewisse Vorzüge gegenüber den anderen Prosawerken. *Hunde-jahre* dagegen ist viel komplizierter und bewegt sich ganz einfach auf einem höheren Niveau. Ich bleibe dabei, daß es mein bestes Buch ist und vielleicht bleiben wird. Was halten Sie von *Örtlich betäubt?*» «Mir sagt es nicht besonders zu, ich finde nicht so recht eine Beziehung zu diesem Werk. Das ist nun also der neue Grass, etwas angestrengt modern. In Ihren drei ersten Prosawerken waren Sie doch sehr traditionsgebunden, dabei aber immer originell und frisch. Ich glaube nicht, daß *Örtlich betäubt* außer den modernen Stil- und Erzählmitteln den anderen Büchern etwas voraus hat. Wird dies nun auch der Grass der Zukunft sein?» «Ich lege mich da gar nicht fest, ich möchte das von Fall zu Fall entscheiden.»

Wir sprachen von zeitgenössischen deutschen Autoren. Grass meinte, er habe schon immer vor allem Martin Walser geschätzt, der das größte Talent innerhalb der Gruppe 47 sei. Daneben äußerte er sich anerkennend über Uwe Johnson. Enzensberger ist ihm zu zukünftig, er steht für ihn nicht mit beiden Füßen auf der Erde. «Ich bin der Meinung, daß Enzensberger die beste Kritik über Sie geschrieben hat — keinesfalls die positivste, aber doch die treffendste.» «Das mag schon stimmen, er hat mir aber auch die Bezeichnung ‚Bürgerschreck' angehängt, der Tabus zerstören will. Das ist nun zum Schlagwort geworden, und ich werde es wohl nie wieder los. Hier hat Enzensberger einen horrenden Fehler gemacht. Ich bin kein Bürgerschreck und wollte nie einer sein.» «Nun, vielleicht ging Enzensberger von der Wirkung Ihrer Bücher aus, nicht von der dahinterliegenden Absicht, und da hat er vielleicht nicht so ganz unrecht mit seinem Bürgerschreck.» «Ich weiß nicht. Was er sagt, scheint meistens zu stimmen, auch hat er eine gute Formulierungskraft. Enzensberger hat von Anfang an versucht, meine Bücher als *l'art pour l'art* abzustempeln und sich selbst als den verantwortungsbewußten, engagierten Schriftsteller darzustellen; dabei ist er doch noch sehr unklar und unausgegoren.»

Das Gespräch kam auf die zeitgenössische deutsche Literaturkritik, die ich als kompetent bezeichnete. Grass beschwerte sich über Günter Blöcker, der in einer etwas anderen Richtung nur das gleiche wie die ostdeutschen Kritiker tue: Wie jene suche er verzweifelt überall das Positive. Grass mokierte sich über Joachim Kaiser, der in seinen Besprechungen von *Blechtrommel* und *Hundejahre* Ausdrücke wie «brutale Kraft» benutze: «Was soll das eigentlich? Das ist doch Unsinn.» Die Besprechungen von Anni Carlson findet Grass sachlich und zutreffend; sie habe eine Reihe gescheiter Bemerkungen und Feststellungen gemacht.

Grass machte sich über die amerikanischen Kritiker mit ihren «symbols» lustig. Er zitierte A. Leslie Willson, der die Farbe Rot in der *Blechtrommel* als Symbol für Schuld, die Farbe Weiß für Unschuld deutet. Grass: «Ich habe nicht im Traum an so etwas gedacht. Aber das ist die amerikanische Schule, das kann man nicht aus ihnen herausbekommen. Dabei haben sie sich mit ihren ,symbols' um fünfzig Jahre verspätet, das ist doch heute hoffnungslos überholt. Ich habe einmal einem erklärt, wenn ich über Kartoffeln schreibe, meine ich Kartoffeln. Der hat das natürlich nicht geglaubt. Ganz verrückt werden sie natürlich, wenn sie von Phallussymbolen anfangen, dann kennen sie keine Grenzen.»

«Man hat meine Nebenfiguren viel zu wenig beachtet, auch Sie haben das nicht getan. Die Nebengestalten sind typische Kleinbürger und geben zusammen ein Spiegelbild einer aussterbenden Gesellschaftsklasse. Ich denke hier gerade an die Familie Truczinski, an Maria Truczinski, die Mutter Truczinski, an Herbert Truczinski und an Fritz, der ja nie auftaucht. Diese Gestalten hat die Kritik einfach übersehen, und doch bilden sie die eigentliche Kulisse meiner Bücher. Auch Bebra ist nichts anderes als ein Kleinbürger, was sich besonders in der Episode im Café Vierjahreszeiten zeigt.» «Nun, gerade Bebra steht doch ziemlich außerhalb des Bürgertums, nicht nur wegen seiner Gestalt, sondern auch wegen seiner Lebensweise, seiner seltsamen Liebesaffäre, seinen künstlerischen Neigungen.» «Ach wo, alles das gibt es beim Kleinbürger auch.» Grass'sche Logik: «Den Zwerg Bebra habe ich übrigens nach der Stadt an der Fulda genannt, wo Sie herstammen.» «Warum aber gerade Bebra?» «Nun, erstens gefiel mir der Name und zweitens gibt es dort so viele nette Eisenbahner.»

Kritik gleitet grundsätzlich an Günter Grass ab, ganz gleich welcher Art sie ist. Von vornherein ist er über jeden Tadel erhaben — immer ist er im Besitz der letzten, der besten, der absoluten Weisheit, ob es sich um komplizierte Probleme der deutschen Außenpolitik, um theoretische Fragen der Literatur oder ganz einfach um das Zubereiten von Steak Tatar handelt. Ich kritisierte den Hahn, den er als Wappen oder

Symbol für seinen Wahlkampf für die SPD gezeichnet hat:
Der Hahn sei vielleicht künstlerisch befriedigend, doch könne
man ihn nur aus nächster Nähe als Hahn erkennen und dann
nur mit einiger Mühe. Er sei viel zu detailliert und aufgefä-
chert gezeichnet, um ins Auge zu fallen. Der Vorschlag ging
dahin, den gleichen Hahn schematisch zu vereinfachen, ihn
mit wenigen starken Strichen zum Blickfang werden zu lassen.
Die Umstehenden, einige Studenten und wissenschaftliche As-
sistenten, stimmten zu, doch machte dies auf Günter Grass
nicht den geringsten Eindruck: Es sei ja schließlich nicht seine
Schuld, wenn wir aus Mangel an Einbildungskraft oder einfach wegen Kurzsichtigkeit die Zeichnung nicht als Hahn sehen könnten.

Wir sprachen über Grass' Bühnenstücke, die er heftig verteidigt. Seine Ansichten in dieser Hinsicht sind bekannt: Die
Stücke sind gut, sind aber durch falsche Inszenierungen nicht
so recht angekommen. Noch etwas anderes zeigte sich hier:
Grass kann auf Kritik leicht allergisch reagieren, auch auf gemäßigte, wohlmeinende Kritik. «Sie schreiben, in meinen
Stücken geschähe nichts auf der Bühne. Sie haben ja keine Ahnung vom Theater. Was geschieht denn in der griechischen
Tragödie auf der Bühne? Nichts! Der Kampf mit den Titanen
ist vorüber, wenn das Stück beginnt.» «Nun, es geschieht doch
noch allerhand, jedenfalls mehr als bei Ihnen. In Ihren Stük-
ken führt man fein gedrechselte Gespräche, doch während sie
reden, stehen die Schauspieler irgendwo herum und wissen
nicht, was sie mit ihren Händen anfangen sollen. Das sind
letztlich Diskussionsdramen oder Lesedramen, keine Bühnenstücke.» «Ich glaube, es fragt sich hier nur, was Sie unter
Theater verstehen. Wenn Sie von Shakespeare oder Schiller
ausgehen, können Sie freilich nichts in meinen Stücken zu
loben finden. Schon Döblin sprach von unserem auf Handlung
hin verarmten Theater, und gerade das wollte ich in meinen
Stücken vermeiden. Auch im Drama sollte es nicht mehr ,Vor-
wärts' heißen, ebensowenig wie im Roman. Unsere Regisseure
haben das leider noch nicht begriffen.» «Herr Grass, wie
kommt es eigentlich, daß sich nach Ihrer Meinung die ganze
Welt irrt, was Ihre Stücke angeht, während Sie allein recht zu
haben glauben?» «Das ist nun reichlich vereinfacht. Mit einigen Regisseuren verstehe ich mich ausgezeichnet. Ich bin zum
Beispiel sehr zufrieden mit der Inszenierung von *Davor*,
das jetzt im Schillertheater in Berlin läuft. Das sollten Sie sich
erst einmal ansehen, ehe Sie urteilen. Im übrigen sollten Sie

sich mal mit Heinrich Vormweg unterhalten, der ein sehr guter Kritiker ist, einer der besten. Er hat meine Stücke eingehend und korrekt analysiert.» «Was halten Sie dann von Martin Esslins Einstellung zu Ihren Stücken?» «Der reitet mir zu sehr auf dem Absurden herum.»

«Herr Grass, warum gehen Sie eigentlich auf Wahlreisen für die SPD?» «Das ist nicht leicht zu beantworten. Zuerst macht mir das natürlich großen Spaß, obwohl es natürlich sehr anstrengend ist. Ich habe in den ersten vier Wochen des Wahlkampfes vier Kilo verloren. Aber man trifft eine Menge Leute und hört die verschiedensten Meinungen. Es ist ja so schwer, etwas in diesem Land zu bewegen, sei es nur um einige Grad. Wenn das dann klappt, freut man sich selbstverständlich.» «Ist es aber dann nicht deprimierend, wenn am Wahltag der erhoffte Erfolg ausbleibt und die ganzen Anstrengungen umsonst waren?» «Das gehört nun einmal dazu, so ist das Leben! Außerdem waren meine Wahlreden vor vier Jahren gar nicht so erfolglos, wie Sie vielleicht denken. In allen Orten, wo ich sprach, hatte die SPD einen Stimmenzuwachs zu verzeichnen, und seitdem spielt sie ja auch eine Rolle in der deutschen Politik. Die Parole, ich könnte mit meinen Wahlreden der SPD in konservativen Kreisen wegen angeblicher Vorbehalte gegen meine Bücher schaden, ist ein Wunschtraum der CDU und hat nichts mit den überschaubaren Tatsachen zu tun.» «Sammeln Sie bei Ihren Reisen auch Stoff für spätere Werke?» «So würde ich es nun nicht ausdrücken. Es stimmt schon, daß man sich leerschreiben kann. Auf Reisen hört und sieht man eine ganze Menge, und auf dieses Reservoir kann man später zurückgreifen. Stoff sammeln würde ich das aber noch nicht nennen, denn ich reise ja nicht mit Karteikärtchen durch Deutschland.»

«Wären Sie eines Tages bereit, Herr Grass, selbst eine politische Verantwortung, also ein politisches Amt zu übernehmen?» «Wenn man meine Fähigkeiten brauchen sollte, würde ich schon nicht nein sagen.» «Für welches Ministerium würden Sie sich da vor allem interessieren? Wo, glauben Sie, würden Ihre Fähigkeiten am besten zur Entfaltung kommen?» «Ich interessiere mich besonders für die Entwicklungshilfe und wäre gegebenenfalls bereit, unter einem SPD-Minister für Entwicklungshilfe eine leitende Funktion zu übernehmen. Im übrigen bin ich Schriftsteller und habe vor, noch etliche Bücher zu schreiben. Ich will damit sagen, daß ich nicht um Arbeit verlegen bin.» «Herr Grass, wenn Sie über

Bücher sprechen, die Sie noch schreiben wollen, denken Sie da vor allem an Prosawerke oder auch an Bühnenstücke?» «Im Moment denke ich an gar nichts Bestimmtes — bis zum Ende des Wahlkampfes habe ich sowieso keine Zeit zum Bücherschreiben. Im übrigen hängt es bei mir ausschließlich vom Stoff ab, welche Form ich schließlich wähle. Vermutlich werde ich auch wieder Bühnenstücke schreiben, wenn ich den entsprechenden Stoff griffbereit habe — auch wenn Sie nichts von meinen Stücken halten. Und so kühl war die Aufnahme meiner Stücke auch gar nicht, sie werden ja immerhin noch gespielt.»

Grass ist ein guter Gesellschafter, ein vorzüglicher Zuhörer. Nie unterbricht er, hungrig und unersättlich nimmt er alles in sich auf. Morgens kann man kaum mit ihm sprechen; er gibt dann meist nur lakonische Antworten, wenn er angesprochen wird. Erst gegen Mittag wacht er richtig auf. Nachmittags und abends arbeitet er; er tippt seine Manuskripte selbst mit der Maschine, nachdem er sich vorher handschriftliche Notizen gemacht hat. Nachts gegen zwölf gerät er ins Klönen, dann wird er gesellig und erzählt Geschichten.

Bei einer Kusine in Wilhelmshaven, die er dreiundzwanzig Jahre lang nicht gesehen hatte, entpuppte er sich als typischer Kleinbürger. «Weißt du noch, als ich...» — «Was ist eigentlich aus der Tochter von... geworden, die euch gegenüber an der Ecke wohnten?» Um drei Uhr morgens kommt dann das Photoalbum auf den Tisch, und Grass' Begeisterung kennt keine Grenzen: «Das ist deine Tochter, Mensch, die sieht aber aus wie...» — und so weiter. Um vier Uhr morgens schlägt Grass dann vor, eine Runde Skat zu spielen, doch finden sich nicht genug Partner. Also noch ein Glas Wein, wieder einmal das letzte, und nochmals «Vertällchens» — Geschichten, Anekdoten, Witze, Histörchen. Ich mußte an eine Stelle der *Hundejahre* denken: «Erzählt, Kinder, erzählt... Laßt den Faden nicht abreißen, Kinder! Denn solange wir noch Geschichten erzählen, leben wir. Solange uns etwas einfällt, mit oder ohne Pointe, Hundegeschichten, Aalgeschichten, Vogelscheuchengeschichten, Rattengeschichten, Hochwassergeschichten, Rezeptgeschichten, Lügengeschichten, solange uns Geschichten noch zu unterhalten vermögen, vermag keine Hölle uns unterhaltsam sein.» (S. 641)

«Herr Grass, was sagt Ihr Vater zu Ihrem Ruhm als Schriftsteller?» «Das ist eine seltsame Sache. Mein Vater wollte schon immer, daß ich ,etwas Besseres' werden sollte. ,Etwas Besseres' bedeutete für ihn nicht mehr und nicht weniger als Ingenieur. Ich konnte sagen, was ich wollte, er blieb dabei, daß ich Ingenieur werden sollte. Dabei hatte ich nicht die geringste Neigung oder das geringste Talent zu diesem Beruf. Ich bin sicher, alle Brücken, die ich gebaut hätte, wären früher oder später zusammengebrochen. Wenn ich zu viel las oder zeichnete, konnte mein Vater sehr böse werden. Ich entsinne mich sehr gut, daß er mir einmal einen Malkasten auf dem Kopf zerschlug. Aber jetzt kommt der Witz. Als *Die Blechtrommel* erschien und sich der erste literarische Ruhm einstellte, sah ich meinen Vater bei einem kurzen Besuch. Er hatte das Buch schon gelesen, und ich fragte ihn nach seiner Meinung. Seine Antwort war erstaunlich: ,Ich habe immer gewußt, daß du Talent zum Bücherschreiben hattest. Dein Onkel wollte immer, daß ich dir das Lesen und Schreiben und Zeichnen austreiben sollte, doch ich sagte immer: ,Laß ihn nur, der Junge weiß was er will.' Ich wollte meinem Vater zuerst widersprechen, ihn korrigieren, doch dann dachte ich: Wozu eigentlich? Soll er doch seinen Spaß haben, auch wenn es nicht stimmt. Also pflichtete ich ihm bei: ,Ja, Vater, du hast schon immer gewollt, daß ich ein Künstler werde.'»

Die Kusine, eine geborene Grass, erzählt: «Günter lebte sein Leben für sich, niemand wußte so recht, was er dachte oder machte. Er unterhielt sich nicht viel mit uns. Dabei zeichnete er Tag und Nacht und machte auch viele Plastiken.» «Was für Zeichnungen, was für Plastiken?» «Vor allem Köpfe.» «Was für Köpfe?» «Nun ja, er arbeitete ziemlich lange an einer Plastik vom Adolf, und die war dann auch ganz gut.» Grass hierzu: «Daran kann ich mich nicht mehr erinnern, das ist wohl so eine Legende. Ich weiß, daß ich einmal Friedrich den Großen nach einem Gemälde modellierte, und der war dann auch ziemlich glaubhaft ausgefallen.» «Machten Sie das alles ohne irgendwelchen Unterricht?» «Am Anfang ja, aber während des Krieges bekamen wir dann eine bildende Künstlerin als Lehrerin, und von ihr lernte ich eine Menge.»

Grass einmal unvermittelt: «Meine liebe Kusine, man sagt nicht ,besser wie', sondern ,besser als'. Das wollte ich dir schon in Danzig austreiben, und jetzt ist es wohl zu spät dafür.» «Ja, ich weiß. Du hast schon immer unsere Briefe korrigiert, die Fehler mit dem Rotstift angestrichen und dann den Brief zurückgeschickt.» Grass: «Aber das stimmt doch gar nicht. Ein einziges Mal habe ich einen Brief korrigiert. Ehe ich eingezogen wurde, versuchte ich mehrere Jahre lang, bei einer Mitschülerin was zu erreichen, doch ich kam nie zum Ziel. Das war so eine Hexe. Als ich dann Flakhelfer wurde, schrieb ich ihr einen langen und lieben Brief. Ich erhielt auch gleich Antwort, eine sehr ermutigende Antwort, doch war der Brief in einem entsetzlichen Deutsch geschrieben. Also ich war völlig ernüchtert. Diesen Brief korrigierte ich dann und schickte ihn zurück — das war auch das Ende der Romanze. Alles andere ist wieder bloße Legende.»

Der Kleinbürger Grass gibt Anekdoten aus seiner Familie zum besten: «Mein vierjähriger Sohn hält mich für den stärksten Mann der Welt. Er weiß schon seit langem, daß ich nach Westdeutschland in den Wahlkampf fahre. Neulich fragte er mich ganz unvermittelt, ob ich die Wale in dem ,Walkampf' töte und was ich mit ihnen mache.»

Intermezzo auf der Straße in Köln: «Dieter, das ist doch Günter Grass!» «Na und?»

Überall, wo Grass erscheint, drehen sich die Köpfe nach ihm, nicht nur auf der Straße oder in den Wahlversammlungen, sondern auch in den Hotels und auf dem deutschen Schriftstellertreffen am 8. Juni in Köln. Überall sammeln sich Autogrammjäger und Verehrer um ihn, die ein Wort mit dem Berühmten wechseln wollen. Besonders die Frauen liegen ihm sofort zu Füßen — die typische Staranbetung. Bei einer privaten Einladung in die sogenannte bessere Gesellschaft verschwendete die Tochter des Hauses ihre ungeteilte Aufmerksamkeit an den Autor der *Blechtrommel,* der jedoch zumeist mit Zigarettendrehen und Geschichtenerzählen beschäftigt war. Es fehlte keineswegs an anderen erlauchten und berühmten Gästen, doch das Mädchen schien nun einmal von Grass hypnotisiert zu sein, ohne daß dieser etwas zu merken schien. Als ich ihm auf der Fahrt ins Hotel über seine Verehrerin berichtete, war er sehr verwundert, wenn nicht überrascht: «Aber das Mädchen ist doch verheiratet, sie war doch mit ihrem Mann da.» «Eben nicht, sie war weder mit ihrem Mann da noch ist sie verheiratet.» Grass: «Schade. Aber zur Sünde braucht man sowieso Zeit.»

«Herr Grass, warum sind Sie nicht Mitglied der SPD?» «Die SPD ist stark genug, meine Mitgliedschaft würde nicht das geringste ändern. Ich will ja auch etwas anderes. Ich will die lethargischen Wähler aktivieren. Ich kann zum Beispiel Schichten ansprechen, die sonst kaum zu SPD-Versammlungen kommen würden: Studenten, Intellektuelle, Bildungsbürger. Wissen Sie, literarischer Ruhm kann auf die Dauer etwas sehr Langweiliges und Lästiges sein. Auf meinen Wahlreisen bin ich zum ersten Mal in der Lage, ihn zu einem praktischen und nützlichen Zweck einzusetzen. Auch glaube ich, daß ich der Partei als Nicht-Mitglied besser nutzen kann denn als Mitglied. Dem Nicht-Mitglied billigt man von vornherein eine größere Objektivität als dem Parteigenossen zu. Dabei bin ich zweifellos ein Sozialdemokrat, und für mich schließt dieser Begriff mehr ein als bloße Mitgliedschaft in der SPD.»

«Herr Grass, wie kamen Sie eigentlich auf den Gedanken, eine Wählerinitiative oder Wählerinitiativen für die SPD zu gründen?» «Das begann in Berlin als Opposition gegen die Große Koalition sowie gegen die NPD. Ich wollte auf keinen Fall beim bloßen *Nein* stehen bleiben. Wir wollten den SPD-Kandidaten im Wahlkampf helfen, den Dialog zwischen Partei und Masse fördern, gegen die Wahlträgheit angehen. Die Hilfe sollte sich von vornherein keinesfalls auf den Wahlkampf allein beschränken. Der Gedanke der Wählerinitiative kommt natürlich aus den skandinavischen Ländern, wo er seit Jahren mit Erfolg angewendet wird. Angesehene und bekannte Leute wie Golo Mann, Graf von Baudissin, Hans Schwab-Felisch, Siegfried Lenz, Hans Werner Richter, Marion Gräfin Dönhoff und andere haben das Unternehmen entweder von Anfang unterstützt oder seitdem ihre Hilfe zugesagt. Die meisten von ihnen sind ebenfalls keine Mitglieder der SPD.»

Grass' Lieblingsthema ist die Große Koalition und warum er «dagegen» war: «Da sind vor allem die personellen Gründe. Ein Mann, der von 1933 bis 1945 Mitglied der NSDAP war, sollte nicht Bundeskanzler werden können. Kiesinger hat sich nie öffentlich von seiner nationalsozialistischen Vergangenheit distanziert, er hat lediglich einige Male dunkel von den ‚Fehlern der Vergangenheit' gesprochen, was sich ebenso gut auf irgendwelche Mädchengeschichten beziehen könnte. Dagegen fährt er in aller Öffentlichkeit nach Spanien und läßt sich von dem faschistischen Diktator Franco einen Orden verleihen. Das hat noch kein Staatschef einer westlichen Demokratie gewagt, und hiermit spielt er natürlich in die Hände der NPD. Und Franz Joseph Strauß sollte nicht Minister sein. Dieser Mensch hat zweimal nachweisbar das Parlament belogen, und heute operiert er mit nationalistischen Argumenten, die aus dem Programm der NPD stammen könnten. Ich war von Anfang an gegen die Große Koalition, doch ich lege keinen Wert darauf, recht gehabt zu haben. Von *einem* Gesichtspunkt war die Große Koalition gerechtfertigt, und ich erkenne diesen Gesichtspunkt durchaus an: Die SPD hatte nach den Wahlen im Jahre 1965 die Alternative, entweder in der Opposition zu bleiben oder als Koalitionspartei wenigstens einen Teil der Verantwortung und der Regierungsgeschäfte zu übernehmen. Sie entschied sich für die letzte Möglichkeit, und ihre Erfolge als Regierungspartei rechtfertigen diesen Schritt.» Von den Erfolgen streicht Grass besonders die Maßnahmen des Bundeswirtschaftsministers Karl Schiller heraus.

Wie steht Grass zur NPD? «Die NPD ist relativ harmlos, denn sie ist eine unbedeutende Minderheit und wird es wohl auch bleiben. Was mich beunruhigt, ist die ideologische Annäherung zwischen NPD und CSU, im geringeren Maße auch CDU. Dies sind die ersten Anzeichen einer Neuauflage der Harzburger Front — wenn es schlimm geht, hat das Zukunft. Ich reise herum, um genau das zu verhindern.»

Was hält Grass von den deutschen Kommunisten? «Ich war schon immer gegen das Verbot der KPD — Ideologien soll man mit Argumenten, nicht mit Verboten bekämpfen. Der Bundesrepublik hätte ich allerdings eine moderne, fortschrittliche kommunistische Partei gewünscht, nicht ein getreues Abbild der stalinistischen SED wie die DKP, die zudem noch weit unter dem Reimann-Niveau liegt. Warum konnte sich die deutsche KP eigentlich nicht nach den Richtlinien des Reformkommunismus orientieren, wie er in Jugoslawien und besonders in der Tschechoslowakei ausprobiert wird? Statt dessen verschanzt sie sich hinter Klassenkampfparolen des neunzehnten Jahrhunderts, die längst überholt sind. Ich bin dafür, die Gesellschaft auf evolutionäre, nicht auf revolutionäre Weise zu ändern. Das ist zweifellos der mühsamere Weg. Die Industrien sollten überwacht, nicht verstaatlicht werden, denn wir sollten den Staat nicht unnötigerweise stärken.»

Vor Grass' Wahlversammlungen werden fast regelmäßig Flugblätter der NPD verteilt, auf denen man sich über Grass' Anerkennung der Oder-Neiße-Linie sowie über seine «Pornographie» entrüstet. Während und besonders nach der Rede kommt es meist zu Attacken der rechten und linken Radikalen, während sich die gemäßigte Masse, die in ihrer Mehrheit mit Grass sympathisiert, abwartend und ruhig verhält. Am besten wird Grass mit den NPD-Leuten fertig, hier hat er fast immer die Lacher auf seiner Seite. Auch die Altkommunisten weiß er zu bändigen, ganz gleich mit welchen Argumenten sie aufwarten. Schwieriger wird es mit den linken Studenten, die mit geringen Faktenkenntnissen und großartiger Rhetorik angreifen. Bei ihnen befindet sich Grass oft in der Defensive, und häufig geht die Sympathie des Saales von Grass, der das «Establishment» verteidigt, auf irgendwelchen jugendlichen Feuerbrand über, der wahllos alles attackiert und verwirft. Die Taktik dieser Jungen ist gut: Innerhalb einer Minute wirft einer von ihnen dem Wahlredner ein gutes Dutzend Anschuldigungen von der Kriegsanleihe über Noske bis zur Großen Koalition an den Kopf, mit denen sich dieser dann mühsam und Punkt für Punkt auseinandersetzt. Dabei wird er dann immer wieder unterbrochen, denn man will ja keine Erklärungen, man will Radau. Einmal kam es zum Handgemenge, weil ein selbsternannter Koreferent, Mitglied der APO, auch nach zehn Minuten monotoner Angriffe das Rednerpult nicht räumte. Als ihm Grass das Mikrophon einfach wegnehmen wollte, klammerte sich dieser daran fest und schrie hinein: «Herr Grass, Sie sind ein Faschist.» Nur mit Hilfe der Saalordner konnte dann verhindert werden, daß aus dem deutschen Laureaten ein Saalkämpfer wurde.

Aus einem nicht sehr gut riechenden Kraut namens «Schwarzer Krauser Nr. 1» dreht sich Grass in solchen kritischen Momenten unaufhörlich eine Zigarette nach der anderen, wobei er wohl eine gewisse Sicherheit und Ablenkung findet. Er will diesen Trick von dem Pfeifenraucher Justizminister Wehner gelernt haben, dessen Unerschütterlichkeit in schwierigen Situationen laut Grass in seiner Pfeife liegen soll. Grass ist Kettenraucher — er raucht wohl seine sechzig selbstgedrehten Zigaretten am Tag.

Grass weiß gut Bescheid in Fakten und Daten der deutschen Wirtschaft und Geschichte, doch ein großer Politiker ist er wohl nicht. Er verschmäht es von vornherein, große, billige und zündende Phrasen zu benutzen, die wahrscheinlich unter seiner Würde sind. Er hat auch zu viele Nebeninteressen und ist leicht abzulenken, wenn er sich als Politiker konzentrieren müßte. Beim Gespräch mit einem Marineoffizier überraschte ich ihn beim sachlichen Erörtern einer neuen Schiffsklasse, wobei ihm Begriffe wie Bruttoregistertonnen, Tiefgang und Knoten mühelos vom Munde flossen. Fast täglich besichtigt Grass während seiner Wahlreisen irgendeinen

Industriebetrieb. Ich hielt das für eine lästige Pflicht, der er sich wohl oder übel unterziehen mußte, bis eines Tages die Besichtigung eines Walzwerkes aus Zeitgründen abgesagt wurde. Grass war daraufhin abwechselnd ärgerlich und traurig, als habe er das große Los verpaßt, und er versuchte alles mögliche, um die Besichtigung doch noch durchzusetzen. Aus dem Stegreif ist er bereit, einen Vortrag über Windmühlen oder Mennoniten oder den Kalibergbau zu halten, und er scheint überall zu Hause zu sein. Ein einziges Mal entdeckte ich so etwas wie eine Bildungslücke. In Norddeutschland sahen wir ein großes Feld Lupinen, die er zuerst als Astern, dann als Pfingstrosen und schließlich als Dahlien bezeichnete. Als er nach weiteren wilden Vermutungen nicht durchdrang, warf er das ganze Thema über Bord: «Blumen sind sowieso unnützes Gemüse.»

Wenn aber erst vom Essen oder vom Kochen die Rede ist, gerät Grass in helle Begeisterung, und seine kleinen, flinken, verschlagenen Augen beginnen zu leuchten. Grass ist ein vorzüglicher Koch, der nach eigenem Rezept die erlesensten Gerichte bereitet. Stundenlang kann er von Tintenfischen, Hummer, Petersilie, Beifuß und allen möglichen Gewürzen reden. Er hat vor, eines Tages in Berlin ein Restaurant aufzumachen, wo er dann den ganzen Tag kochen kann. Auch plant er die Herausgabe eines Kochbuches mit eigenen Rezepten. (Man braucht Grass wohl nicht immer beim Wort zu nehmen.) Entsetzt ist er über die amerikanische Küche: «In Amerika kann man doch nicht kochen. Stellen Sie sich vor, in Boston hat man mir Hummer auf einem Pappteller zusammen mit Coca-Cola angeboten!» Das Entsetzen klang ziemlich echt. Dann kam eine Hymne auf die französische Küche, die für Grass anscheinend das Höchste und Größte ist, was der Mensch geleistet hat. Wir aßen frische Aale, und ich bestellte Tee dazu: «Aale mit Tee, wie furchtbar! Also diese Kanadier! Ich sage schon nichts mehr. Können Sie wenigstens Skat spielen?» «Leider nein, Herr Grass. Ich weiß, daß ich viele Fehler habe.» (Selten verliert Grass einen leichten Anflug von Ironie, womit man umgekehrt auch bei ihm am besten besteht.) Eine ähnliche Szene fand statt, als ich den dicken Zwiebelbelag von einem Steak Tatar entfernte. Grass: «Sehen Sie denn nicht ein, daß man Steak Tatar einfach nicht ohne Zwiebeln essen kann?» «Sehen Sie nicht, Herr Grass, daß man das sehr wohl kann? Wir befinden uns schließlich in einem freien Land.» Grass' großes Vorbild auf dem Gebiet der Kochkunst ist Rossini, der nach dem *Barbier von Sevilla,* seinem ersten großen Erfolg, die Musik, an den Nagel hängte und sich ganz dem Kochen widmete. (So wenigstens erzählt es Grass.) Für Grass bedeutet das Kochen eine Erholung und eine Entspannung, die nie versagt. Noch eine Anekdote aus der Familie Grass, erzählt von Papa Grass: «Ich überhörte vor einigen Tagen meine beiden Söhne, die sich stritten. ‚Mensch', sagte der eine, ‚mach nur nicht so viel Lärm, sonst wird Vati wieder nervös und dann kocht er Bohnensuppe.»

Grass: «Von meinen Verwandten können Sie nicht viel über mich erfahren. Die hatten keine Ahnung, was ich so trieb. Ich lebte schon damals in einer anderen Welt.»

Grass: «Was ich bei der Jugend oder bei einem großen Teil der Jugend vermisse, ist der Mangel an Humor, an Ironie. Wenn die jungen Leute das Leben ein wenig aus der Distanz betrachten könnten, aus einer überhöhten, ironischen Distanz, gäbe es viel weniger Magenkranke. Diese Ironie half Thomas Mann, vieles zu ertragen, was ihn sonst vielleicht umgeworfen hätte. Die Ironie Thomas Manns hat man ja nun hinreichend untersucht. Soviel ich weiß, hat man die Ironie in meinen Büchern bis heute noch nicht entdeckt.»

Grass: «Als Schriftsteller kommt es mir vor allem darauf an, Geschichten zu erzählen. Thomas Mann zum Beispiel wollte als Schriftsteller in den Lauf der Welt eingreifen, er wollte urteilen und verurteilen. Als Schriftsteller versuche ich das gar nicht einmal, ich will nur schildern.»

Grass: «Hesse ist für mich ganz großer Kitsch, besonders sein *Narziß und Goldmund.* Seine anarchistische Innerlichkeit war letztlich ein Protest gegen den Wilhelmismus, und gerade von den Wilhelministen wurde er groteskerweise anerkannt und bewundert. Mir hat nicht einmal die Lyrik Hesses etwas zu sagen. Sie ist ein matter Abglanz der Stormschen Lyrik, die ich zu schätzen weiß.»

Grass: «Der deutsche Erzähler des neunzehnten Jahrhunderts ist für mich Theodor Fontane, den man in jeder Beziehung als ebenbürtig neben Flaubert stellen kann. *Effi Briest* steht für mich sogar über *Madame Bovary.*»

Grass: «Ich habe nichts gegen Schiller, ganz im Gegenteil: Ich bewundere seine Geschichte des Dreißigjährigen Krieges. Nach der erstaunlichen Absurdität der *Räuber* läßt er hier die Geschichte mit logischer Zwangsläufigkeit ablaufen. Mit Kantscher Strenge und Thesenhaftigkeit gerät Schillers ordnender Geist oft nahe an die Schwelle der Geschichtsfälschung, was schon Döblin bemerkt hat. Ich wiederhole: Ich habe nichts gegen Schiller. *Maria Stuart* ist für mich immer noch ein herrliches Stück, in dem ihm zwei feine Frauengestalten gelungen sind.»

Grass: «Niemand hat bisher meine drei ersten Prosawerke zusammen betrachtet und als Einheit behandelt, auch Sie nicht. Für mich sind sie *ein* Werk, eine Trilogie.»

Grass: «Ihre ,Übersicht über die Grass-Kritik' finde ich gut angelegt und aufschlußreich. Sie schreiben da allerdings, Brecht hätte die Proben während des Arbeiteraufstandes nicht unterbrochen; das stimmt nicht. Sicher hat er sie unterbrochen.»

Grass: «Auch ich fuhr einmal per Anhalter durch Europa, besonders durch Südeuropa.» «Allein?» «Allein oder mit einem Mädchen.» «Wo haben Sie eigentlich Ihre Frau kennengelernt?» «In der Schweiz. Ich war mit ihrer Freundin liiert und traf bei ihr zum ersten Male meine spätere Frau. Ich ließ dann sofort die Freundin fallen und hielt mich ganz an Anna.» «Tanzt Ihre Frau noch?» «Nein, sie gibt jetzt Tanzunterricht.»

Grass: «Ich staune manchmal über unsere jungen Männer. Zuerst schaffen sie alle Autorität ab, dann setzen sie sich selbst als Autoritäten auf, als kleine Diktatoren. Nehmen Sie diesen Erdmann Linde. Das ist ein geborener Künstler, aber was tut er? Er spielt Autorität. Kein Wunder, daß es nicht klappt mit den Terminen.»

Grass sah einige Kühe auf dem Feld. Er sagte: «Ich liebe solche Bilder über alles.» «Denken Sie dann nicht an Milchschokoladenreklame, Herr Grass?» «Ach wo, Sie verwechseln mich wieder einmal mit dem Romanschreiber Grass.» «Herr Grass, woher stammen eigentlich Ihre phantastischen Einfälle? Wegen der Kühe denke ich da gerade an die milchtrinkenden Aale. Gibt es irgendwelche Vorlagen, Geschichten oder Anekdoten aus Danzig, die Ihren Einfällen zugrunde liegen?» «Nein, nein, das sind alles meine eigenen Einfälle, die mir von irgendwoher zufliegen.»

Grass: «Nach der Berliner Inszenierung von *Davor* hat es mich besonders gefreut, daß sich zum ersten Mal nicht nur die berufsmäßigen Kritiker, sondern auch mehrere Besucher anerkennend über das Stück äußerten.»

«Herr Grass, warum können Sie eigentlich nicht Auto fahren?» «Aber ich kann doch schon so viel, ich muß doch nicht alles können.» (Grinsen)

Grass: «Meine Mutter ist 1954 gestorben. — Meine kaschubische Großmutter habe ich nicht mehr gekannt. Oskars Großmutter Anna Bronski wurde nach der Schwester Anna meiner Großmutter konzipiert. — Außer einigen einzelnen Wörtern habe ich weder polnisch noch kaschubisch gesprochen. — Ich spreche etwas Englisch und kann mich auf Französisch notdürftig verständigen. Ich habe einfach kein Interesse an Sprachen. Dafür habe ich ja meine Frau, die mit mir reist und mehrere Sprachen spricht. Jetzt lernt sie noch Tschechisch. Ich hätte dafür keine Geduld.»

Bei allem Ruhm und bei aller Bewunderung, die Grass überall entgegenschlägt, bleibt er doch ein bescheidener, natürlicher Mensch, der am liebsten mit aller Welt auf kameradschaftlicher Basis verkehrte. Nie zeigt er sich überheblich, ganz selten zeigt er irgendwelche Staralüren, obwohl man ihn ja dazu zwingt, den Berühmten zu spielen. Ich habe nie feststellen können, ob Grass Geld bei sich trägt; er läßt sich grundsätzlich alles bezahlen, Zeitungen, Tabak und Zigarettenpapier eingeschlossen. Seine Wahlhelfer sagen ironisch: «Das ist unter der Würde des großen Dichters. Sogar das Kino läßt er sich bezahlen.» Grass bedauert sehr, daß er überall gleich erkannt wird, wo er sich auch blicken läßt. Ich hatte den Eindruck, daß er sich ganz gerne einmal die Reeperbahn angesehen hätte, wenn es auf anonyme Art und Weise zu machen gewesen wäre. Mehrfach seufzte er: «Literarischer Ruhm kann sehr lästig sein.» Auf der anderen Seite braucht Grass die laufende Bestätigung, wie eine Frau die laufenden Liebesbeteuerungen ihres Mannes braucht. Einige Dutzend Male sagte er nach dem üblichen Vorstellen: «Das ist der Professor aus Kanada, der ein Buch über mich schreibt.» Wenn er irgendwo einen Tankwart oder Kellner trifft, der nie von Grass gehört hat, ist er leicht verstimmt. Grass liebt das Rampenlicht, er liebt es, von schönen Frauen, von Reportern, Betriebsräten, Parteifunktionären oder Offizieren flankiert zu sein, wo er natürlich immer den Mittelpunkt der Aufmerksamkeit bildet. Dabei ist er kein Diktator; er läßt andere neben sich bestehen. Auch die naivste Bemerkung quittiert er noch auf eine Art, als sei er gerade durch sie zu einer neuen Erkenntnis gekommen. Jederzeit ist er bereit, mit irgendeinem Unbekannten stundenlang über die unmöglichsten Dinge zu diskutieren. Günter Grass ist ein großer Kraftverschwender.   (1969)

Kurt Lothar Tank

11 | Deutsche Politik im literarischen Werk von Günter Grass

Günter Grass haßt die Unverbindlichkeit, das Sich-vorbei-Mogeln, die Ausflüchte, den Schwebezustand, bei dem es leicht ist, angesichts von konkreten Schwierigkeiten, aus der harten politisch und gesellschaftlich bestimmten Realität hinüberzuwechseln in den ästhetischen oder religiösen Bereich, in welchem die bedrängende Realität dann relativiert oder, wie der von Grass wenig geschätzte Hegel doppeldeutig sagte, «aufgehoben» wird in einem anderen Bezugssystem, einer anderen Dimension, die, nicht oder kaum oder sehr schwer kontrollierbar, eben das negiert, was Grass in den Mittelpunkt rückt, zur obersten, zur entscheidenden Instanz erklärt, als sein Credo bezeichnet, dem er eine Messe schreiben möchte, dem er eine Messe («Meißner Tedeum») geschrieben hat: den Zweifel. Im neuen Buch von Günter Grass «Aus dem Tagebuch einer Schnecke» steht ein Lehrer, Studienassessor Ott, den seine Schüler «Zweifel» nennen, im Mittelpunkt. Da das neue Buch die Summe des bisherigen Wirkens von Günter Grass — und zwar des literarischen und des politischen Wirkens — enthält, werde ich, von ihm ausgehend und immer wieder zu ihm zurückkehrend, das mir gestellte Thema zu behandeln versuchen.

Der Psychoanalytiker Alexander Mitscherlich hat zusammen mit seiner Frau Margarete ein Buch mit dem apodiktischen Titel geschrieben: «Die Unfähigkeit zu trauern» — Untertitel:

Anmerkung: Referat, gehalten beim Grass-Seminar der GEW (Gewerkschaft Erziehung und Wissenschaft) in Berlin am 16. Juli 1972.

«Grundlagen kollektiven Verhaltens». In der «Vorbemerkung» heißt es:

«Von allen Staatsformen gewährt die parlamentarische Demokratie ihren Mitgliedern das größte verbriefte Recht auf individuelle Freiheit. In Tat und Wahrheit ist der Spielraum nicht groß. Es kann deshalb nicht als Ausdruck eines ängstlichen Pessimismus gedeutet werden, wenn man sich um den Fortbestand dieses Wenigen Sorge macht. Denn offenbar fällt es unvergleichlich schwerer, eine kollektive Lebensform zu erreichen, welche Gedankenfreiheit gewährt — als Basis jeder Freiheitserfahrung —, als diese Freiheit wieder zu verlieren.»

Günter Grass, am 16. Oktober 1927 in Danzig geboren, erlebte in der Hitler-Jugend, im Arbeitsdienst, bei der Wehrmacht den Nationalsozialismus als eine «kollektive Lebensform» ohne Gedankenfreiheit. Sein politischer Standort, sein politisches Engagement ist seit Kriegsende, 1945, im Umriß und seit Beginn der sechziger Jahre genau zu bestimmen: Grass ist Demokrat, Sozialdemokrat aus Überzeugung. Im «Tagebuch einer Schnecke» schreibt er: «Ich bin Sozialdemokrat, weil mir der Sozialismus ohne Demokratie nichts gilt und weil eine unsoziale Demokratie keine Demokratie ist.»

Extrempositionen auf der Rechten und der Linken und Parteien, Gruppen und Einzelne, die den Trend zu Extrempositionen haben oder zu haben scheinen, lehnt Grass ab. Von hier aus bestimmt sich seine Einstellung gegen Marx und den Marxismus, den Kommunismus. Wo der ernsthafte Versuch unternommen wird, Freiheit in kommunistisch regierte Staaten einzuführen — wie etwa in der Tschechoslowakei unter Dubcek —, begleitet Grass diese Anstrengungen mit Sympathie, ohne seine grundsätzlichen Bedenken gegen die kommunistische Doktrin zu verhehlen.

Günter Grass, der leidenschaftlich gern kocht, der ein guter Koch ist, drückt das im «Tagebuch einer Schnecke» so aus: «Glaubt mir, Kinder, wenn es einer der vielen, einander zänkisch den Teppich wegziehenden Ideologien gelänge, aus ihren Glaubenssätzen und Endzielbeschwörungen ein wenig sanft pelzigen Salbei zu treiben, sie könnten mich (versuchsweise) an den Tisch locken. Aber meinem Gaumen schmeckten weder Rosmarin noch Basilikum, kein Thymian, nicht einmal Petersilie vor. Geschmacklos wurde mir aufgetischt. Das will ich nicht löffeln. Marx, dick eingekocht oder — wie üblich — verwässert, läßt allenfalls Graupen ahnen, diesen Fraß, der jedermann Gleichheit und Graupenfreiheit verspricht.»

Ablehnung der Extrempositionen, das heißt auch: Ablehnung der Utopie, wenn sie nicht Traum, nicht Poesie, in der Jugend auftauchendes und später korrigiertes Wunschbild bleibt, wenn sie sich mit Macht und Gewalt umpanzert, wenn sie die Melancholie, den Zweifel, die Kritik als strafbar oder als todeswürdige Verbrechen verdammt und ausschließt aus der Gesellschaft, wenn sie werden will oder zu sein behauptet, was Grass «eine lupenreine Utopie» nennt, «in deren verordnet heiterer Ordnung gestrenges Melancholieverbot herrscht.»

In den «Variationen zu Albrecht Dürers Kupferstich 'Melencolia I'», unter dem Titel «Vom Stillstand im Fortschritt» als Vortrag am 7. Mai 1971 in Nürnberg gehalten, sagte Grass:

«Eine Schnulze behauptete einst: ‚Wir sind auf der Welt, um glücklich zu sein . . .' Solch tirilierende Sopranstimme wurde und wird gern gehört. Überall dort, wo sich Utopien als System verwirklicht haben — sei es von Staats wegen in der Sowjetunion, sei es im Werbefernsehen der USA — wird Glücklichsein entweder auf Beschluß des Zentralkomitees befohlen oder als Konsumentenglück suggeriert. Das Happiness-Gebot im ‚American way of life' und das ‚Say-cheese-Lächeln' amerikanischer Glücksvorstellungen sind nichts anderes als die verkrampfte Umkehrung puritanischer Sünde- und Verdammnis-Ideologie samt deren melancholischer Verdüsterung. Andererseits hat sich die Utopie Kommunismus dort, wo sie Wirklichkeit zu werden begann und Macht auszuüben lernte, unter den Zwang ihrer eigenen Glücksvorstellungen begeben. Seit Lenin werden im Kommunismus Strafen verhängt für Vergehen, die Skeptizismus und Nihilismus heißen. Neuerdings wird kritisches Verhalten von Intellektuellen bezeichnenderweise durch Einweisung in psychiatrische Anstalten bestraft: Die Melancholie als Schwester der Utopie steht im streng eingerichteten Gehäuse des kommunistischen Sozialismus unter Hausarrest.»

Andererseits läßt Grass die Melancholie auch nicht als Entschuldigung, als Generalpardon für eine unsühnbare Schuld gelten. Am Schluß der Dürer-Rede, im «Tagebuch einer Schnecke» heißt es: «Zumindest zufällig oder aus philosemitischem Mitleid wird dem Volk der Juden im Zustand der Zerstreuung — nicht jedoch den Bürgern Israels — die Melancholie als etwas Angeborenes, oder, seit der Zerstörung Jerusalems, vom Schicksal Verhängtes zugesprochen: als sei der millionenfache Tod in den Gaskammern nur die tragische Konsequenz der Zerstreuung gewesen.

Auschwitz wurde Museum, ‚Die Unfähigkeit zu trauern'
zum gern zitierten Begriff. Der Gewöhnung an den Völker-
mord entsprach die vorschnelle Bereitschaft, die Verbrechen
des Nationalsozialismus als momentane Verblendung, als irrationale Verfehlung, als etwas Unbegreifliches, deshalb Ent-
schuldbares abzutun. Vielleicht hat das sprachlose Handeln
eines Politikers, der dort, wo das Warschauer Ghetto gewesen
ist, Last getragen hat und auf die Knie ging, der Erkenntnis
ungeminderter Schuld späten Ausdruck gegeben. – Reue, als
gesellschaftlicher Zustand, wäre dann die entsprechende Utopie; sie setzt Melancholie als Erkenntnis voraus.»

Das literarische Werk von Günter Grass hält in sehr ge-
nauen, nicht auslöschenden Bildern fest – vom ersten Roman,
der «Blechtrommel» bis zu der bisher letzten Arbeit «Aus dem
Tagebuch einer Schnecke» –, was von deutschen Menschen
jüdischen Menschen angetan wurde. Deutsche Politik – das
jedenfalls ist die Auffassung von Günter Grass – muß bezogen bleiben auf das, was einmal geschehen ist. Sie muß stets
darauf bedacht sein, jeden Ansatz zu einer Denkweise zu til-
gen, die, dem Irrationalismus Vorschub leistend, unter Berufung auf ein Kollektiv ohne Gedankenfreiheit, Minderheiten
verfolgt.

Die dunkelsten Kapitel, in denen sich, ausgehend von
deutschem Kleinbürgermief, die von Hannah Arendt beschriebene «Banalität des Bösen» am schlimmsten austobt, behandeln im epischen Werk von Günter Grass Schicksal und Leiden, Verfolgung und Ausrottung jüdischer Menschen – ich
denke etwa an das Kapitel «Glaube Hoffnung Liebe» im Roman «Die Blechtrommel».

Da kommt der Pfleger Bruno in das Krankenzimmer der
Heilanstalt, in dem Oskar Matzerath untergebracht ist. Bruno
nimmt die Fäuste des dreißigjährigen Übeltäters von der
Trommel, auf der er bis jetzt wild herumgehämmert hat. Er
hängt das Blech an den linken Pfosten des Metallbettes, in dem
Oskar liegt, und zieht die Decke glatt.

«Aber Herr Matzerath», ermahnt er den Unhold, «wenn
Sie weiterhin so laut trommeln, wird man woanders hören,
daß da viel zu laut getrommelt wird. Wollen Sie nicht pausie-
ren oder etwas leiser trommeln?»

Der Giftgnom Oskar, der seine Verderbnis und die seiner
Epoche trommelnd memoriert, ist zwar Symbol oder Dämon
einer barbarischen, chaotischen, einem mörderischen Infanti-
lismus verfallenen Zeit, doch hin und wieder ist er besserer

Regungen fähig. Er nimmt sich also vor, seinem Blech ein
nächstes, leiseres Kapitel zu diktieren. Aber gerade in diesem
Kapitel stirbt in der «Kristallnacht» des Jahres 1938 der einzige Freund seines Lebens, der jüdische Spielwarenhändler
Markus aus Danzig. Oskar kennt ein paar der Schuldigen an
seinem Tode. SA-Mann Meyn, der so wunderschön Trompete
bläst, gehört zu diesen Schuldigen. Und so diktiert Oskar am
Ende mit hartem Wirbel diese Sätze der Erinnerung:

«Es war einmal ein Blechtrommler, der hieß Oskar, und
sie nahmen ihm seinen Spielzeughändler.

Es war einmal ein Spielzeughändler, der hieß Markus,
und er nahm mit sich alles Spielzeug aus dieser Welt.

Es war einmal ein Musiker, der hieß Meyn, und wenn er
nicht gestorben ist, lebt er heute noch und bläst wieder wunderschön Trompete.»

Aus diesen Sätzen ist abzuleiten, was das literarische und
das politisch-publizistische Wirken von Günter Grass unauf-
lösbar zusammenhält, was es speist, ihm die Stoßrichtung und
die nachhaltige Kraft verleiht. Es ist eine Wahrnehmungs- und
Darstellungsfähigkeit für den Schmerz, für das Leiden. Nicht
zu Unrecht hat der Germanist John Reddick in den ersten drei
erzählenden Büchern von Grass, dem Roman «Die Blechtrommel», der Novelle «Katz und Maus» und dem Roman «Hundejahre» eine «epische Trilogie des Leidens» gesehen und diesen
Werkkomplex abgegrenzt gegen spätere Arbeiten, den Roman
«Örtlich betäubt» und die Theaterstücke «Die Plebejer proben
den Aufstand» und «Davor». Zwar gibt es Verbindungsfäden,
vor allem in der Figur des Lehrers Starusch und beim «Tagebuch einer Schnecke» in der Figur des Lehrers Ott, der «Zweifel» genannt wird. Aber in den ersten drei Büchern ist der
Schmerz doch so groß und das Leiden so übermächtig, daß
die Welt weithin als absurd erscheint, daß gegen sie kaum an-
zukommen ist mit den Mitteln der Ratio, es müssen andere,
überrationale Kräfte zu Hilfe geholt werden — stärksten Ausdruck findet diese Notwehr in der Figur des Blechtrommlers
Oskar, der Glas zersingen kann.

Wer so schmerzempfindlich ist, das Leiden der anderen so
stark miterlebt wie Günter Grass, muß entweder nur resignieren, Klagelieder anstimmen angesichts einer bösen, übermäch-
tigen Welt, oder er kann, wenn ihm, wie im heutigen westdeutschen Staat, der Bundesrepublik Deutschland, die Möglichkeit gegeben zu sein scheint, menschenwürdigere Lebens-
verhältnisse zu schaffen oder zu erhalten, nach Kräften mit-

wirken. Günter Grass tut es. Er tut es an einem genau bestimmten Ort, als Anhänger einer Partei, der SPD. Dies sein politisches Engagement.

Im literarischen Werk sind, wie mir scheint, zwei Hauptabschnitte oder Phasen zu unterscheiden. Sie hängen zwar in der Tiefe miteinander zusammen, es gibt Verbindungsfäden, und ein niemals abreißender ist der Skeptizismus, der Zweifel — Grass gehört zu jener Generation, die der Soziologe Schelsky als «skeptische Generation» zutreffend bezeichnet hat —, und doch ist die erste Phase im Werk von Günter Grass im wesentlichen introvertiert, nach innen gerichtet, auf Selbsterforschung und Selbstdarstellung im literarischen Werk, und die zweite Phase extravertiert — nach außen gerichtet, politisch-publizistisch bestimmt. Grass will jetzt politisch wirken, durch sein Engagement für eine Partei, die SPD, etwas fördern, das ihm unabdingbar erscheint für den Bestand, für die Verwirklichung eines freiheitlich demokratischen Staates.

Der erste Werkkomplex umschließt die schon genannte Trilogie des Leidens, die Romane «Blechtrommel», «Hundejahre», die Novelle «Katz und Maus», lyrische und dramatische Arbeiten mit einer nur gelegentlich politischen Aussage. Und die zweite Phase, in der Grass seinen sehr rasch errungenen literarischen Ruhm einbringt in die politisch-publizistische Arbeit. Diese politisch-propagandistische Tätigkeit hat Rückwirkungen. Sie verändert das literarische Werk. Ermöglicht mit Hilfe der neuen Erfahrungen neue Ausdrucksformen.

Zur ersten Phase, die bestimmt wird durch die sämtlich zu Bestsellern avancierten drei Prosawerke, schreibt John Reddick: «Es wäre gänzlich verfehlt, wollte man von diesen Büchern behaupten, sie seien moderne Passionen. Es gehört eben zu ihrem epischen Element, daß sie ungemein weitläufig angelegt sind und entsprechend viele Funktionen haben; sie sind mithin historisch, philosophisch, satirisch, kulturkritisch, zeitkritisch, ästhetisch, womöglich auch autobiographisch. Und wie sie jeweils in sich vielfältig und vielgestaltig sind, so haben sie auch bei weitem nicht alles vielfältig Wesentliche miteinander gemein. Was sie dennoch zu einem Komplex zusammenfügt (vom Zeit-Ort-Faktor einmal ganz abgesehen), ist die Tatsache, daß sie in ihrem Grundton allesamt Klagelieder sind, die mit anhaltend pathetischer und oft hochpoetischer Stimme über eine Welt- und Gesellschaftsordnung lamentieren, in der Zerstörung, Verfolgung und Zerfall normal sind. Was Oskar, Mahlke und Amsel/Brauchsel auch immer voneinander unterscheidet — alle sind in erster Linie exemplarische Opfer und Leidtragende; und was auch immer in den verschiedenen Büchern hier oder da spezifisch bewirkt werden soll — der passionsmäßige Ton ist fast immer herauszuhören.»

Reddick fährt fort: «Denkt man aber ... an den mehr und mehr sich engagierenden Grass der Mittsechziger, der sich sozialen Gegenwartsproblemen und einem äußerst unpathetischen politischen Programm verschrieb — kann es einen dann wundern, daß Grass vom Epischen und Pathetischen ließ und sich in «Örtlich betäubt» radikal dem Nüchtern-Ironischen zuwendete?»

Im Zusammenhang damit ist die vorläufig letzte größere Arbeit von Grass zu sehen: «Aus dem Tagebuch einer Schnecke». Der Inhalt dieses Buches sei nach dem Klappentext, der deutlich die Diktion von Günter Grass verrät, kurz wiedergegeben:

«Im Wahlkampfjahr 1969 reist ein Schriftsteller durch die Bundesrepublik und spricht auf hundert Veranstaltungen für die SPD. Zurück in Berlin bleiben die Frau und vier Kinder und wundern sich, daß der Mann und Vater nur noch übers Wochenende zu Hause ist. Die Fragen der Kinder kommen in der Eile zu kurz. Im Tagebuch wird das Versäumte nachgeholt.

Ein Vater, als Schriftsteller schon lange berühmt, versucht zu erklären, weshalb er den Ruhm in die Politik mitnimmt und sich dort als Begrüßgustav beschäftigt. Das ist, wie jede deutsche Geschichte, eine Geschichte mit Vergangenheit. Während der Vater seinen Kindern die Verfolgung und Vertreibung der Danziger Juden erzählt und den Studienassessor Hermann Ott als jemanden erfindet, den seine Schüler ,Zweifel' nennen, wird der Wahlkampf in seiner Alltäglichkeit vielschichtig.

Die Erzähl- und Stilebenen wechseln und gehen ineinander über. Zeit wird eingeholt und aufgehoben. Stillstand und Fortschritt, melancholisches Verharren und utopische Ausflucht werden nicht beschrieben, sondern erzählt; wie die Juden ihre Synagogen verkaufen, wie Zweifel im Keller den Krieg überlebt, wer heute Bebels Taschenuhr trägt, warum sich Laura ein Pferd wünscht, was Augst sucht und nicht findet, wie langwierig der Wahlkampf und wie knapp der Sieg ist und was die Schnecke alles bedeutet. ,Ein Schriftsteller, Kinder, ist jemand, der gegen die verstreichende Zeit schreibt.'»

Gegen die verstreichende Zeit schreiben, Grass könnte auch sagen: gegen billige Sprichwörter schreiben wie «Die

Zeit heilt alle Wunden», «Gras darüber wachsen lassen», «Alles verstehen heißt alles verzeihen». Grass spricht und schreibt, und er spricht und schreibt an gegen das Vertuschen, gegen das Vergessen und Vergessenwollen, nach Freud «Verdrängen» genannt. Zur Eröffnung einer Ausstellung mit Werken von Auschwitz-Häftlingen hat Grass Ende Mai 1970 vor dem Evangelischen Forum Berlin eine Rede gehalten. Ihr Thema: «Schwierigkeiten eines Vaters, seinen Kindern Auschwitz zu erklären.»

Grass sagte: «Adornos Wort, nach Auschwitz könne man keine Gedichte mehr schreiben, hat so viele Mißverständnisse provoziert, daß ihm zumindest versuchsweise die Interpretation nachgeliefert werden muß: Gedichte, die nach Auschwitz geschrieben worden sind, werden sich den Maßstab Auschwitz gefallen lassen müssen. Spätestens hier zögere ich, höre ich dem Wort Auschwitz nach und versuche ich, das Wort Auschwitz an seiner Echowirkung zu messen. Wir kennen die trivialste Resonanz: Schon wieder Auschwitz! Immer noch Auschwitz? Wird das nicht aufhören? Will das nicht aufhören? Ich hoffe: nein. Ich widerspreche gleichfalls dem verhalten-vornehmen Echo: Die Antwort auf Auschwitz könne nur Schweigen, dürfe nur Scham und Verstummen sein. Denn Auschwitz war kein Mysterium, dem Scheu distanzierte und verinnerlichte Betrachtung befiehlt, sondern Realität, also zu untersuchendes Menschenwerk.»

Grass sagte weiter: «Wenn ich heute meinen Kindern Auschwitz erklären will — und sie verlangen diese Erklärung aus kühlem Wittern heraus, aus blanker Neugier: ,Da war doch was' —, dann werde ich, sobald ich zu erklären beginne, umständlich und — verstrickt im Gehege der Umstände — mißverständlich. Immer noch einen Schritt vor Auschwitz muß ich mich im Krebsgang üben. Immer wieder und abermals liegt vor einer halbwegs hinreichenden Erklärung weiterer Anlaß, noch mehr Ursache zu nennen.»

Und nun wird Grass sehr deutlich. Er sagt: «Wir sind es auch gewesen. Das haben wir zwar nicht gewollt. Aber das, was wir taten, sagten und schrieben, führte auf Umwegen zu einer Ortschaft, die Auschwitz heißt, aber auch Treblinka heißen könnte.»

Ein großer Teil der politisch-publizistischen Arbeit von Günter Grass und auch ein großer Teil der neuen Arbeit «Aus dem Tagebuch einer Schnecke» sind als ein Versuch anzusehen, seinen Kindern, den Kindern seines Volkes und anderer

Völker Auschwitz zu erklären, es nicht wegzuzaubern aus der deutschen Geschichte, es hineinzunehmen als Bestandteil einer notwendigen, noch immer gern beiseite geschobenen Aufklärung.

Diese Aufklärung ist nicht ein in sich abgeschlossenes Kapitel der europäischen Geschichte, begonnen in der Renaissance, ruhmreich fortgeführt von französischen Schriftstellern des 18. Jahrhunderts, Voltaire, Diderot, d'Alembert — es ist ein Prozeß, der weiterläuft, der in Gang gehalten werden muß. Wo er ausgeschaltet, unterdrückt wird, da wird der Mensch unterdrückt. Grass hat das in seiner Jugend erlebt, erlitten. Und er kämpft, seitdem mit der Kapitulation der deutschen Wehrmacht und dem Zusammenbruch des Hitlerregimes diese Unterdrückung abgefallen ist, mit den ihm gegebenen Mitteln für Aufklärung, für Vernunft.

Einen Strang dieses Kampfes für Aufklärung und Vernunft möchte ich nun näher untersuchen. In meiner kleinen Monographie über Günter Grass habe ich dargestellt, daß in der Lyrik die neue Tendenz oder die neue Form, der Grass zustrebt, jeweils am frühesten zu bemerken ist. Das Gedicht kann gleichsam als ein Seismograph, als ein Barometer angesehen werden, das Veränderungen, mitunter sehr folgenreiche Veränderungen, zuerst ankündigt. Grass selbst hat das hervorgehoben. In einem Gespräch mit dem Rundfunkreporter Ekkehart Rudolph sagte er:

«Mit der Lyrik habe ich angefangen, und alles, was ich bisher geschrieben habe, ist aus lyrischen Momenten entstanden, gelegentlich, wie die vorliegenden Bücher zeigen, mit Ausweitungen bis zu 700 Seiten. Manchmal ist es dann bei der Lyrik geblieben und bedurfte keiner epischen Fortsetzung oder keines Dialogs. Sie können aber ein Aufreißen des Gesamtkomplexes von dem Roman ‚Die Blechtrommel' in einem sehr frühen Gedicht von mir finden ‚Die polnische Fahne'. Und ein Gedicht wie ‚Die Vogelscheuchen', das ist eine Komplexvorform für den Roman ‚Hundejahre'. Für mich ist die Lyrik noch immer das genaueste Handwerkszeug, mich selbst abzuklopfen und auszumessen.»

Grass klopft sich ab im Gedicht. Die Lyrik, Barometer oder Seismograph des Schriftstellers, kündigt zuerst an, was er denkt, was er tun wird. Erprobung neuer Töne und neuer Taten: mit dieser Formel könnte man in Kürze die Lyrik des Günter Grass kennzeichnen.

Im letzten Satz des Gedichts «Gesamtdeutscher März» wird Klartext geredet, wird ein Wahlplakat entfaltet mit dem Imperativ: «Ich rat' Euch, Es-Pe-De zu wählen». Vorher ist von den Kräften die Rede, die die politische Landschaft im Frühjahr 1965 bestimmen: die Kräfte der Konservativen oder Reaktionäre, für Grass sind das der CSU-Politiker Franz Joseph Strauß und der damalige Bundestagspräsident Eugen Gerstenmaier, CDU. Deutschland ist geteilt. In der DDR feiert das Preußentum im Gewande einer stramm ausgerichteten SED (Sozialistische Einheitspartei Deutschlands) Auferstehung im «Stechschritt und Parademarsch». In Bonn bestimmt Adenauer, «der greise, schon legendäre Fuchs» die Politik, einer seiner Helfer ist Staatssekretär Globke, der unter Hitler Kommentare zu den Judengesetzen geschrieben hat. Angeprangert wird die Art, in der Schüsse an der Mauer, in Minenfeldern und im Stacheldrahtverhau der «Staatsgrenze» von der BILD-Zeitung des Springerverlags sensationell aufgemacht werden. Die satirische Anprangerung geschieht durch Zurücknahme:

> Heut gab es an der Grenze keinen Toten.
> Nun langweilt sich das Bild-Archiv.

Grass hat eine Reihe politischer Gedichte geschrieben. In einer zum Teil verschlüsselten Bildersprache, die jedoch meist leicht zu entschlüsseln ist. Das gilt auch für das Gedicht «Der Neubau», in dem es um die Tätigkeit des einstigen Bundespräsidenten Heinrich Lübke während der NS-Zeit geht, nicht eigentlich um diese Tätigkeit, sondern um die Art der Vertuschung, die Übernahme von NS-Relikten, unaufgeklärten Vorgängen, in den Neubau der Bundesrepublik Deutschland.

Die Begründung, die Entwicklung der Bundesrepublik Deutschlands wird mit dem Bau eines Hauses verglichen. Beim Ausschachten stößt man auf Scherben, auf Reste der gern unbewältigt genannten jüngsten Vergangenheit. Bei der Arbeit, beim Ausgießen der Fundamente, verunglückt ein Italiener, einer der vielen in der Bundesrepublik beschäftigten Gastarbeiter. Nicht der technischen Anlage, nicht der Firma wird Schuld gegeben: «Ermittelt wurde menschliches Versagen.» Man benutzt bei diesem Bau Fertigteile. Beim Versetzen dieser Fertigteile vergißt einer der Arbeiter «seinen Henkelmann» — der Henkelmann ist ein scherzhafter Ausdruck für eine mit einem Henkel versehene Emailflasche, in der Arbeiter ihren Frühstückskaffee oder -tee mitzubringen pflegen. Der Bauarbeiter vergißt seinen Henkelmann «in den Hohlräumen der

Außenwände». Das könnte sehr unwichtig erscheinen, aber Grass fügt hinzu: «Diese Bauweise ist ein Isolierverfahren der Firma Schempp.» Nun muß man wissen: die Firma Schempp hat während der NS-Zeit Baracken für Konzentrationslager errichtet. Bei dieser Firma Schempp war zu dieser Zeit Heinrich Lübke, der spätere Bundespräsident, beschäftigt. In der DDR wurden Bauzeichnungen aus der NS-Zeit, die die Unterschrift Lübkes trugen, veröffentlicht. Fotokopien davon gelangten auch in die Bundesrepublik. Aber statt einer eindeutigen Erklärung Lübkes wurde die Diskussion über diese Angelegenheit verschleppt, abgebrochen, vertuscht. Bei Grass heißt es:

Beim Verlegen der Fußböden,
bevor im November die Anstreicher kamen,
verlagerten wir die Vergangenheit des Bauleiters Lübke
unter die Böden.
Später versiegelten wir das Parkett.

Und mit diesen Resten einer unbewältigten Vergangenheit leben nun die Deutschen im Neubau ihrer Bundesrepublik...
«doch klagen die Mieter über Nebengeräusche», fügt Grass hinzu. Und er schließt: «Sie werden sich gewöhnen müssen.»
Das ist ein im Grunde sehr einfaches und doch ungewöhnliches Gedicht. Keine laute Anklage. Wolf Biermann, der in der DDR lebende, vom SED-Regime nicht geschätzte Lyriker, hat sehr viel härtere Gedichte in Bänkelliederform gegen die Bundesrepublik geschrieben. Grass verfährt anders. Er bauscht nicht auf. Er bemüht sich um Differenzierung, um Genauigkeit. Er bezieht seinen Zweifel mit ein. Er protestiert nicht einfach gegen die Atombombe. Oder gegen den Vietnamkrieg. Er prüft Einzelheiten. Fragt nach Details und nach der Art, in der sie uns vermittelt werden durch Texte und Fotos in den Zeitungen, durch Bildbände, durch Unterschriftsammlungen unter Protestresolutionen oder durch Protestsongs. Etwa in dem Gedicht «In Ohnmacht gefallen».
Dieses Gedicht bedarf kaum einer Interpretation. Es spricht mehrmals sehr deutlich aus, daß der lautstark oder kollektiv geäußerte Protest folgenlos bleibt angesichts einer Realität, in der sich «feinmaschig und gelassen» die Macht auswirkt. Ich wählte die Gedichte aus, um zu zeigen, daß darin, gleichsam in der Kernzelle seiner Produktion, die Problematik des politischen Engagements von heute erkannt und gestaltet ist. Hier herrscht Einheit und Übereinstimmung. Diese

Einheit und Übereinstimmung muß gesehen werden, man kommt sonst zu falschen Urteilen über den Schriftsteller Grass auf der einen, den Politiker und Publizisten auf der anderen Seite. Die Erkenntnis dieser Einheit und Übereinstimmung bedeutet nicht kritikloses Hinnehmen alles dessen, was Grass redet, dichtet und tut. Im Gegenteil: es ermöglicht eine genauere, treffendere Kritik als gemeinhin an ihm geübt wird.

Die Kritik am Einzelnen muß ausgehen von dem, was Grass insgesamt anstrebt mit seiner politischen Betätigung. Sie muß erkennen, daß der Antrieb zur künstlerischen und zur politisch-publizistischen Arbeit einen Quell-Grund, eine Mitte hat. In dem schon erwähnten Rundfunk-Interview mit Ekkehart Rudolph sagte Grass:

«Für mich war eines entscheidend: etwas zu tun, was mir die Möglichkeit gab, meine Fähigkeiten, meine Begabungen zu entwickeln, zu realisieren, auf die Probe zu stellen und damit zugleich vielleicht auch mich selbst zu realisieren. Da stand jeweils das eine oder andere im Vordergrund: ja, Sie können sogar weitergehen: Auch meine politische Arbeit ist natürlich kein Widerspruch zu der künstlerischen Arbeit, sondern ein weiterer Versuch, das, was in mir ist, zu realisieren.»

Diese politische Betätigung im engeren Sinne beginnt beim Bau der Mauer in Berlin, im August 1961, als Grass einen Brief an die Schriftstellerin Anna Seghers schrieb; sie setzt sich fort mit einem sehr heftig geführten Kampf gegen die Person des damaligen Bundeskanzlers Kiesinger, der einstmals als Mitglied der NSDAP eine Stellung in der Auslandspropaganda-Abteilung des Auswärtigen Amtes bekleidet hatte, mit Polemik gegen seinen Nachfolger, den Bundeskanzler Ludwig Erhard. Diese politische Betätigung von Grass entfaltet sich dann breit beim Bundestagswahlkampf des Jahres 1965, der Einrichtung eines Wahlbüros für die SPD in Berlin, bei der bekannte Schriftsteller Formulierungshilfen leisten. Markante Reden von Grass aus dieser Zeit liegen im Druck vor. Auch eine Schallplatte gibt es. Nach der Niederlage der SPD im Wahlkampf 1965 hielt Grass, der im Oktober 1965 den Büchner-Preis der Deutschen Akademie für Sprache und Dichtung in Darmstadt entgegennahm, eine Rede, die «Rede über das Selbstverständliche», eine geharnischte Polemik, die eine Kettenreaktion von Polemiken auslöste.

Kennzeichnend für Grass, schon beim Bundestagswahlkampf 1965, der mit einer Niederlage für die SPD endete, war, daß er nicht *allein* publizistisch arbeitete, sondern daß er Helfer suchte und fand. Helfer in den Schriftstellern Siegfried Lenz, Paul Schallück und Max von der Grün, in dem Komponisten Hans Werner Henze und einigen weniger bekannten Zeitgenossen. Kennzeichnend für die Eigenart und Unabhängigkeit von Grass war auch die Tatsache, daß die Führer der SPD, vor allem in den Landesvorständen anfangs oft gar nicht erfreut waren über diese Schützenhilfe eines Schriftstellers, daß sie dem Wahlhelfer und seinen Helfershelfern vielmehr Schwierigkeiten machten. Das gab sich im Laufe der Zeit, war bei der Wahlhilfe von Grass beim Bundestagswahlkampf des Jahres 1969 kaum noch der Fall. Grass hatte diesem Kampf eine stärkere Basis gegeben durch Begründung der Sozialdemokratischen Wählerinitiative, einem Zusammenschluss von Menschen, die entweder der SPD angehörten oder mit ihr sympathisierten und die bereit waren, bei der Propaganda für die SPD mitzuwirken.

Nun muß *eines* im politischen Engagement von Grass für eine Partei beachtet werden: es handelt sich hier nicht um ein in erster Linie vom Gefühl, von der Emotion her bestimmtes, sondern um ein vom Verstand geleitetes und darum kritisch reflektiertes Verhalten, das von allen, Mitagierenden und Widerstrebenden, ebenfalls die Aktivierung von Verstandeskräften verlangt. Als Sprecher der Sozialdemokratischen Wählerinitiative sagte Grass am 23. März 1971 in Bonn: «Die Kluft zwischen den politischen Einsichten progressiver Sozialdemokraten und dem Bewußtsein der Wähler ist das eigentliche Problem der SPD. Dieses Problem läßt sich nicht lösen, indem man richtige, wenn auch unbequeme Einsichten kappt oder wie Verbotenes unter Verschluß hält.» Grass fügte hinzu: «Hätten wir keine unbequemen Jungsozialisten, wir müßten sie schnurstracks erfinden.» Und er sagte zum Schluß zu den Abgeordneten der SPD im Bundestag: «Ich bin Ihnen lästig gefallen. Es ist unsere Absicht, Ihnen lästig zu fallen ... Wir wollen weiterhin helfen, doch unsere Hilfe spricht sich kritisch aus.»

Grass, der seine erste Begegnung mit der Sozialdemokratie im Frühjahr 1947 anläßlich einer Rede Kurt Schumachers in Hannover hatte, ist seit zehn Jahren in zunehmendem Maße politisch aktiv. Der Ursprung seines Handelns ist moralisch motiviert. Ihn empörten die unqualifizierten Angriffe gegen Willy Brandt, der als Regierender Bürgermeister von Berlin nach dem Bau der Mauer erstmals als Kanzlerkandidat der SPD genannt wurde. In einem Gespräch hat Grass zu dieser grundsätzlichen Entscheidung, neben seiner literarischen Arbeit politische Arbeit zu leisten, folgendes gesagt: «Ab 1961 (also nach der Bundestagswahl) geht das kontinuierlich weiter. Erst war es das persönliche Verhältnis zu Brandt, zu dem diffamierten Brandt, und dann mehr und mehr involviert mit den politischen Alternativfragen bis in die Zeit der Studentenproteste hinein. Das hat mich, wenn man rechnen, wenn man bilanzieren will, viel Zeit gekostet, hat mir aber auch viele neue Erfahrungen gebracht und mich in Risiken gestürzt; vielleicht sogar in Risiken, die auf Kosten eines unmittelbaren Stils, eines urbanen Erzählvermögens gehen; aber das nehme ich in Kauf.»

Diese Risiken, die mit dem Engagement für eine Partei verbunden sind, wären zu untersuchen. Grass steht, wenn man es etwas formelhaft sagen will, auf seiten der gemäßigten Linken. Sein Realitätssinn, sein Pragmatismus ist stärker entwickelt als seine Begeisterungsfähigkeit für Utopie und Visionen. Die schlimmen Erfahrungen, die der Hitlerjunge Grass im Großdeutschen Reich, im Arbeitsdienst und bei der Wehrmacht sammeln konnte, haben ihre abschreckende Nachwirkung bis heute behalten. Grass ist ein Anhänger der Vernunft, ein Anhänger der europäischen Aufklärung. Und er bekannte sich zu ihr, schon zu der Zeit, als er den Roman «Die Blechtrommel» schrieb. Im Gespräch mit Rudolph sagte Grass:

«...was ich erfahren habe, wozu ich stehe und was ich weiterentwickeln möchte, kommt in erster Linie aus der europäischen Aufklärung. Und was ich im Negativen erlebt habe, in meiner Jugendzeit, in der unmittelbaren Nachkriegszeit, und bis in unsere Tage hinein — das ist die Gegenposition — das kommt aus dem europäischen Irrationalismus. Und ich habe mit der ‚Blechtrommel‘ angefangen zu entdämonisieren, das heißt: ich habe den Versuch unternommen, dem Irrationalismus das Wasser abzugraben.»

Diese Tendenz, zu entdämonisieren, dem Irrationalismus Einhalt zu gebieten, läßt sich durch das gesamte Werk von Grass, das dichterische und das politisch-publizistische verfolgen. Seine oft wütende Gereiztheit gegenüber allem, was die parlamentarische, die liberale Demokratie untergraben und zerstören möchte, läßt sich aus diesem Jugenderlebnis erklären. Grass kämpft gegen junge und alte Reaktionäre von rechts, gegen alte Nazis und junge oder alte Anhänger der Rechtsparteien, etwa der NPD ebenso leidenschaftlich wie gegen die Gewalt und Intoleranz bejahenden, Terror fordernden

Revolutionäre von links, seien es nun Anhänger der APO, der Außerparlamentarischen Opposition, des (inzwischen aufgelösten) SDS, der Roten Zellen oder des Spartacusbundes oder anderer linksextremer Gruppen.

Grass reagiert, von Ausnahmen, seltenen Ausnahmen abgesehen, nicht hitzköpfig und unüberlegt. Auch wenn er sehr heftig attackiert wird — und er wird sehr häufig sehr heftig attackiert —, denkt er zunächst nach und spricht dann. Allerdings ist er höchst allergisch in einem Punkt: jeder Versuch, die mühsam errungene, mit viel Blut bezahlte, im Grundgesetz garantierte Freiheit zu beseitigen, durch irgendwelche Aktionen zu gefährden oder mehr oder weniger getarnt zu unterlaufen, erweckt seine Abwehrkräfte. Grass weiß, was auf dem Spiel steht. Er weiß, wie leicht die Freiheit verspielt wird. So sehr er den Kompromiß als ein Mittel, als eine Notwendigkeit der Politik begreift und bejaht, in diesem Punkt ist er unnachsichtig, kompromißlos.

Verfolgt man die Diskussionen, die Stellungnahmen zu Vorgängen der Politik und des öffentlichen Lebens, die Reden, die Grass, unermüdlich reisend, bei den Bundestagswahlkämpfen 1965, 1969 und 1972 gehalten hat, so wird man feststellen: es vollzieht sich in seiner Sprache ein Wandel. Der Literat Grass nimmt Abschied von der Literatur, zumindest von jener, die zu starke Anforderungen an den Hörer stellt. Ohne an Niveau zu verlieren, übt Grass sich ein in eine für eine breite Zuhörerschaft verständliche Sprache.

Man müßte diese Veränderung, diesen Umwandlungsprozeß im einzelnen verfolgen. Und man müßte parallel dazu untersuchen, wie die politisch-publizistische Arbeit sich verändernd auswirkt in der literarischen Produktion von Günter Grass. An den Gedichten, die ich anführte, an dem Drama, das er im Untertitel «ein deutsches Trauerspiel» nennt: «Die Plebejer proben den Aufstand» läßt sich das ebenso nachweisen wie an dem Roman «Örtlich betäubt», mit welchem gleichzeitig, also parallel, das Bühnenstück «Davor» entstand.

Die Schwächen dieses Bühnenstücks und zum Teil auch die des Romans sind nicht zuletzt begründet in Einwänden, die sich auch gegen das Engagement von Grass für die SPD erheben lassen. Dabei überzeugt der Roman «Örtlich betäubt» doch stärker als das Bühnenstück «Davor», das nicht viel mehr als ein Teilstück des Romans, die Romandialoge, darstellt. Allerdings wird man verstehen können, wenn man den Roman gelesen hat und anschließend das Stück noch einmal liest oder auf der Bühne sieht, warum der Autor Grass Stück und Roman in gleicher Weise für gelungen halten mußte. Er sah nämlich während des Schreibens am Stück all das vor seinem geistigen Auge, was der Roman nun bietet, was der Zuschauer im Theater aber vor der Lektüre des Romans nicht oder nicht genau erkennen konnte.

Der Zuschauer sah nur einen Schüler namens Scherbaum, der, bestärkt durch seine Freundin Vero Lewand, die stumpfen Konsumbürger, die, wie es bei Grass heißt, «kuchenfressenden Pelztierchen am Kurfürstendamm» durch eine «Aktion» aufschrecken wollte: sein geliebter Langhaardackel Max sollte, mit Benzin übergossen und angezündet, als Protestfackel gegen den Krieg der Amerikaner in Vietnam dienen. So jedenfalls war es geplant. Wie der Junge dazu gebracht wurde, von seiner Aktion abzulassen, stellt Grass in seinem Stück dar.

Henning Rischbieter, der Herausgeber der Zeitschrift «Theater heute», hat in einem Gespräch mit Grass den Einwand erhoben, «dass die politische Problematik dieser Jahre in breiter und umfassender Weise nicht dargestellt wird, daß es eigentlich doch bloß um einen grotesken Fall von Aktionismus geht, über den hin und her geredet wird.»

Diesen Einwand gegen das Stück widerlegt auch der Roman «Örtlich betäubt» nicht. Man braucht nur die Dokumentation durchzusehen, in der Manfred Liebel und Franz Wellendorf unter dem Titel «Schülerselbstbefreiung» die «Voraussetzungen und Chancen der Schülerrebellion» (edition suhrkamp) darstellen, um zu erkennen, daß Grass die Problematik in ihrer Breite und Tiefe, ihrer soziologischen Verflochtenheit, vor allem mit der Familie und der Gruppe, gar nicht erfaßt hat. Grass zeigt nur einen Teilaspekt, und er geht dabei nicht primär von den Voraussetzungen der jetzt Jungen, der Fünfzehn- bis Zwanzigjährigen aus, sondern von den Erlebnissen und Erfahrungen seiner Generation, den heute Vierzig- bis Fünfundvierzigjährigen.

In dieser Begrenzung liegt die Problematik und die Bedeutung des Romans, zum Teil auch die Problematik des politischen Engagements von Günter Grass.

Rekapitulieren wir: Günter Grass, ein Angehöriger der «skeptischen Generation», hat mit seinem ersten Roman «Die Blechtrommel» einen Maßstab gesetzt, an dem er nun mit jedem neuen Buch, das er veröffentlicht, gemessen wird. Dieser Maßstab ist starr, zugleich aber hat sich um den Autor so etwas wie eine Legende gebildet. Grass tut alles, um diese Legende zu zerstören. Befragt man ihn über seine Arbeit, so gibt er klar und nüchtern Auskunft. Er spricht vom Handwerklichen. Von der Technik.

Das Handwerk, die Technik des Romans verändert, entwickelt sich mit den Erlebnissen und Erfahrungen, die der Politiker, der Publizist Grass sammeln konnte. In den Hauptfiguren der Bücher, die den Ruhm von Grass begründet haben, in dem Blechtrommler Oskar Matzerath, im «großen» Mahlke, im Scheuchenverfertiger der «Hundejahre» gewann das Irrationale, das Dämonische, das Zerstörende der Epoche im Zerstörungs- und Selbstvernichtungsdrang dieser Gestalten das Übergewicht. In der Figur des Lehrers Starusch, der ebenfalls in dieser düsteren Epoche aufwuchs, aus ihr jedoch, da er überlebte, Lehren für sich und seine Schüler zog — in dieser Figur des Starusch wird der Vernichtung und Selbstvernichtung, die aufs neue bei den radikalen Jungen sich regen will, Einhalt geboten.

Der Roman «Örtlich betäubt» zeigt den Gewinn, der sich aus einer solchen Begrenzung, einer ethischen Fundierung ergibt. Er zeigt aber auch den Verlust, der in Kauf genommen werden muß. Es kommt zum Teil etwas Dürres, etwas Lehrhaftes in die Darstellung. Im Mittelteil des Romans tritt das am stärksten hervor.

Deutlich wird die gefährdete Position des Skeptikers, der den Protest eines jungen Menschen von heute gut begreifen kann, der ihn bejahen möchte und der doch Widerstand leisten muß. Diesen Kampf eines Skeptikers mit sich beschreibt Grass in vielen Variationen. Es ist ein Kampf mit der Vergangenheit und dem, was ungelöst in ihr zurückblieb, was in Sandkastenspielen des Generals Krings (hinter dem als Urbild Generalfeldmarschall Schörner steht) auf andere Art zutage tritt als in den Protestaktionen der Jungen. Und doch gibt es Berührungen in der Tiefe.

Vor der bald belebten, bald blinden Fernsehmattscheibe des Zahnarztes, der einer anderen, älteren, pragmatisch oder wie von den Jungen gesagt wird, «fachidiotisch» denkenden Generation angehört, tritt etwas von dem Verdeckten in erfundenen, halbwahren und wahren Geschichten ans Licht. Der Untergrund der Epoche, den Grass bisher am stärksten in der «Blechtrommel» beschwor, erscheint noch einmal, schattenhafter. Grass wehrt sich mit aller Kraft dagegen, daß aus ihm abermals Wahnwitz, Massenmord und Chaos wird. Er baut Dämme auf. Dämme aus Geschichten. Dämme aus Argumenten der Skepsis.

Günter Grass, engagiert für die SPD, bleibt als Künstler in der Figur des Lehrers Starusch skeptisch gegen sich selbst. Er läßt ihn zu seinem Schüler Scherbaum sagen:

«Auch wenn ich so bin, und du siehst, wie ich bin, genau wie ich es gesehen habe bei anderen, wie sie waren, weiß ich doch, daß ich geworden bin, wie ich nicht sein möchte und wie du nicht sein möchtest.»

Deutsche Politik im literarischen Werk von Günter Grass erreicht, wie ich meine, einen neuen, geglückten Ausdruck in dem schon mehrfach genannten Werk. Man kann dieses zum Teil fast improvisierend locker angelegte und doch sehr bewußt komponierte Werk «Aus dem Tagebuch einer Schnecke» weder einen politischen Roman noch eine Dokumentation, weder ein Tagebuch im üblichen Sinne noch ein Mixtum compositum, eine Mischform aus all diesen Gattungen nennen. Die Arbeit ist in Jahren, in mehr als einem Jahrzehnt gewachsen. Sie stellt den Versuch dar, etwas bisher selten Erreichtes zu verwirklichen: Gegenwart in der Vergangenheit, Vergangenheit in der Gegenwart aufzuspüren, das Verdrängte ans Licht zu holen, es als eine mögliche Gefahr, als Gift zu erkennen, durch Bewußtmachen des einstmals Tödlichen, noch immer Bedrohlichen dieses Gift als ein Heilmittel, in richtiger Dosierung, zu verordnen.

Wieder steht ein Lehrer im Mittelpunkt, der Studienassessor Hermann Ott, ein Freund der Danziger Juden: Zweifel, auch Dr. Zweifel genannt. Er geht in den Untergrund. Verbirgt sich im Keller eines Kaschuben, der ihn zwar gelegentlich prügelt, ihn am Ende aber doch rettet. Anregung zu dieser erfundenen Figur und seiner erfundenen Lebens- und Rettungsgeschichte hat eine heut lebende Figur und ihre wahre Geschichte gegeben: der Kritiker Marcel Reich-Ranicki, der die Verfolgung und Ausrottung der Juden in Polen überstand, hat sie Günter Grass erzählt.

Im «Tagebuch einer Schnecke» ist der Lehrer Ott nicht Jude, wahrscheinlich weil Grass sich scheut, als Nicht-Jude die Leidensgeschichte eines Juden darzustellen. Ähnlich verfuhr Max Frisch in seinem Schauspiel «Andorra».

Nach Starusch in «Örtlich betäubt» also wiederum ein Lehrer als Hauptfigur eines Buches. Grass liebt Lehrer. In ihm steckt ein starker pädagogischer Impuls. Eines seiner Lieblingsbücher, das er, wie er mir sagte, mehrmals gelesen hat, ist Pestalozzis «Lienhard und Gertrud». Man kann diese Vorliebe für Pädagogen verstehen — denn wenn Aufklärung, Abbau des Irrationalen bewirkt werden soll, welcher Berufsstand könnte das besser und wirksamer leisten als der der Pädagogen?

Sehr stark, doch niemals aufdringlich oder unangenehm, macht sich der pädagogische Impuls auch im Umgang mit den eigenen Kindern bemerkbar. Ihnen erklärt der Vater im «Tagebuch einer Schnecke», warum er sich im Dienste der SPD so aufreibend politisch, im Bundestagswahlkampf 1969, betätigt. Ursprünglich begann jedes Kapitel des «Schneckenbuches», wie Grass gern sagt, mit der Anrede: «Liebe Kinder» ... Die Kinder, die Zwillinge Franz und Raoul, jetzt 14, die Tochter Laura, jetzt zehn, und der kleine Bruno, jetzt sechs Jahre, fragen, wenn der Vater immer wieder Wahlreisen unternimmt, den Bundeskanzler nach Warschau begleitet, mit Studenten oder Gewerkschaftlern diskutiert: «Und wohin gehste jetzt wieder? Was machste da? Und was bringste mit?»

Das «Tagebuch einer Schnecke» beginnt mit der Wahl Gustav Heinemanns zum deutschen Bundespräsidenten. Ort: Ostpreußenhalle in West-Berlin. Grass war dabei, als am 5. März 1969 Heinemann gegen Gerhard Schröder gewählt wurde. Grass führt kein Tagebuch, aber er macht sich Notizen, schreibt sie in ein Heft, das er, wie einst der Professor Lichtenberg in Göttingen, sein Sudelbuch nennt.

In seinem Vorwort zu dem Taschenbuch «Heinemann» von Schreiber und Sommer bemerkt Grass unter der Überschrift «Ein knapper Sieg der Vernunft»:

«Sogleich nach dem dritten Wahlgang notierte ich: Anspannung festhalten, den Vorgang im Detail dokumentieren, zeigen, daß die parlamentarische Demokratie nicht langweilig sein muß, wenn die Alternativen deutlich ablesbar sind. Den Augenblick überliefern.»

Aus einer fest umrissenen Position den Augenblick des politischen Geschehens zu überliefern — darum geht es Grass in dem neuen Buch. So deutlich und genau die Details gegeben werden — sie stehen doch nicht isoliert oder in pedantischer Abfolge nebeneinandergereiht. Der Schriftsteller Grass bedient sich der Phantasie als eines Erkenntnisorgans. In Gedanken räumt er während der Wahlvorgänge die Ostpreußenhalle aus: «Ich kann das, Kinder, mir deutlich was ausdenken.» Und er sieht nun durch die leere Halle eine Schnecke kriechen. Die Schnecke des Fortschritts: «Sie siegt nur knapp und selten. Sie kriecht, verkriecht sich, kriecht mit ihrem Muskelfuß weiter und zeichnet in geschichtliche Landschaft, über Urkunden und Grenzen, zwischen Baustellen und Ruinen, durch zugige Lehrgebäude, abseits schöngelegener Theorien, seitlich Rückzügen und vorbei an versandeten Revolutionen ihre rasch trocknende Gleitspur.»

Die Schnecke wird also zu einem der Realität entnommenen Symbol für den mühsamen Fortschritt. Langsam, sehr langsam bewegt sie sich. Wird sie ankommen? Will sie überhaupt ankommen?

Die Utopisten kommen immer an. Zumindest in den Glücksburgen ihrer Utopien. Sie kennen den Stillstand im Fortschritt nicht. Sie klammern die Melancholie aus. Damit ist das Hauptthema gesetzt für den Schriftsteller Grass, «dem Melancholie und Utopie Zahl und Adler der gleichen Münze sind». Die Vertiefung des Themas bietet der Kupferstich «Melencolia I», über den Grass am 7. Mai 1971 in Nürnberg unter dem Titel «Vom Stillstand im Fortschritt» sprach.

Mit dieser Rede, die Dürers «Melencolia» ins Heute transponiert und damit für unsere Zeit und vielleicht auch für kommende Geschlechter transparent macht, schließt der Roman. Grass erstrebt eine Sprache, die auf Genauigkeit ausgeht und doch Freiheit läßt. In seiner Nürnberger Dürer-Rede sagte er:

«Das Thema meines Vortrags und sein kunsthistorisch gewordener Gegenstand haben mir mein seit zwei Jahren wachsendes, schrumpfendes Manuskript unter dem Titel ‚Aus dem Tagebuch einer Schnecke' schwergemacht; denn so beharrlich ich für meine Kinder — und wohl auch für anderer Leute Kinder — den Schneckenprozeß Fortschritt nachzeichnete und vermaß, so unkündbar blieb mir Dürers zeitloses und nur von seinen Attributen her auswechselbares Motiv. Also versuchte ich, meinen und anderen Kindern den Stillstand im Fortschritt zu deuten. Die rasch trocknende Gleitspur. Ich spielte mit dem versammelten Trödel, tauschte ihn aus. Waage, Sanduhr und Glocke, Zahlenquadrat und Zirkel haben Entsprechungen gefunden. Wenn Melencolia am Fließband hockt, auf Fotosafari zur Salzsäule wird oder ein leeres Schneckenhaus reitet, dann kann sie auch im Rechenzentrum Platz finden und unter Einsteins Formel von heute sein.

Oft, unterwegs, während Stauungen auf der Autobahn, eingeschlossen in Abgasen von ruckenden Warteräumen, wie auf immer eingespurt und dem Schleichprozeß des Berufsverkehrs unterworfen, sah ich sie lustlos und verbiestert am Steuer sitzen: Melencolia mit Führerschein.»

Und Grass sagte weiter:

«Als Albrecht Dürer seine Melencolia in Kupfer stach, war er 43 Jahre alt; so alt bin ich heute. Diese Rede steht am Ende einer Schneckenbilanz.»

Diese «Schneckenbilanz» schließt das politische Engagement eines Schriftstellers ein und hebt es zugleich auf in einer Form, die den Augenblick und die in ihm virulente Vergangenheit überliefert, vor Resignation warnt, wahrscheinlich weil sie sie sehr genau kennt und zur Fortsetzung des Schneckengangs ermutigt. Das scheint Grass gerade heute besonders wichtig zu sein, da es auf der einen Seite eine Jugend gibt, die von der Protestbewegung enttäuscht ist, auf der anderen Seite eine apolitische Jugend, die leicht reaktionären Parolen verfallen kann.

Schneckenbilanz das heißt auch: Realitätskontrolle im kleinen und kleinsten. Nicht das «Danach» — immer wieder das «Davor» und das «Dafür» prüfen. «Dafür» hieß auch die für den Bundestagswahlkampf der SPD 1969 herausgegebene Zeitung, an der Grass mitarbeitete. Die Melancholie, stets von der Gefahr bedroht, in Resignation umzuschlagen, wird in allen möglichen Stadien und Formen beobachtet, erlebt und beschrieben. Am Schluß des «Schneckenbuches», in der Dürer-Rede, sagt Grass:

«Auch mich überfiel es oft genug, während ich sprach und während sich meine Rede selbsttätig vortrug, schwermachende Mutlosigkeit. Also schwieg ich, während ich sprach. Also gab ich auf, während ich noch Teilziele als erreichbar beschrieb. Also war ich — und viele gleich mir — schlecht entlohnt im Dienst der Aufklärung tätig und hockte dennoch unbewegt inmitten papierener Argumente, umstellt von sich widersprechenden Reformmodellen, angeödet vom Streit der Experten, unter einer Glasglocke: abwesend da.»

Man muß, wenn man die Rolle der Politik im literarischen Werk von Günter Grass untersucht, die selbstkritische Position des Publizisten Grass miteinbeziehen, muß sie berücksichtigen, wenn man über sein politisches Engagement für eine Partei, die SPD, urteilt. Man sollte sich an den Schluß des Romans «Örtlich betäubt» erinnern: «Nichts hält vor. Immer neue Schmerzen.»

Man sollte an die Porträts und Porträtsskizzen denken, die Grass im «Tagebuch einer Schnecke» zeichnet: an die nichts beschönigenden Moment- und Daueraufnahmen von Gustav Heinemann und Willy Brandt, an das meisterhaft knappe Porträt Herbert Wehners und vor allem an die ergreifende Kurzbiographie des einstigen Kommunisten Leo Bauer, der später, «unter Verzicht auf Glauben» Sozialdemokrat wurde. Von diesem «spätgewonnenen Freund» erzählt Grass am Schluß seines «Schneckenbuches»:

«Das Mißtrauen der neugewonnenen Genossen, der Haß der verlorenen und die Niederlage politischer Gegner haben ihn gezeichnet. Eigentlich müßte er aufgeben, hinwerfen, abtreten. Aber Willen, wie ihn nur vielfach Gebrochene, Totgesagte und aus eigener Schuld Schuldbewußte aufbringen, läßt ihn, wenn nicht richtig leben, so doch immerhin tätig sein. Nur wenn es spät wird, wenn alles gesagt ist, wenn die tägliche Kärrnerarbeit beendet zu sein scheint, versteinert mein Freund. Merkwürdig abwesend sitzt er im Kreis zwar auch ermüdeter, aber in ihrer Neugierde nach Informationen immer noch abwesender Händler mit politischen Details. Dann fällt von ihm ab, was seinen Willen läufig hält. Es ist, als höre er das Eigengeräusch der Zeit. Es ist, als habe er in der Leere Quartier bezogen. Sein Blick knüpft nirgendwo an. Sein Gesicht verschattet sich grau.»

Und Grass sucht bei Dürer, seinem Leben, seiner Krankheit, seinem Kupferstich «Melencolia» nach Parallelen. Im Zusammenhang damit begreift Grass seinen Freund Leo Bauer, «wenn er spät und nachdem auch die letzte der Utopien ihre Nachttischlampe gelöscht hat, der Melancholie ins Bild kriecht: schwermütig geworden nach so vielen Anläufen.»

«Aber», so fragt Grass am Schluß, «wie kommt es, daß Leo Bauer weitermachen wird, bis es ihn hinhaut? Wie kommt es, daß so viele, denen ich unterwegs begegnete und die, wie ich, den Stillstand im Fortschritt kennen, immer wieder ansetzen, ihr Bleigewicht aufheben und den saturnisch lastenden Wackersteinen jenen Funken abschlagen, der uns utopische Lichter setzt?»

In diesem grauen Bezirk der Melancholie also muß die nicht zerstörte, die nicht zerstörbare Position des sich politisch betätigenden Schriftstellers Grass erkannt werden. Und so lautet denn sein Resümee im «Tagebuch einer Schnecke»:

«Nur wer den Stillstand im Fortschritt kennt und achtet, wer schon einmal, wer mehrmals aufgegeben hat, wer auf dem leeren Schneckenhaus gesessen und die Schattenseite der Utopie bewohnt hat, kann Fortschritt ermessen.»

Bescheidener, schwer zu erringender Fortschritt. Ein Programm ohne Paukenschlag. Einer Partei verpflichtet, die Günter Grass aushält, in der es Günter Grass aushält. Gegner werden sagen: das ist nicht viel. Ich sage: das ist mehr als mit dem Engagement eines deutschen Schriftstellers bisher geleistet und ertragen wurde.

Fritz J. Raddatz

12 | Der Weltgeist als berittene Schnecke

Günter Grass' kleine Hoffnung –
aus großer Melancholie

Merkwürdig: Diese Generation der Anfang-vierzig-jährigen wird schneller alt. Ob Zwerenz «Autobiographie», Rühmkorfs Zettelkasten-Jahrbuch oder Enzenbergers 30 Neue Bilanz-Gedichte — früh ziehen unsere Autoren die Summe, und nicht immer heißt sie «Besonnte Vergangenheit».

Günter Grass nun, mit seinem «Tagebuch einer Schnecke», tut das am radikalsten. Es ist von allen das «älteste Buch», das reifste. Nicht zufällig an Max Frischs Tagebuch erinnernd, jene Paraphrase auf Einsamkeit, Altwerden, Sterben und Tod, Kostümfest im Altmännerhemd, das panisch gewechselt wird zum Leichenhemd; dort ja, unter der Eintragung vom August 1970, findet sich eines der eindringlichsten Grass-Porträts, dort findet sich auch der erste Hinweis auf «die gesammelten Schnecken auf Granit, Signet der Sozialdemokratie».

Grass' Titel faßt glanzvoll zusammen, wovon die Rede geht, und was seiner Dürerrede Motiv wie Überschrift gab: «Stillstand im Fortschritt». Die Schnecke ist nicht nur hochverletzlich, lebensunfähig ohne ihr Haus, langsam aber zielstrebig; sie ist auch unverletzlich in ihrer Beharrlichkeit, kann über Rasierklingenschneiden kriechen, ohne Schaden zu nehmen; und sie ist Symbol seit eh und je für jenen Schutz, den man bei Frauen sucht — Zeichen für ein ganz anderes «Zurück», bei allem Fortschritt. Der Kunstkenner Grass weiß, daß die Schnecke Bildchiffre im Werk fast aller Surrealisten ist, ob bei Max Ernst, bei Magritte, bei Schroeder-Sonnenstern. Bei ihm, der erstmals in jener Dürerrede von seiner «Kriechspur» spricht, ist sie auch Verbalchiffre:

«De ‚Schnägg' oder ‚s'Schnäggli' oder ‚Du chlyne herzige Schnägg' sind nicht nur in Zürich-Niederdorf, sondern auch in ländlichen Kantonen vulgäre und zärtliche Benennungen der Vagina; bildlicher als Fötzchen oder Möse. Ihr habt es gut. Laura wird ihr Schnäggli hüten, Franz und Raoul werden s'Schnäggli suchen, und Bruno wird viele Schnäggelihüüsli bewohnen.

Das werdet ihr lernen, Kinder. Ich bitte euch, zärtlich zu sein und geduldig zu bleiben. Und laßt nichts aus. Seid gierig nach neuen Gefühlen. Sucht immer andere Stellen. Werdet gesättigt, nicht satt. Lernt von der Schnecke, nehmt Zeit mit . . .»

Das hat nicht zufällig den alttestamentlichen Gestus des Beschwörens, den Psalmenton des Anrufs und der Bitte – den Ton Bertolt Brechts also, der sich Gefühle nur im Gedicht erlaubte und dessen Revolutionäre durchwegs Frauen, ja: Müttergestalten waren.

Es ist kein Buch der Selbstdarstellung, sondern der Selbstprüfung geworden, ein Buch respektheischender Ehrlichkeit, ein Unbuch.

Denn wenn Grass notiert:

«Ich schreibe auf regennasse Schieferdächer, in Bierpfützen, auf ein Förderband: Ich   Ich   Ich»,

dann ist das nicht eine Gombrowicz'sche Kokettier-Girlande, nicht jene – so häufige – Form eines fingierten Tagebuches, das heimlich auf ein Publikum schielt. Es ist eine durchweg auf Mitteilung und Belehrung ausgerichtete Selbstbefragung – Einkreisen des eigenen Zweifels.

Als Grass dies Tagebuch schrieb, war er sechs Monate auf Wahlreise, «durch die pausbäckigen Zielbeschwörungen des Fortschritts positiv gestimmt». Davon erfährt man vordergründig nichts, was man nicht wüßte: verrauchte Versammlungen, VW-Bus-Fahrten, autogrammhaschende Dennoch-Gegner, kleine Hotels und große Begegnungen (mit Brandt, Wehner oder Bahr). Und er war, gleichzeitig aufgefordert dazu schon im März 1969, mit der Arbeit an seiner Rede über Dürers Kupferstich «Melencolia I» beschäftigt; täglichen Aussprüchen in die Utopie entsprachen Rückfälle in melancholische Klausur. Den zwei Denk- nein: Moralebenen entsprachen zwei Ebenen des Berichts: denn als solcher, an die Kinder und andere, die zuhören wollen, adressiert, ist das Buch konzipiert, an die «Nachgeborenen».

«Ihr werdet das später lesen. Dann seid nachsichtig, Kinder, weil wir uns und andere so hart angehen mußten ...»

Wort und Begriff «Bericht» ist nicht weit von «Rechenschaft» — die soll gegeben werden, über eigenes Tun, über Versagen, Fehler; sogar über die beim Berichten:

> «Es war falsch, auch das Ergebnis, die vielstellige Zahl zu nennen. Es war falsch, den Mechanismus zu beziffern; denn das perfekte Töten macht hungrig nach technischen Details und löst Fragen nach Pannen aus.
> ,Hat das denn immer so geklappt?'
> ,Und was war das für Gas?'»

Grass weiß, daß bloße Auskunft über das Tun — «ein Schriftsteller, Kinder, ist jemand, der gegen die verstreichende Zeit schreibt» — leicht zu Lesebuchklischees ausdünnt.

Erläutert werden müssen die Motive; nicht das Wie und Was, sondern das Warum. Melancholie, wem sie fremd ist, bleibt unbegriffen.

> «,Was issen das?'
> ,Kriegt man das, wenn man Bücher schreibt?'
> ,Tut das schlimm weh?'
> ,Ist das wie Espede?'
> ,Und wir?'
> ,Dürfen wir das auch schon kriegen?'»

Motive aber, und hier zeigt sich nicht nur der kennerische Schriftsteller Günter Grass, der vom Nutzen einer dritten epischen Dimension weiß, sondern vor allem der politische Moralist — Motive aber heißen: Geschichte. Wer oder was einer ist, wohin man geht, das ist nur auszumachen, wenn man weiß, woher einer kommt; warum einer traurig ist, das ist nur auszumachen, wenn man weiß, über was er froh war. Das Grass'sche Hauptwort, diesen dialektischen Ablauf der Geschichte zu kennzeichnen, fällt wiederum in seiner Dürer-Rede:

> «Stillstand ist Fortschritt. Das Zögern und Einhalten zwischen den Schritten. Denken über Gedachtes, bis nur noch der Zweifel gewiß ist. Erkenntnis, die Ekel bereitet. — Das trifft auch für uns zu.»

Zweifel also, Grass nennt, in der für ihn typischen Lust an
barocker Direktheit und Spiel zugleich, jenen «r. Mann», jene
fiktive Lehrerfigur, die sich im Keller eines schlaudümmlichen,
gutmütig brutalen Fahrradhändlers vor SA und SS Jahre hindurch verstecken muß, den Dr. Zweifel. Geschichte und Erfahrung als Fiktion und als Zweifel. Hier liegt das Nervenzentrum
des Buches, sein Mut, seine Aufrichtigkeit: es gibt kein Tun
ohne Zögern, es gibt keine Utopie ohne Skepsis. Der blankge-
putzte Geschichtsoptimismus von der progressiven Volkstüm-
lichkeit — das Volk ist nicht tümlich, sagte Brecht — wird
kenntlich gemacht als geschichts-, also gesichtslos. Nur wer
außer Fragen auch sich selber in Frage stellt, kommt zu Antworten, die mehr sind als Echo auf Vor-Gerufenes. Die immer
wieder fortgesponnene Erzählung vom Dr. Zweifel, dem
notre-dame-glöcknerhaften Verstecker und seiner Tochter Lis-
beth, die sich zu dem Lehrer auf seine Kellermatratze legt, anfangs ganz echolos, vergeblich für ihn und traurig machend,
ist mehr als brillierende Fabulierfacette, Schlenker des immer
noch mal ein «Vaddä macht so, Ech mecht miä kimmern,
häddä jesacht» einschiebenden Blechtrommel-Autors. Das
Recht nämlich, die historische Richtigkeit, ist ja auf seiten
dessen, der da mit dem belastenden Namen im Dunkeln nicht
gesehen wird: der Zweifel siegt, in einem ganz und gar doppelten Sinn des Wortes, sehr dialektisch: er wird aufgehoben
in jenem Hegel-Begriff, bewahrt wie überwunden.

Grass' Kraft aus Schwäche ist hier in einem Auto-Porträt
skizziert, das auf die eigenen Verwundbarkeiten weist wie jenes Dürersche Akt-Selbstporträt, dessen deutendem Zeigefin-
ger er handschriftliche Anweisungen für den Arzt beigab:

> «Do der gelb fleck ist und mit dem finger drwaff deut
> so ist mir we.»

Dieses Buch ist nicht, was Tagebüchern oft und gern vor-
behalten wird, Ausbiegen vor der Notwendigkeit zu gestalten,
Zeichen formaler Hilflosigkeit, Eingeständnis artistischer Im-
potenz. Es ist vielmehr Zeugnis eines schneckenbeharrlichen
Trotzes und einer Einsamkeit, die ständig, nie ganz erfolgreich,
überwunden werden soll:

> «Ich gebe kein Bild ab. Vor allen anderen Blumen ge-
> fällt mir die hellgraue, das ganze Jahr über blühende
> Skepsis. Ich bin nicht konsequent. (Sinnlos, mich auf
> einen Nenner bringen zu wollen.) Meine Vorräte: Lin-

sen, Tabak, Papier. Ich besitze einen schönen leeren Rezeptblock.
Ich kann mit Kohle, Feder, Kreide, Blei und Pinsel links- und rechtshändig zeichnen. Daher kommt es, daß ich zärtlich sein kann.
Doch das ist sicher: lachen konnte ich früher besser. Manches verschweige ich: meine Löcher. Manchmal bin ich fertig, allein und möchte in etwas weich warm Feuchtes kriechen, das unzureichend bezeichnet wäre, wenn ich es weiblich nennen wollte. Wie ich mich schutzsuchend erschöpfe.»

Hier liegt, scheint mir, das innere Zentrum des Buches — und hier liegt auch die Schwierigkeit der Analyse: warum denn wirkt dieser Text so human. Diese überzeugende Menschlichkeit des Buches ist abgezwungen einer großen Trauer. Zu Unrecht hat die Kritik das «Un-Intime» dieses Tagebuches hervorgehoben; man muß sehr sorgsam lesen, um — bis ins Detail der erzählerischen Konstruktion hinein präzise plaziert — die steigende Einsamkeit des Textes zu verstehen.

Die Zahl 3 ist seit eh Grass' epische Ritual-Ziffer. «Blechtrommel» wie «Hundejahre» sind in drei Bücher eingeteilt, dieses «Sudelbuch» nun, das nicht nur Lichtenberg zitiert, sondern sich den Vergeblichkeitshinweis auf das «Waste-book» englischer Kaufleute nicht erspart, hat 30 Teile; der letzte jene Dürer-Rede, deren Entstehen Teil der Beschreibung ist. Genau die Mittelachse, Teil 15, gibt den Schlüssel: er endet mit dem Abschied von einem «Vladimir, dem Anna nachhing ... weil er, ist Anna, bin ich». Man weiß, daß Grass' stärkstes stilistisches Mittel die Ellipse ist, die nicht ausgefüllten Sätze, die sich im Kopf des Lesers füllen und fortsetzen sollen. Es geht um den Prager Schriftsteller Vladimir Kafka, den Anna Grass liebte, der im Oktober 1970 starb.

Tod ohne Lösung, Geschichte als Erfahrung, die nicht vermittelt werden kann, steigende Einsamkeit — das bereitet sich vor und durchzieht schließlich das ganze Buch. «Früher kam Johnson manchmal vorbei, um hier zu sitzen und merkwürdig zu sein» — das ist so gut der Gestus des Vereinsamens wie Werbung. Denn innerhalb aller drei stilistisch durchgeführten Ebenen, die sich ja herleiten von zeitlichen Dimensionen — Vergangenes, Gegenwärtiges, Mögliches — dringt die Ruf-Form am deutlichsten hervor; wenn Grass in einem Interview nur zwei Zeitebenen (Vergangenheit — Gegenwart) als Konstituanten des Tagebuches angab, zeigt das am deutlichsten jene Skepsis oder Melancholie, die er «Unterfutter der Utopie» nennt — Melancholie und Utopie sind ihm einander Ursache. So gewinnt eben jene Ruf-Form manchmal den Charakter des SOS-Rufes, der Beschwörung zumindest. Sie ist Umzingelungsversuch, bei Grass immer da zu beobachten, wo er politisches Einverständnis erzielen will, indem er sprachliches Vorverständnis ausnutzt. Die Ummünzung von Spruchweisheit, Märchensprache, Volkslied oder anderen Gemein-Sprachen ist deutlich Mittel. Ob Oskar «beschloß, auf keinen Fall Politiker zu werden» oder er «das Land der Polen mit der Seele sucht»; ob «das Taxi bei heiterem bis wolkigem Wetter wartete» oder im Zwiebelkeller-Kapitel den hosennässenden Besuchern einer Bar «wer will fleißige Waschfrauen sehen» vorgespielt wird — das hat man wohl fälschlich unter «Parodie» rubriziert. Selbst die Heidegger-, Hitler-, Bibel-Parodien, die Collagesprache der Juno-Zigaretten, Gefrierfleischorden oder Blitzmädchen bedeuten ja mehr als sprachliche Jongleurkunst und Erinnerungsvirtuosität. Es sind Mittel der Lockung und Verführung. Wenn Grass' Wahlreden «des Kaisers neue Kleider», «was ist der Deutschen Vaterland» oder «ich klage an» heißen, dann sind das bewußte Verwendungs-, also Vorführformen, die sich des Bekannten bedienen; Märchen, Lesebuchgedicht, UFA-Filme — die umgewendeten Titel sollen die Hörer umwenden zum Gläubiger.

Denen Grass selber nicht mehr ganz glaubt. Das ist eine neue Haltung, also auch ein anderer stilistischer Habitus. Parodie, das konnte ja begriffen werden als abermalige Fortschraubung jenes Thomas Mannschen Ironie-Gestus, der laut Lucien Goldmann einzige Möglichkeit des spätbürgerlichen Erzählers war, sich mit der Wirklichkeit ins Benehmen zu setzen. Haltung als moralische wie stilistische Kategorie. Hier nun aber, wo «Zukunft scheibenweise geschnitten» wird, wo auch an Lenins Hand der Freisler-Finger gesehen wird und die «I love peace»-pinselnden Zwillinge sich beim Pinseln bis zum Brudermord streiten, wird ein anderer Prozeß evident.

Die Grass'sche Abwehr Hegels ist keineswegs Option für den «Kollegen» aus Danzig namens Schopenhauer. Aber sie versteht sich als Skepsis gegen Geschichte, genauer gesagt: gegen ihren peristaltisch-dialektischen Ablauf. Grass ist fasziniert vom a-synchronen Ablauf des Geschehens, vom a-logischen. Das dringt nicht vor als proklamierte Erkenntnis, sondern dringt ein ins sprachliche und gedankliche Detail: «als

Zweifelssalatkopf durchstochen und der Koffermaler Semmelmann mit Walkhölzern zerschlagen wurde...», das ist nicht ins bigotte Paradoxon verliebte Zeitangabe, sondern historisches Credo. Der gesamte Bau des Buches führt diese Wucherung vor, ein sich immer stärker einwachsendes Nachdenken über moralische Hohlräume und historische Widerläufigkeiten — die Schönheit auf Gesichtern, die hassen, findet ihre Balance in dem Satz: «ich mag alte, gebrochene Leute». Keine Denkübung und kein artistisches Exerzitium findet hier statt, vielmehr wird vorgeführt das reflektorische Kontinuum einer nur scheinbar kraftstrotzenden, einer gefährdeten Existenz. Man mag «Hüpfschnecken» züchten können, «doch die übersprungenen Spannen wollen sich nicht beeilen»; so heißt es schon sehr bald nach dem entscheidenden 15. Kapitel — «und Zweifel melken».

Die große Wirkung dieses Tagebuches liegt darin, daß hier keine stilistisch perfekte Innovation ohne gesellschaftliche Füllung inszeniert ist, sondern ein Arbeitsvorgang belegt wurde; damit ein Humanisierungsprozeß. Nicht zufällig fällt das Schlüsselwort «Einsamkeit» ganz am Ende des Buches, nach dem Abschied von Willy Brandt — und wird aufgefangen von der skeptischen Hoffnung, «sich häuten zu können...». Das eben ist die sozusagen innere Geometrie dieses Selbstporträts, Dürerscher Zirkel, Kreis und Muskelschnitt: es gibt hier einer nicht auf, sondern nach. Die durchgängige Trauer des Buches ist un-zynisch, Skepsis; sie wird vorgetragen in einer Gebärde des Bittens.

«während ich für meine und anderer Leute Kinder ein Buch schrieb, in dem der Fortschritt nach Schnekkenmaß bemessen wird, beschrieb ich gleichzeitig, was das Gemüt schwer macht. Ich spreche für die Melancholie. Ich habe sie in Variationen von heute sein lassen, damit sie uns nicht mehr fremd und verdächtig, damit sie uns gegenständlich ist.
Nur wer den Stillstand im Fortschritt kennt und achtet, wer schon einmal, wer mehrmals aufgegeben hat, wer auf dem leeren Schneckenhaus gesessen und die Schatten der Utopie bewohnt hat, kann Fortschritt ermessen».

(1973)

Manfred Jurgensen

13 | Die gegenständliche Muse: „Der Inhalt als Widerstand"

Zwei Jahre vor Erscheinen seines ersten Romans veröffentlicht Grass einen Aufsatz, der für die Untersuchung des Gesamtwerks grundsätzliche Bedeutung besitzt. Seine Ausführungen, die er unter dem Titel *Der Inhalt als Widerstand* zusammenfaßt, stehen unter dem deutlichen Einfluß der bildenden Künste. Obwohl sich ihre literarische Gültigkeit zunächst nur für die Lyrik und, wie der kritische Exkurs eines Szenendialogs andeutet, für das Theater erweisen soll, bleibt die Herkunft dieses Schriftstellers aus der Skulptur und Graphik für das Verständnis seiner literarischen Ausdrucksformen in allen Gattungen von vorrangiger Bedeutung. Erst wenn erkannt worden ist, daß die Erfahrung des Bildhauers Grass, eine gegenständliche Selbstverwirklichung des Stoffes zu erzwingen, auch zur Grundlage seines literarischen Ausdrucks wird, läßt sich die Bildhaftigkeit seiner Sprache näher kennzeichnen. Grass gestaltet das sprachliche Bild als formalen Ausdruck, der sich selbst beinhaltet. Er unterscheidet zwei Arten des Inhalts: einen, dessen totalem Anspruch sich auch die Ausdrucksform unterwirft, und einen, der konkret dem Stoff selbst einverleibt ist. Einer vorkonzipierten Handlung, die es nur noch in eine sprachliche Form zu kleiden gilt, stellt er die sich zu bildlichem Inhalt dinghaft verselbständigende Sprache entgegen.

Die Grass'sche Einbildungskraft widersetzt sich einer in herkömmlicher Metaphorik vorgetäuschten Entsprechung von Gegenstand und Sprache. Diese Scheinkonsequenz soll durch das gegenständliche Bild, das die Sprache beinhaltet, ersetzt

werden. Grass nennt das gegen einen vorgefaßten Inhalt
schreiben. An die Stelle eines metaphorischen Inhalts tritt
das gegenständliche Sprachbild. «Der Inhalt», erklärt Grass,
«ist der unvermeidliche Widerstand, der Vorwand für die
Form.» Wo sich der Inhalt in der Sprache selbst verbirgt,
gleicht der Schriftsteller dem Bildhauer: er legt die Form aus
dem Stoff frei. Der Inhalt erweist sich als Widerstand und
Vorwand für die Form. Auch in der Sprache kommt es zu
einer Vergegenständlichung durch Widerstand. Das gegenständliche Bild der Sprache verwirklicht sich durch den Widerstand gegen einen vorkonzipierten Inhalt. Erst aus dem
Widerstand gegen einen vorgefaßten Inhalt ergibt sich die gegenständliche Form des Grass'schen Sprachbilds.

Damit übernimmt das Bild die Funktion eines immanen-
ten Inhalts. Zugleich bedeutet das eine Absage an jede historisch orientierte Erzählfolge. In der Lyrik wird die zeitliche
Dimension von der Sprache kausal umfunktioniert und neu
beinhaltet.

> Als die Pause überwunden schien
> kam Aurele mit dem Knochen.

beginnt das Gedicht *Musik im Freien*. Die folgende Strophe
setzt entsprechend ein:

> Als der gelbe Hund über die Wiese lief
> verendete das Konzert.
> Später fand man den Knochen nicht mehr.

Die Zeit verselbständigt sich als Zeichen. Signalhaft knüpft es
Verbindungen einer nicht mehr historischen Logik.

> Als gestern die Fliege starb
> begriff ich ohne Kalender,
> Oktober . . .

heißt es im *Credo*. Die gleiche Verwandlung der Zeit in einen
Prozeß bildhafter Entfaltung bezeugt das Gedicht *Streit*.

> Vier Vögel stritten.
> Als kein Blatt mehr am Baum war
> kam Venus, verkleidet als Bleistift,
> und hat den Herbst,
> einen bald darauf fälligen Wechsel,
> mit schöner Schrift unterschrieben.

Besonders in den frühen Gedichten *(Prophetenkost, War-nung, Vogelflug)* spielt diese inhaltliche Umgestaltung eine große Rolle. Am deutlichsten zeigt das Gedicht *Blechmusik*, das in seinen sechs Strophen immer wieder das «Damals» mit dem «Heute» vergleicht, wie diese zeitliche Bezugnahme der einen Bildlogik verpflichtet bleibt. Die dazugehörige kompakte Zeichnung veranschaulicht noch einmal die Aufhebung einer inhaltlichen Zeitfolge. Im Bild wird der Inhalt als Widerstand formal bewältigt. Das Grass'sche Sprachbild vergegenständlicht die Zeit.

Wo der Inhalt als Widerstand empfunden wird, gewinnt die formale Gestaltung den Charakter einer kritischen Demonstration. Tatsächlich handelt es sich bei den Grass'schen Sprachbildern um Darstellungen, die Erwartungen einer herkömmlichen Inhaltslogik bewußt verfremden. Sie wirken angesichts einer durch Inhalt verunmündigten Sprache kritisch gegenständlich. Ihre dinghafte Eigenständigkeit muß als gezielte Gegenposition verstanden werden. Einer dem vorbestimmten Inhalt verschriebenen Sprache wird durch sprachliche Gegenständlichkeit Widerstand geboten. Gegenstand und Widerstand bleiben im Grass'schen Sprachbild aufeinander bezogen. In seinem Aufsatz spricht Grass denn auch von «literarischen Attentätern», die ihr «Formgefühl . . . wie eine Bombe im Köfferchen» tragen. Die Form «bedarf nur des Zünders — nennen wir ihn Story, Fabel, roter Faden, Sujet oder auch Inhalt — um die Vorbereitungen für ein lange geplantes Attentat abzuschließen». Die kritische Gegenposition des Sprachbilds sieht Grass als literarisches Attentat auf «jene Formverächter . . ., welche den ganz dicken Inhalt am Busen wärmen und nichts außer ihrer Begeisterungsfähigkeit zu Tinte werden lassen». Widerstand bietet er auch dem nur subjektiven und epigonenhaften «Metaphereldorado», in dem Unterbewußtsein als Inhalt vorgetäuscht wird. Grass gibt der Sprache ihre Mündigkeit zurück. In dem deutlich argumentativen Titel seiner ersten Lyriksammlung *Die Vorzüge der Windhühner* kommt die kritische Funktion seiner Sprachbilder bereits zum Ausdruck. Unmißverständlich wird dort die Gegenposition zum metaphorischen Inhalt definiert. Er lobt die Windhühner seiner Phantasie, weil sie

> nicht den Buchstaben nachlaufen, . . .
> Weil sie die Tür offenlassen,
> der Schlüssel die Allegorie bleibt,
> die dann und wann kräht.

Das Sprachbild beinhaltet sich selbst. Es widersetzt sich, «von epigonalen Traum- und Unterbewußtseinsräubern ausgeplündert zu werden».

Im dritten Teil seines Aufsatzes, der den Titel *Der Phantasie gegenüber* trägt, betont Grass den kritischen Prozeß, der sich im Akt des Schreibens selbst abspielt. Die wichtigste Eigenschaft des verantwortungsvollen Dichters ist für ihn das Mißtrauen. Über das Anfertigen eines Gedichtes führt er aus: «Von Eiern, die als weich gekocht serviert wurden, überzeugt man sich am besten mit dem Löffel. Denn mit dem Frühstück beginnt das Mißtrauen. Und mit dem Mißtrauen stellt sich die Post ein. Warum sollte der Poet jetzt, kurz nach dem Frühstück, da ihm die ersten Inspirationen kommen, leichtgläubig werden? Hellwach sitzt er seiner Phantasie gegenüber und bedenkt alle ihm dargebotenen Sätze und Doppelpunkte mit mürrischem teelöffelhartem Abklopfen.» Der Löffel wird zum Bild des kritischen Werkzeugs. Hellwach und mißtrauisch soll das Ausgedrückte überprüft werden. Schreiben heißt Kritik an der eigenen Phantasie üben. Einfälle werden abgeklopft. Es gilt, der nurmehr subjektiven Einbildungskraft kritisch zu widerstehen. Was Inhalt ist, bestimmt zunächst die Phantasie. Eine unkritische Phantasie kann nur den falschen Inhalt entwerfen, mit dem Formverächter ihre Begeisterungsfähigkeit zu Papier bringen. Grass trennt ihn vom «echten Inhalt», der widerspenstig, schneckenhaft empfindlich und detailliert ist. Das Formgefühl des Bildhauers gibt sich kund, wenn er erklärt, ein echter Inhalt sei «schwer aufzuspüren, zu binden». Der echte Inhalt als Ausdruck einer kritischen Phantasie wird zum Widerstand für die Form. Er kann sie gleichsam korrigieren. Dazu muß der Inhalt jedoch bereits der nur subjektiven Phantasie widerstanden haben. Das Verhältnis zwischen Form und Inhalt wird zum Ausdruck eines kritischen Mißtrauens.

«Ein wahrer Poet muß eine solche und unentwegt wuchernde Menge Phantasie haben, daß er auf sie nicht mehr angewiesen ist.» Kritisches Schreiben bedeutet die Phantasie meistern, nicht von ihr bezwungen werden. Beim Grass'schen Sprachbild beinhaltet die Form den Ausdruck. Es wäre ein Mißverständnis, in der von ihm angestrebten Logik eines ausdrucksimmanenten Spannungsverhältnisses zwischen Inhalt und Form nurmehr die bildperspektivische Abwandlung einer geschichtlichen Wirklichkeit zu erkennen. Grass kennt keine vorgefaßte Aussage, die es sprachlich wiederzugeben gilt. Der Inhalt seiner Werke ergibt sich erst durch sprachliche Vergegenständlichung. Überspitzt ausgedrückt ist ihr Inhalt die Sprache selbst. Eine gegenständliche Phantasie ist für Grass eine stoffbezogene. In seinem literarischen Werk wird die Sprache zum Gegenstand eines gestalterischen Ausdrucksverhältnisses zwischen Inhalt und Form.

«Form oder Formgefühl hat man, trägt es wie eine Bombe im Köfferchen, und es bedarf nur des Zünders — nennen wir ihn Story, Fabel, roter Faden, Sujet oder auch Inhalt —, um die Vorbereitungen für ein lange geplantes Attentat abzuschließen und ein Feuerwerk zu zeigen, das sich in rechter Höhe, bei günstiger Witterung entfaltet; mit dem dazugehörigen Knall, einige Sekunden nachdem das Auge etwas zu sehen bekam. Denn — und alle Attentäter, auch jene literarischer Herkunft, mögen mir hier zustimmen — bleibt der Zünder oder der Inhalt zu lange im Köfferchen, wird voreilig, vorzeitig entschärft, ist das Verhältnis zwischen Bombe und Zündung unverhältnismäßig, kurz, wird mit Kanonen auf Spatzen oder mit Spritzpistolen auf Pottwale geschossen, lacht das noch zu benennende Surrogat der vormals so leicht zu belustigenden Götter.» In diesen werktheoretischen Äußerungen betont Grass wiederholte Male die Bedeutung jenes Verhältnisses zwischen Inhalt und Form, das dem sprachlichen Ausdruck immanent eigen sein muß, soll das literarische Attentat, das poetische Feuerwerk gelingen. Der sprachgegenständliche Bezug wird bestimmt durch *timing*. Grass' Bilder sind nicht Metaphern einer geschichtlichen Realität, sondern Sprache, deren formaler Inhalt sich im Bezug eigenständiger Gegenwärtigkeiten entfaltet. Wie beim Tanz entstehen Ausdrucksbezüge durch die formale Präsenz eines gegenständlichen Inhalts. An die Stelle eines geschichtlichen Ausdrucksprinzips tritt die Logik des sprachbildenden *timing*. Für Grass besteht der Inhalt aus dem *timing* der Form.

Wenn der von der Skulptur und Graphik kommende Grass den Inhalt als «Vorwand für die Form» definiert, so gibt er der Form schon vom künstlerischen Temperament und eigenen Talent her den Vorrang. Er gestaltet das sprachliche Bild als formalen Ausdruck, der sich selbst beinhaltet und daher auch über eigene Bezüge verfügt. Der Inhalt ist ein dem Sprachstoff gegenständlich einverleibtes «Attentat». Die folgenden Zeilen aus dem Gedicht *Der elfte Finger* veranschaulichen, wie sich ein solches Attentat aus dem sprachgegen-

ständlichen Verhältnis zwischen Inhalt und Form, dem *timing*
seiner sprachbildlichen Logik ergibt:

> Er hat die Ziege gemelkt,
> hat die Ziege der Uhr zugetrieben,
> die Ziege hat sich gebückt.
> Konnte sich bücken, konnte der Uhr,
> hat der Uhr die Sohlen geleckt,
> bis die Uhr kicherte, kicherte,
> alle Minuten verlor,
> alles, auch ihre Pausen gestand.

Geschichtsorientierte Inhaltserwartungen werden hier durch
tänzerische Sprachbezüge zu einer formalen Präsenz gegenständlichen Inhalts aufgelöst. Keine metaphorische Schein-
kongruenz zwischen einer historischen Wirklichkeit und deren sprachlicher Darstellung wird angestrebt. Das gegenständliche Bild, das die Sprache beinhaltet, entwickelt eine Logik
des formalen *timing,* nicht des geschichtlichen Bezuges.

Den Mittelpunkt des Aufsatzes *Der Inhalt als Widerstand*
bildet ein «mißtrauischer Dialog» zwischen den Poeten Pempelfort und Krudewil. Bezeichnend ist, daß sich Grass in seinen werktheoretischen Ausführungen der theatralischen Inszenierung bedient. Bereits in dem Essay *Die Ballerina* soll
das Ballett Wesen und Funktion des Grass'schen Sprachbildes
erläutern. Die Personen des «mißtrauischen Dialogs» tragen
die gleichen Namen wie zwei Gestalten des frühen Spiels
Noch zehn Minuten bis Buffalo. Dort treten Krudewil und
Pempelfort als Lokomotivführer und Heizer auf. Auch die
Szenerie ist im Einakter die gleiche wie im eingeschalteten
Dialog des werktheoretischen Essays. Dort lautet die Anweisung: «Grüne Landschaft und Kühe im Hintergrund», hier
heißt es: «Die Poeten Pempelfort und Krudewil wandeln auf
einer blumenreichen Wiese.» Krudewil und Pempelfort erweisen sich auch in ihrer vorgetäuschten Identität von Lokomotivführer und Heizer als Poeten. Ihre Lokomotive ist laut
Szenenanweisung alt, verrostet und bewachsen. Sie ist theatra-
lische Kulisse, Bild. Obwohl sie nicht mehr fahren kann,
«blicken» Krudewil und Pempelfort «in Fahrtrichtung und
täuschen große Geschwindigkeit vor». Daß es auch in diesem
Theaterspiel um eine werktheoretische Demonstration des
Grass'schen Sprachbildes geht, verdeutlicht die Szenenbe-
schreibung: «Links im Vordergrund sitzt der Maler Kotschen-

reuther vor seiner Staffelei mit Bild». Das Stück beginnt mit
der beziehungsreichen Bemerkung: «Das soll wohl 'n Schiff
werden». Die Frage gilt dem Maler, von dem der «ländlich
gekleidete» Axel meint, er beabsichtige die Kühe zu malen,
nun aber feststellen muß, daß der Künstler ein ganz anderes
Bild anfertigt: «Eine Fregatte». In seinem Spiel zeigt Grass
die Poeten Krudewil und Pempelfort auf der Flucht vor ihrer
Muse, einer Dame, die den Namen Fregatte trägt. Sie ist eine
Figur, der werktheoretisch die gleiche Bedeutung zukommt
wie Diana oder der Ballerina. Als bildhafte Muse verkörpert
sie das gegenständliche Sprachbild Grass'scher Prägung. Als
Poeten singen Krudewil und Pempelfort drei Strophen ihres
Lieblingsgedichts «Der Güterzug». «Deklamierend» und «de-
monstrierend» fahren sie in diesem Gedicht durch die Landschaft. Sie werden jäh unterbrochen durch eine Frau, die vor
ihnen auf den Schienen liegt. Es ist Fregatte, die gegenständliche Muse, der sie zu entkommen hofften. Die erste Frage, ob
die auf den Schienen liegende Frau «hübsch ist», bleibt unbe-
antwortet. Pempelfort ist sich nicht sicher: «Ich weiß nicht»,
berichtet er, «ich hab nur von weitem...». Krudewil gibt ihm
den Auftrag: «Sieh richtig nach und komm wieder». Noch im
bislang letzten Gedichtband *Ausgefragt* verspricht Grass seiner Muse: «Ich komm wieder».

Fregattes Auftritt besteht im wesentlichen aus einer
gleichsam ritualen Aufzählung ihrer einzelnen Segel. Die ihr
unterstehenden Poeten befleißigen sich, das Inventar der beweglichen Muse «spielerisch» zu rezitieren. Dabei zeigt sich,
daß es augenscheinlich sehr schwer ist, die Gegenständlichkeit der tänzerischen Muse im Gedächtnis festzuhalten. Deutlich verhält sich Fregatte ihrer Poetenmannschaft gegenüber
wie beim Tanzunterricht. Sie «umkreist die beiden, pfeift» mit
ihrer Bootsmannspfeife zu tänzerischen Stellungsübungen.
Die Szenenanweisung gilt diesem Ballett einer gegenständlichen Muse. *«Pempelfort und Krudewil stehen sich gegenüber und nehmen Haltung an. Sie fassen sich ans rechte Ohr.*
Und backbord! *Ans linke Ohr.* Und steuerbord — backbord —
und steuerbord — und Mittschiff — *Stirn gegen Stirn* — und
achtern — Kehrt, *Hinterkopf gegen Hinterkopf.* Mittschiff und
nochmals achtern — und achtern — und achtern! — Wie heißt
eure Lokomotive? *Pempelfort und Krudewil:* Fregatte!»* Deutlich haben wir es hier mit Exercisen einer gegenständlichen
Beweglichkeit zu tun, bei denen die Muse die Funktion der
Ballettmeisterin ausübt.

Im *Mißtrauischen Dialog* trägt Krudewil «einen kleinen
Koffer und stochert mit einem Stock in den Maulwurfshü-
geln», während sich Pempelfort bückt und «mit ausgemach-
testen Bewegungen eine Blume» pflückt. Zuvor hatte es ge-
heißen, der Dichter trägt die Form «wie eine Bombe im Köfferchen». Über das Verhältnis zwischen Form und Inhalt oder
Bombe und Zündung war zu lesen gewesen: «bleibt der Zünder oder der Inhalt zu lange im Köfferchen, wird voreilig,
vorzeitig entschärft, ist das Verhältnis ... unverhältnismäßig».
Krudewils «kleiner Koffer» und das «Köfferchen» der werktheoretischen Darlegung eines literarischen Attentats entsprechen einander. Im Dialog entnimmt der Poet Krudewil «seinem Handkoffer zwei große Knäuel graue Wolle und Strick-
nadeln». Dazu erklärt er seinem Dichterfreund Pempelfort:
«Wir wollen uns eine neue Muse stricken». In beiden Fällen
also trägt der Künstler das literarische Attentat einer neuen
Muse mit sich im Köfferchen. Wobei zu beachten bleibt, daß
sich die neue von der alten Muse durch ihre Form unterscheidet. Ihre «Masche» besteht darin, *grau, mißtrauisch* und *aku-
rat* zu sein. Diese Eigenschaften lassen sich durch anderwei-
tige Sinngebungen im Werk näher bestimmen. Über *grau* ist
beispielsweise im Gedicht *Ja* zu lesen:

> Grau ist die Messe.
> Denn zwischen Schwarz und Weiß,
> immer verängstigt,
> grämen sich Zwischentöne.

Auf eben diese «Zwischentöne» kommt es Grass in seiner
neuen Muse an. Schreiben bedeutet ihm «das Ungenaue genau treffen» *(Schreiben)*. *Grau* ist also nicht gleich Eintönig-
keit, sondern im Gegenteil: nuancierte, *akurate Erkenntnis*
und Gestaltung. Auch in der Politik bekennt sich Grass zum
kompromißbereiten, geduldig-präzisen *Grau,* seiner Vision
des stufenweisen Fortschritts. Grau ist alle Theorie, grau ist
der Alltag: im literarischen Werk werden beide Elemente zum
Prinzip sprachlicher Gestaltung. *Grau* ist das heilige Ritual
einer Verherrlichung der gegenständlichen Muse, die «Messe»
des ungläubigen Katholiken Grass. Die graue Messe zelebriert
sein Glaube an den Zweifel. Im *Tagebuch einer Schnecke*
mißt sich Zweifel als allegorische Hauptgestalt des Romans
am Glauben an einen geschichtlichen Fortschritt. Dabei macht
Grass wiederholte Male deutlich, daß es sich bei seiner Zwei-
felgestalt um eine fiktive Abwandlung des Kritikers Reich-

Ranicki handelt. Kritik als Glaube am Zweifel: das ist auch die Bedeutung, die dem Grass'schen *Mißtrauen* zukommt. Es ist, wie sein Aufsatz bekräftigt, besonders «der Phantasie gegenüber» angemessen. Dieses kritische Mißtrauen muß als der eigentliche Widerstand des Inhalts erkannt werden. Löffel und Stock sind die kritischen Werkzeuge des gegenständlichen Poeten, den Grass in seinem Essay *Der Inhalt als Widerstand* vorstellt. Als der nur subjektive Begeisterung dichtende Pempelfort ungegenständliche Verse rezitiert, «schlägt» Krudewil «mit dem Stock um sich». Als Poet, der seiner Phantasie gegenüber kritisch bleibt, erklärt er: «Stock ist Stock, sage ich. Und mit diesem oder einem anderen Knüppel stoße ich in die Maulwurfhügel. — Ich bin ein mißtrauischer Mensch.» Unüberhörbar und unmißverständlich handelt es sich hierbei um bekenntnishafte Äußerungen des Autors Günter Grass. An anderer Stelle des Aufsatzes heißt es, der Dichter sitzt seiner Phantasie hellwach gegenüber «und bedenkt alle ihm dargebotenen Sätze und Doppelpunkte mit mürrischem teelöffelhartem Abklopfen». Was der in die poetischen Maulwurfhügel stochernde Knüppel oder Stock leistet, erfüllt entsprechend der Löffel, mit dem Kochgerichte abgeschmeckt oder Frühstückseier abgeklopft werden. Grass entläßt seinen Leser mit einer Beschreibung der werktheoretischen Grundsituation, dem Bild des gestalterischen Prozesses selbst: «Gleich nach dem Frühstück, den Teelöffel noch in der Hand, mißtrauisch vor weißem Papier sitzend, wird er den Widerstand spüren, besonders wenn ihm etwas einfällt.»

Weil die alte Muse herkömmlicher Metaphorik und traditioneller Inhaltsvorstellungen abgelöst werden soll, bedarf es eines literarischen Attentats. Es besteht darin, daß die Kritik am bisherigen Bild und Inhalt zur kritischen Funktion des neuen widerständlich beinhalteten Sprachbilds führt. Über das *timing* dieses Attentats führt Grass in seinem Essay aus: «wird . . . mit Spritzpistolen auf Pottwale geschossen, lacht das noch zu benennende Surrogat der vormals so leicht zu belustigenden Götter». Die Unverhältnismäßigkeit der bildlichen Bezüge kann zu einem neu zu definierenden Humor beitragen. Im Spiel *Noch zehn Minuten bis Buffalo* jagen die Poeten Pempelfort und Krudewil gemeinsam mit ihrer Muse Fregatte einen Pottwal. Grass benutzt das klassische Melville-Motiv des *Moby Dick,* auf das sich der Maler Kotschenreuther bezeichnenderweise bereits in der ersten Szene des Stücks beruft. («Nenn' es wie du willst, nur weiß muß es sein wie Moby Dick.») Unmißverständlich ruft die Musengestalt Fregatte, als Pempelfort einen Wal sichtet: «Leesegel ein, Bramsegel laßt fallen! Hah, Moby Dick, deine Stunde ist da...». Die Segellitanei, die Krudewil und Pempelfort als Ritual ihrer gegenständlichen Muse hersagen müssen, führt unmittelbar zum Ziel ihrer (phantastischen) Bewegung. Anders ausgedrückt: die Gegenständlichkeit, die Akuratesse im Aufzählen der Einzelheiten, die sich als wesentliche und unentbehrliche Bestandteile der Gesamtidentität erweisen, ermöglichen das Einholen des Bildes, den «großen Schlag», den Fregatte dem Wal, die Muse der Literatur versetzen möchte. Der Maler Kotschenreuther erklärt dem Poeten Pempelfort einmal unwillig: «Stören Sie nicht, kommen Sie ein anderes Mal. Ich bin bei der Takelage.» Auch hier wird die Einzelheit des Bildes mit dem Arbeiten an der Takelage einer Musenfregatte gleichgesetzt. Ohne die vielen einzelnen Segel wird sich das Musenschiff, das Musenbild nicht bewegen.

Als die poetischen Eisenbahner entdecken, daß sich jemand vor ihnen auf die Schienen gelegt hat, zieht Krudewil eine Pistole, um Pempelfort Rückendeckung zu geben. Über diese Pistole heißt es: «Hier, die habe ich damals mitgehen lassen. Was braucht ein Fregattenkapitän eine Pistole?» Es handelt sich um eine der Fregattenmuse gestohlene Pistole und erweist sich mithin in verblüffender Logik als Wasser- oder Spritzpistole. Entsprechend den Ausführungen des werktheoretischen Aufsatzes sollte auch in dem Spiel *Noch zehn Minuten bis Buffalo* «mit Spritzpistolen auf Pottwale geschossen» werden. Tatsächlich ist das Thema des Stücks die Unverhältnismäßigkeit des Bezugs. Der Gegenstand (Lokomotive) wird zum Widerstand eines Bildes (Schiff). Aus dem «unverhältnismäßigen Verhältnis» zwischen Form und Inhalt entsteht ein neuer Humor, «das noch zu benennende Surrogat der vormals so leicht zu belustigenden Götter».

Aber als Krudewil erkennen muß, daß sich Fregatte, die gegenständliche Muse ihres Handwerks, ihnen in den Weg stellt, gilt sein erstes Interesse dem Verstecken der ihr entwendeten Schußwaffe. «Die Pistole. Wohin damit? Hier, nein, da auch nicht, in den Tender oder aufs Dach. *Er klettert aufs Dach.* Hier in den Schornstein. *Er steckt die Pistole in den Schornstein.*» Immer ist die Grass'sche Musengestalt im Besitze einer ihr eigentümlichen Waffe, mit der die Gegenstände getroffen werden sollen. Bei Diana ist es der Pfeil und Bogen, hier ist es die Wasserpistole, die eigentlich Fregatte gehört. Das Spiel *Noch zehn Minuten bis Buffalo* schließt mit der Szenenanweisung: «im Schornstein der Lok blitzt und kracht es. Krudewils Pistole ist es zu warm geworden.» Auch hier haben wir es mit der bildlich inszenierten Theorie des literarischen Attentats zu tun, das «ein Feuerwerk» zeigen möchte, «mit dem dazugehörigen Knall, einige Sekunden nachdem das Auge etwas zu sehen bekam».

Wenn der Pottwal zum repräsentativen Bild des sprachlich zu treffenden Gegenstands wird, fragt sich, womit in diesem Spiel auf ihn Jagd gemacht wird. Die Antwort muß lauten: mit der (gegenständlichen) Phantasie. Fregatte spricht zwar von einer «Harpune», mit der sie Moby Dick jagen und treffen will. Aber daß es um Waffen der Phantasie geht, deutet schon ihr Befehl an die Poeten Krudewil und Pempelfort an: «Die Herzen kalfatert, Harpunen bereit!» Wenn es zutrifft, daß das Spiel *Noch zehn Minuten bis Buffalo* eine Inszenierung der Grass'schen Theorie einer gegenständlichen Einbildungskraft bedeutet, ist die Auflösung des Ausgangs dieses bildhaften Lehrstücks von besonderer Wichtigkeit. Axel, der Naturbursche, beschreibt den Walfang der Muse und ihrer Poeten: «Wie die Bremsen sind sie hinter den Kühen her.» Moby Dick erweist sich in der natürlichen Wirklichkeit als eine Kuh. «Nach Buffalo wollen sie», belächelt Axel die Künstler, «und scheuchen die Kühe.» Buffalo, das Ziel ihrer Reise, ist offensichtlich gleichbedeutend mit dem gegenständlichen Sprachbild. Ihre Bewegung zu diesem Ziel hin verdanken sie ebenfalls ihrer Einbildungskraft, der nur bildlichen Lokomotive, mit der die Poeten, wie es eingangs ausdrücklich heißt, «große Geschwindigkeit vortäuschen». Durch diese Vortäuschung hoffen Pempelfort und Krudewil Buffalo zu erreichen, so wie ihre Muse Fregatte den Befehl «die Boote klar» gibt, die Szenenanweisung dann aber lautet: «Pempelfort und Krudewil mimen ein Ruderboot». Auch bei der Jagd auf den Wal wird eine Bewegung auf das Ziel durch Phantasie vorgetäuscht. Der Unterschied zwischen einer natürlichen Gegenständlichkeit und einer gegenständlichen Einbildungskraft wird am Schluß des Stückes anschaulich demonstriert. Axel klettert in die Lokomotive, die bislang Bild der poetischen Phantasie war, und plötzlich bewegt sich die Maschine tatsächlich. Unter der Handhabung des Naturburschen Axel stößt «die Maschine . . . Dampf aus, heult, setzt sich in Bewegung. Während sie langsam nach rechts abfährt, blickt Axel aus dem Fenster . . .». Auch der Kuhhirt möchte jetzt nach Buffalo, und er wird sein Ziel, das ein natürlich Einholbares bleibt, gemäß den meßbaren Dimensionen von Raum und Zeit auch erreichen. «Als wenn unsereins nicht auch mal,» meint Axel. «Hab zwar keine Verwandten dort, aber so für zwei Tage, warum nicht?» Indessen treibt die Muse Fregatte ihre aus Eisenbahnern in Seeleute rückverwandelten Poeten zum «großen Schlag, dem ganz großen» an. Buffalo, Wal, Ziel und Beute bleiben ihnen Bild, dem sie als solches bewußt verhaftet sind. Sie wollen die Verwirklichung des Bildes, das ihnen zugleich Bild der Wirklichkeit ist. Im Bild zumindest soll der Gegenstand auch haften. Ihre (künstlerische) Einbildungskraft wird bestimmt durch eine gegenständliche Muse.

Ohne Frage ist viel Ironie enthalten in dieser Vergegenständlichung, in dieser bildlichen Inszenierung der Grass'-schen Werktheorie. Die hier aufgestellte Theorie der Einbildungskraft verwirklicht sich bereits in ihrer anschaulichen Darstellung. Sie propagiert, was ist: sie demonstriert sich selbst. Die Jagd nach dem gegenständlichen Ausdruck fällt zusammen mit dem «Feuerwerk» des literarischen Attentats. Der Anschlag gilt der herkömmlichen Phantasie, der Perspektive einer traditionellen Bildsprache. Das Feuerwerk der literarischen Attentäter bleibt auf das Bewegungsbild bezogen: das Explodieren der Pistole im Schornstein der Lokomotive ist nichts anderes als die Demonstration des *timing* im imaginativen Verhältnis zwischen Inhalt und Form. Das Spiel *Noch zehn Minuten bis Buffalo* schließt «mit dem dazugehörigen Knall, einige Sekunden nachdem das Auge etwas zu sehen bekam». Grass benutzt das Theater, um imaginative Verhältnisse gegenständlicher Bilder darzustellen. Er schreibt «gegen den Inhalt». Seine bildliche Form gelangt zu einer widerständlichen Beinhaltung, die sich aus der Negation subjektiver Einbildungskraft und herkömmlicher Metaphorik ergibt.

(1973)

Grass

Die Blechtrommel. Roman. 1959. 14. Auflage 1968. 716 Seiten, Leinen DM 24,80.

Die Blechtrommel. Mit 64 Illustrationen von Heinrich Richter. 560 Seiten Text und 70 Seiten Abbildungen. Ausgabe A. Ganzleinen DM 98,—. Ausgabe B, 500 Exemplare numeriert und signiert von Autor und Illustrator, Halbpergament DM 168,—.

Katz und Maus. Eine Novelle. 1961. 8. Auflage 1967. 178 Seiten, Leinen DM 12,50.

Hundejahre. Roman. 1963. 862 Seiten, Leinen DM 24,50.

Örtlich betäubt. Roman. 358 Seiten. 2. Auflage Nov. 1969, Leinen DM 19,50.

Aus dem Tagebuch einer Schnecke. Roman. 1972. 368 Seiten, Leinen DM 24,80.

Gleisdreieck. Gedichte und Graphiken. 1960. 2. Auflage 1967. 112 Seiten, kartoniert DM 18,50.

Ausgefragt. Gedichte. Mit 10 Graphiken des Autors. 2. Auflage 1967. 11.—20. Tausend. 108 Seiten, kartoniert DM 8,50.

Theaterspiele. 1970. Hochwasser — Onkel Onkel — Noch zehn Minuten bis Buffalo — Die bösen Köche — Die Plebejer proben den Aufstand — Davor. 412 Seiten, kartoniert DM 19,80. Leinen DM 28,—.

Die Plebejer proben den Aufstand. Ein deutsches Trauerspiel. 1966. 108 Seiten, kartoniert DM 6,50.

In der Sammlung Luchterhand:
Gesammelte Gedichte. Mit einem Nachwort von Heinrich Vormweg. 1971. 261 Seiten. DM 9,80. Band 34.

Luchterhand

EDITION
TEXT+KRITIK

Ein dokumentarisches Pendant zu dem neuen Grass-Buch »Aus dem Tagebuch einer Schnecke«

Günter Grass
Dokumente zur politischen
Wirkung
Herausgegeben von
Heinz Ludwig Arnold
und Franz Josef Görtz
438 Seiten, 19,50 DM

Inhalt: Politische Anfänge
1961. Bundestagswahlkampf
1965. Während der großen
Koalition 1966—1969. Bundestagswahlkampf 1969. Nach
dem Regierungswechsel:
1969—1971. In Sachen Bremer
Literaturpreis. In Sachen
Büchner-Preis 1965. In Sachen
Ziesel. In Sachen Springer-Presse. In Sachen Kipphardt.

In den Tagebuchnotizen seines neuen Buches begründet
Grass seinen langwierigen
und entschiedenen politischen Einsatz und liefert
gleichzeitig die Begründung
für sein Engagement, das beispielhaft in der deutschen
Literatur nach 1945 ist.
Die politischen und publizistischen Materialien zu diesem Engagement des Schriftstellers Günter Grass sind
hier zusammengetragen.

Grass
Dokumente
zur politischen
Wirkung

Edition
Text+Kritik